다산 사상과 서학

景仁文化社

이 연구총서는 실학 발전에 獻誠한 慕何 李憲祖 선생의 지원을 받아 출판되었음.

간행사

실학박물관은 개관 이래 실학사상에 관한 자료의 수집·연구·교육 및 전시를 통해 조선후기 실사구시實事求是의 신 학풍의 출현 배경과 그 내용을 이해하는 데 이바지하고, 나아가 실학이 추구한 개혁과 문명지향의 정신을 오늘과 새로운 시대를 위한 가치 모색의 동력으로 삼고자 힘써 왔습니다. 이러한 방향에 맞추어 상설전시실에서는 실학의 형성과 전개, 실학과 과학 등 사상 전반을 체계있게 보여주고 있으며, 해마다 두 차례의 특별기획 전시회를 개최하고 있습니다.

아울러 전시회 주제를 널리 알리고 학술적인 성과를 축적하여 향후 박물관의 전시 교육에 활용하기 위해 해마다 실학 관련 주제를 선정하여 학술회의를 진행해 왔습니다. 2009년 10월 개관기념 동아시아실학국제학술회의를 시작으로 특별 기획전시의 개최에 즈음하여 관련 학회와 협력하여 학술회의를 기획하였습니다. 관련 연구자들의 새로운 논문과 토론은 실학 연구의 자산임과 동시에 '신실학新實學 운동'을 모색하고자 하는 박물관의 운영 방향에 충실한 사업이었습니다.

이제 그간 진행되어 온 학술회의의 성과들을 주제별로 모아 단행본으로 묶어 내려 합니다. 앞으로 이 사업을 계속함으로써 조선후기 실학사상에 대한 이해와 해석, 그리고 새로운 생활적 사유와 문화 창조에 작으나마 도움이 되기를 기대합니다.

　『다산 사상과 서학』은 2012년 다산 정약용이 유네스코 세계기념인물에 선정된 일을 경축하여 (사)다산연구소와 공동으로 개최한 학술회의에서 발표한 논문들을 수록하였습니다.

　이레나 보코바Irona Bokova 유네스코 사무총장의 '다산 유네스코 기념인물 선포'를 시작으로 진행된 학술회의는 마테오 리치가 편찬한 『천주실의天主實義』 등 서학西學에 대한 이해와 인식을 통하여 다산 사상의 근대성을 규명하고자 했고, 아울러 다산의 철학을 유럽 근대 철학과 비교를 통해 그 사상의 세계화 가능성을 모색했던 자리였습니다.

　이 책은 다산의 서학사상과 유럽 근대 철학과의 비교를 다룬 5편의 글을 수록하고 있습니다. '다산에 보이는 『천주실의』의 철학적 영향', '예수회 적응주의와 조선 서학', '라이프니츠의 신, 정약용의 상제', '서학 수용의 두 가지 반응 – 신후담과 정약용', '현 존재로서의 인간과 자유의지 – 정다산과 칼 야스퍼스의 사상에 나타난 인간관의 비교'가 그것입니다.

　연구총서의 발간을 계기로 관련 주제에 대한 학계와 일반인의 관심이 더욱 높아지기를 기대하며, 좋은 논문을 집필해 주신 필자 여러분과 책 출판을 지원해주신 이헌조李憲祖 선생께 깊은 감사의 말씀을 드립니다.

2013년 11월
경기문화재단 실학박물관장 김시업

■ 차 례 ■

다산에 보이는
『천주실의』의 철학적 영향

송 영 배 | 서울대학교 명예교수

1. 머리말

다산茶山 정약용丁若鏞(1762~1836)의 철학 사상에는 마테오 리치(중국
명 이마두利瑪竇, 1552~1610)의 한문저작 『천주실의天主實義』(북경, 1603)로부
터의 분명한 사상적 영향이 나타나고 있다. 그것은 도덕현상을 단순
히 인륜행위로 보지 않고, 자연의 변화운동을 윤리 그 자체로 바라보
는 일종의 도덕형이상학인 송명 이학理學에 대한 다산의 부정적 입장
에서 더욱 분명하게 보인다.

사실 서양의 아리스토텔레스적인 그리고 그것을 계승한 토미즘적
인 사유의 패러다임이 『천주실의』에 그대로 나타나 있고, 다산은 『천
주실의』의 열독을 통하여, 거기에 나타난 반성리학적인 철학적 관점
을 자기의 철학서술에 그대로 수용하고 있다. 이런 점들을 분명히 밝
히기 위하여, 필자는 아래에서 다음의 세 가지 문제를 철저히 다룰
것이다.

1) 성리학의 <인물성동론人物性同論>에 대한 근원적 부정
2) 성리학의 '본연지성과 기질지성'의 이론 구도에 대한 부정
3) 천리天理의 부정과 '이성적 절대자'로서 '하느님[상제上帝]'의 주재
   성 강조

2. 성리학의 부정과 다산철학의 성립

1) 유형한 '기'와 무형한 정신[心]의 이분법과 '인간[人]'과 '사물[物]'의 범주론적 구별: 성리학의 〈인물성동론人物 性同論〉에 대한 근원적 부정

『천주실의』에서 세상 만물을 구성하는 두 요소를 '눈에 보이는' '물체'[形]와 '보이지 않는' '정신'[神]의 이분법적 구도에서 설명하고 있다면, 다산茶山 정약용丁若鏞(1762~1836) 역시 유형한 '형체'[形]와 무형한 '정신'[神]의 이원 구도에서 천지 만물들을 바라보고 있다. 서양전통에서 '물질'이란 전혀 자기 운동성을 가지지 못하고 다만 '연장延 長'(extension), 즉 '물질의 양적 크기'만을 갖는 순전히 수동적인 것으로 이해했다면, 다산에 있어서 유형한 형체를 가진 사물들이란 음양陰陽의 상반·상보 작용에 의하여 우연적인 자기 운동을 하는 '기氣'로 구성되어진 것으로 보았다. 그러나 다산에 의하면, 이런 '음양'이란 결코 자립적으로 존재하는 '실체물'을 가리키는 것이 아니다.[1] 그리고 또한 다산은, 이런 유형한 '기'와 구별되는 무형한 '순수이성[허령지각 자虛靈知覺者]'[2]이 반드시 존재한다고 확신하였다. 왜냐하면 유형한 '기'

---

1) 다산에 의하면, 음양이란 '햇볕의 비침과 가림"(日光之照掩), 즉 <明暗>에 불과하기 때문에, 陰氣와 陽氣는 결코 물질적 실체가 될 수 없다. 따라서 "만물의 부모", 즉 만물의 두 근원으로 결코 보고 있지 않다. "陰陽之名, 起於日光之照掩. 日所隱曰: 陰. 日所映曰: 陽. 本無體質. 只有明闇. 原不可以爲萬物之父母.", 『增補與猶堂全書』 II, 景仁文化社(영인본, 이하에서는 『全書』로 표시함), 『中庸講義補』 권1, 61上左 참조. 그리고 '태극'(太極)이란 – 성리학에서 말하는 것처럼 – 모든 사물의 총체적인 존재근거로서의 天理인 것이 아니라 "太極"은 아직 분화하기 이전의 "太極者, 陰陽混沌之物"에 불과하다(『全書』 III, 『周易緒言』 권2, 517쪽 下右). 또한 "孔(穎達)云: 太極謂: 天地未分之前, 元氣混而爲一, 卽是太初, 太一也.", 상동, 505쪽 上左 참조.

2) 『全書』 II, 『心經密驗』, 36쪽 上右.

의 우연적이고 무목적적인 움직임을 제대로 질서 잡고 통제하기 위해서는 '이성적인 존재[유령지물有靈之物]'3)가 반드시 있어야만 한다고 생각하였기 때문이다. 마치 "한 집의 가장이 아둔하여 어리석고 지혜롭지 못하면 집안의 모든 일이 다스려지지 않고, 한 고을의 장이 아둔하여 어리석고 지혜롭지 못하면 고을의 모든 일이 다스려지지 않는 것"처럼, "무릇 온 세상을 <이성능력이 없는 존재[무령지물無靈之物]>는 주재主宰할 수가 없다."4)는 자기 확신을 다산은 말하고 있다. 그렇다면, 다산의 이런 철학적 관점은 바로 『천주실의』에서 말하는 '이성적 주재자', 즉 '천주天主'에 의한 만물들에 대한 '주재主宰하고 안양安養함'5)을 그대로 받아들이고 있는 것으로 필자는 생각하지 않을 수 없다. 요컨대, 다산에 있어서도, -『천주실의』에서와 마찬가지로- 유형하지만 '이성능력이 없는[無靈]' '기'와 형체는 없으나 '이성능력이 있는[有靈]' '정신[神]'의 이원구도가 뚜렷이 각인되어 있는 것이다.

이런 '정신'과 '기'의 이원구도에 따라서 다산은 천지만물의 품계의 분류를 다음과 같이 하고 있다.

> 무릇 온 세상에서 태어났다가 죽는 존재들은 다만 3가지 등급이 있다. 1) 초목은 '생장[生]'은 하지만 '지각[知]'은 못하고, 2) 짐승은 '지각[知]'은 있으나 '추리력[靈]'이 없고, 3) 사람의 '대체大體[즉 心]'는 '생장'도 하고 '지각'도 하며 또한 '신묘한 이성능력[영명신묘지용靈明神妙之用]'을 가지고 있다.6)

---

3) 『全書』 II, 『孟子要義』 권2, 144쪽 下左.

4) "凡天下無靈之物, 不能爲主宰. 故一家之長, 昏愚不慧, 則家中萬事不理. 一縣之長, 昏愚不慧, 則縣中萬事不理." 上同.

5) "天主始制天地萬物而主宰安養之"(『天主實義』 上卷 제1장의 제목) 참조.

6) "凡天下有生有死之物, 止有三等: 1) 草木, 有生而無知; 2) 禽獸有知而無靈; 3) 人之大體, 旣生旣知, 復有靈明神妙之用.", 『全書』 II, 『論語古今註』 권9, 338쪽 上左. 물론 茶山은 위에서 인용한 『天主實義』의 生魂, 覺魂, 靈魂설의 구분에 의한 만물의 品階 이외에도, 荀子의 4단계 품계론을 인용하여 말하고 있다. "荀子曰: 水火, 有氣而無生; 草木, 有生而無知; 禽獸, 有知而無義; 人有氣有生

다산은 이와 같이 아리스토텔레스의 '삼혼三魂'설에 의거한 사물들의 차등적 품계를 그대로 수용하고 있을 뿐만이 아니다. 그 핵심은 바로 무형한 정신[神]과 유형한 육체[形]로 구성[신형묘합神形妙合]된 인간,7) 특히 인간의 '순수이성[허령지각자虛靈知覺者]'을 – 만물들과 구별되는 – 인간의 본질적인 특성으로 규정하고 있다는 점이다.8) 맹자孟子가 '반성적 사유[思]'의 기관으로 '대체大體(즉 심지관心之官)'를 말하고, '지각' 기관을 '소체小體(즉 이목지관耳目之官)'로 구분하였다면,9) 다산은 '소체'를 '유형한 몸뚱이[유형지구각有形之軀殼]'로, '대체'를 '무형한 이성능력[無形之靈明]'으로 호칭하고 있다.10) 따라서 다산에게는 '무형한 마음[무형지심無形之心]', 즉 '정신적인 사유능력'이 바로 육체[혈육血肉]로부터 독립하여 "삼라만상의 이미지를 포괄하며 모든 이치를 깨달을 수 있는" 인간의 '본체本體'로서 정의되고 있다.11)

그렇기 때문에, 이성능력을 가진 "인간은 도둑을 만나면, 혹 소리를 질러서 쫓거나, 혹 계략을 세워서 그를 붙잡는다." 그러나 이성능력이 없는 "개가 도둑을 만나면 짖어대며 소리를 낼뿐, 짖지 않고 (가만히 앉아서) 계략을 낼 수는 없다. 그가 할 수 있는 것은 모두 '정해진 본능[정능定能]'뿐이다. 인간의 본성과 짐승의 본성은 이처럼 현격하게

有知有義. 蓋其受性之品, 凡有四等., 『全書』 II, 『孟子要義』 권1, 124 上右 참조.

7) "神形妙合. 乃成爲人.", 『全書』 II, 『心經密驗』, 36쪽 上右.

8) 다산은 유교의 "옛날 경전(古經)"들을 다 뒤져보아도 물론 인간의 본질적 특성으로서의 이런 "순수이성(虛靈知覺者)"에 해당하는 "한 글자(一字)"로 된 "전문호칭(專稱)"은 찾아볼 수 없다고 말한다. 다만 연속어로 된 이 "순수이성(虛靈知覺者)"을 후대에서는 그것의 기능을 구분하여 "心", "神", "靈", "魂" 등을 빌려서 표현하고 있다고 말한다. 上同. 참조.

9) 『孟子』, 「告子」上(11:14와 11:15) 참조.

10) 『全書』 II, 『孟子要義』 권2, 140쪽 上左 참조.

11) "[金]熹(1729-1800)曰: 心是何物? 鏞曰: 有形之心. 是吾內臟; 無形之心. 是吾本體, 所謂<虛靈不昧者>也. 熹曰: 虛靈不昧者, 是何物? 鏞曰: 是無形之體. 是不屬血肉者. 是能包括萬狀. 妙悟萬理. 能愛能惡者. 是我生之初. 天之所以賦於我者也." 『全書』 II, 『大學講議』 권2, 25쪽 上左 참조.

구분되는 것이다."12) 따라서 **'이성능력'이 있는 인간이란 그것이 없는
사물(짐승)들과 근본적으로 범주가 다른 것이다.**

　주자朱子에 의하면, 인간과 다른 사물들은 그의 도덕형이상학적인
관점에서 보자면, "그들의 '본성[성性]'과 '도리[도道]'에서는 같은 것이
고, 품수 받은 '기'가 다르기 때문에 (그 둘 사이에는) 지나침과 모자람
의 차이가 없을 수 없기에, 성인은 사람과 사물들이 마땅히 행할 바
에 따라서 그들의 품계를 조절하는 것"이다.13) 다산은 이제 이런 주
자의 <인물성동론>의 입장을 이렇게 반박한다.

　　지나침과 모자람의 차이는 사람들에게 있지 사물들에 있지 않다. 진실로 사람
　　이 할 수 있는 것은 모두 유동적이고 짐승들이 할 수 있는 것은 모두 '한 결 같이
　　정해져(일정一定)' 있다. 일단 정해져 있다면 어떻게 지나치고 모자람의 차이가 있
　　겠는가? 닭이 새벽에 울고, 개가 밤에 짖고, 호랑이가 (동물들을) 붙잡아서 씹어 삼
　　키고, 소가 새김질하며 (뿔로) 치받고, 벌들이 임금을 보위하고, 개미가 무리를 짓
　　는 것은 천년이나 같은 습속이고 만리萬里에 같은 풍조이다. 어찌 지나침과 모자
　　람의 차이가 있겠는가? 하물며 초목이 봄에 피고 가을에 시들고 먼저 꽃을 피우
　　고 나중에 결실 맺는 것은 각각의 본성이니 터럭만큼의 차이도 없다. 어찌 우리
　　(인간)들의 병통을 여러 사물들에게 비견하는가? 하물며 그들의 소행은 모두 한
　　결 같이 천명을 따른 것이다. 사람들이 그들 사이에 품계와 절차를 두고서 제재해
　　도 변하는 것은 없을 것이다. 주자가 '본성'과 '도리'에 대하여 매번 사람과 사물을
　　함께 다 말하기 때문에 그 (논리)의 막힘이 대부분 이런 부류들이다.14)

---

12) "人遇盜, 或聲而逐之, 或計而擒之. 犬遇盜, 能吠而聲之, 不能'不吠而計之.' 可
　　見: '其能, 皆定能'也. 夫人性之於禽獸性, 若是懸絕.", 『全書』 II, 『孟子要義』 권
　　2, 135쪽 上右.
13) "朱子曰: 性·道雖同, 而氣稟或異, 故不能無'過不及之差.' 聖人因人物之所當行
　　者, 而品節之.", 『全書』 II, 『中庸講義補』 권1, 62쪽 上左.
14) "過不及之差, 在於人, 不在於物. 誠以人之所能, 皆活動. 禽獸之所能, 皆一定. 旣
　　然一定, 夫安有過不及之差乎? 雞之晨鳴, 犬之夜吠, 虎之搏噬, 牛之齝觸, 蜂之

　　사람이라면 '선'을 좋아하고 '악'을 부끄럽게 여기며 자신을 닦아서 '도'에로 향하는 것이 그 '본연本然'이다. 개라면 밤을 지키며 도둑을 (보고) 짖으며 더러운 것을 먹고 새를 뒤쫓는 것이 그 '본연'이다. 소라면 꼴을 먹고 새김질하며 (뿔로) 치받는 것이 그 '본연'이다. 각각 받은 '천명'은 바뀔 수가 없다. 소는 사람이 하는 일을 억지로 할 수 없고 사람은 소가 하는 일을 억지로 할 수 없다. **그들의 몸체들이 달라서 상통할 수 없는 것이 아니라, 그들이 받은 '이치[이理]'가 바로 원래 자체로 같지 않기 때문이다.** (…) (그러나 지금 성리학을 주장하는) 여러 선생들의 말씀은, "이理에는 대소의 차이가 없다. '기'에 청탁淸濁이 있으니, (사람과 사물 모두에 똑같은) '본연의 성'이 '기질'에 의탁해있는 것은 마치 (똑같은) 물이 그릇에 의탁함에, 그릇이 둥글면 물도 둥글고 그릇이 네모나면 물도 네모난 것과 같다."고 한다. 이 관점을 나(신臣)는 이해하지 못하겠다. 둥근 그릇의 물도 마시면 해갈이 되고 네모난 그릇의 물도 마시면 해갈이 되니 그 물의 본성은 본래 같은 것이다. (그러나) 지금 사람이란 (개처럼) 새를 뒤쫓을 수도 도둑에게 짖을 수도 없고, 소는 (사람처럼) 독서하고 이치를 궁구할 수 없다. 만약 (성리학의 주장처럼) 그들(개, 소, 사람) '본연의 성'이 (서로) 같다고 한다면, 어찌 (개, 소, 사람들이) 이렇게 서로 상통할 수 없는 것인가? (그렇다면) 사람과 동물의 본성이 같을 수 없음이 분명하도다![15]

護君, 蟻之聚衆, 千年同俗, 萬里同風. 夫豈有過不及之差乎? 況草木之春榮秋
痒, 先花後實, 各有定性, 毫髮不差. 安得以吾人之病痛, 擬之於群物乎? 況其所
爲, 皆壹聽天命. 人於其間, 雖爲之品節裁制, 無攸變矣. 朱子於性道之說, 每兼
言人物, 故其窒礙難通, 多此類也.", 같은 책, 62쪽 下右.

15) "人則, 樂善恥惡, 修身向道, 其本然也. 犬則, 守夜吠盜, 食穢蹤禽, 其本然也. 牛
則, 服軛任重, 食芻齝觸, 其本然也 各受天命, 不能移易. 牛不能强爲人之所爲.
人不能强爲犬之所爲. 非以其形體不同, 不能相通也. 乃其所賦之理, 原自不同
故. (…) 諸先生之言曰: "理無大小, 氣有淸濁. 本然之性之寓於氣質也, 如水之
寓器. 器圓則水圓, 器方則水方." 此臣之所未曉也. 圓器之水飮之, 可以解渴; 方
器之水, 飮之亦可以解渴, 爲其性本同也. 今也人不能蹤禽吠盜, 牛不能讀書窮
理. 若其本同, 何若是不相通也? 人·物之不能同性也, 審矣!", 『全書』 II, 『孟子
要義』 권2, 135쪽 下右.

또한 다산은 이러한 성리학의 <인물성동론>, 또는 <이동기이理同氣異>설을 또한 다음과 같이 반박하고 있다.

'본연지성'이라면 <사람>과 <사물> 모두에 똑같은 것이 이렇게 분명하다면(즉 성리학의 주장과 같다면, 필자), 사람들이 모두 '요순'(같은 성인)이 될 수 있을 뿐만이 아니라, 무릇 '본연지성'을 가진 만물들 또한 모두 '요순'이 될 수 있는 것이다(이런 인물성동론人物性同論이, 필자). 어찌 통용될 수 있겠는가?16)

그리고 이어서 다산은 이렇게 말한다. 만약 주자朱子(1130~1200)가 말하는 "인성과 물성이 같다."는 말의 뜻이, 사람이나 사물들이 각각의 본성을 "천명으로부터 받는다는 점에서 같다."는 것만이 아니고, "아울러 그들이 품수 받은 '영묘한 이치[영묘지리靈妙之理]'도, 사람과 사물이 모두 같고, 다만 그들이 (받은) '기氣'만 다르기 때문에, (사물들은) (인의예지의) 사덕四德을 온전하게 갖추지 못하고 치우치고 막힌 곳이 있다."라는 뜻으로 해석하게 된다면, 이런 성리학의 <이동기이理同氣異>설은 유교 본래의 사상으로는 도저히 받아들일 수 없다는 것이다. 그것은 다만 모든 존재물의 근원적인 동일성과 윤회를 말하는 불교, 특히『수능엄경首楞嚴經』의 영향을 받아서 성리학이 기본적으로 공맹의 진정한 유학정신을 왜곡시킨 것으로 다산은 몰아붙이고 있다.17)

---

16) "而本然之性, 則人物皆同, 審如是也, 不特人皆可以爲堯舜, 凡物之得本然之性者, 亦皆可以爲堯舜, 豈可通乎?",『全書』II,『論語古今註』권9, 339쪽 下左.

17) "但所謂理同者, 不惟曰: 其受命同也, 並其所稟靈妙之理, 人物皆同, 特以其氣異之故, 四德不能全具, 而有所偏塞. 則與佛家水月之喩, 大意未遠, 又取『首楞嚴』本然之說, 名吾性曰: 本然之性.",『全書』II,『中庸講義補』권1, 83쪽 下左; 또한 "本然之說, 本出佛書.『楞嚴經』曰: "如來藏性, 淸淨本然." 楞嚴經曰: "非和合者, 稱本然性." 又曰: "譬如淸水, 淸潔本然." 楞嚴經曰: "眞性本然, 故名眞實." 長水'禪師, 語'廣照'和尙曰: "如來藏性, 淸淨本然." 本然之性, 明是佛語. 豈可以此解孔孟之言乎? 佛氏之言, 此理, 本無大小, 亦無癡慧. 寓於人, 則爲人, 寓於牛, 則爲牛, 寓於焦螟, 則爲焦螟. 如同一水體, 盛於員器, 則員, 盛於方器,

다산은 이와 같이 성리학의 <이동기이理同氣異> 설[18]을 근원적으로 부정하고 있다.

2) 인간의 <자유의지>의 발견과 인간의 고유 영역으로서의 <도덕> 실천의 강조: 성리학의 '본연지성과 기질지성'의 이론 구도에 대한 부정

『천주실의』에서 인간은 '육체[형形]'와 '정신[신神]'으로 구성되었고, '정신의 정교함'은 '육신'을 "초월"하기 때문에, 바로 '정신'이 '진정한 자신[진기眞己]'고 '육신'은 '자신'을 담고 있는 '그릇[기器]'에 비유하고 있듯이,[19] 다산 역시 '정신'과 '육체'가 묘합하여 "인간이 형성"되는 것으로 말하고 있다.[20] 또한 다산에서도 '무형한 정신[무형지심無形之心]'[21]이 인간의 본체[22]인 것이다. 다산은 - 이성능력이 없는 짐승들

則方. 如同一月色, 照於員水, 則員, 照於方水, 則方. 故其言曰: "人死而爲牛, 牛死而爲焦螟, 焦螟復化爲人, 世世生生輪轉不窮." 此所謂本然之性, 人物皆同者也."『全書』II,『論語古今註』권9, 339쪽 上中 참조.

18) <理同氣異>설에 대한 다산의 부정(否定)의 입장에 대해서는 또한 그의 다른 입론을 참조바람. "鏞案: 萬物一原, 悉禀天命.以是而謂之理同, 則誰曰不可? 但先正之言, 每云: "理無大小, 亦無貴賤. 特以形氣有正有偏. 得其正者, 理卽周備. 得其偏者, 理有梏蔽." 至云: "本然之性, 人物皆同, 而氣質之性, 差有殊焉." "斯則, 品級遂同, 豈唯一原之謂哉? 梁惠王命孟子爲賓師, 命太子申伐齊. 命鴻雁麋鹿居沼上. 其受梁王之命, 孟·申·鴈·鹿, 固無異焉. 若以其同受王名, 而遂謂所受無貴賤, 則非其實矣. 齊威王賜群臣酒. 其一人以爵, 其一人以觶, 其一人以散. 於是, 爵受者得一升. 觶受者, 得三升. 散受者, 得五升. 理同氣異者, 謂酒無二味, 而唯以器大小之. 故虎狼得三升, 蜂蠆得一升. 此所謂梏於形氣之偏塞, 而無以充其體之全者也. 誠觀虎狼·蜂蠆之性, 其果與吾人之性, 同是一物乎? 人所受者, 酒也; 虎狼·蜂蠆之所受者, 穢汁敗漿之不可近口者也. 惡得云: 理同而氣異乎?",『全書』, II,『孟子要義』권2, 135쪽 下左-136쪽 上右 참조.

19) "人以形神二段, 相結成人. 然神之精, 超於形, 故智者以神爲眞己, 以形爲藏己之器.",『天主實義』(서울대학교출판부, 1999), 7-4, 350쪽 참조.

20) "神形妙合. 乃成爲人.",『全書』II,『心經密驗』, 36쪽 上右.

이나 사물들과 본질적으로 구분되는 – 인간의 본체를 또한 '무형지
영명無形之靈明'23) 또는 '영명지심靈明之心',24) 즉 <무형한 이성능력>으
로 표현25)하고 있다. 이런 <이성능력>이 바로 다산에게는 본래의 자
기[본유지기本有之己]인 것이다.26)

사람이 태어날 때에 천명에 의해서 부여된 이런 '이성 인식[영지靈
知]'을 이제 다산은 세 가지 측면에서 살펴볼 수 있다고 말한다.

> 하늘이 '이성[영지靈知]'을 부여했으니, (이성의) '기본[재才]'이 있고, (그것이 처한)
> '형세[세勢]'가 있고, ('천명'이 부여한) '성향[성性]'이 있다. 1) '기본'은 그(이성)의 능력
> 과 권력이다. (인仁의 상징인) '기린'(의 행동)은 (필연적으로) '선'으로 정해져있기 때문
> 에 (그) 선은 공로가 될 수 없고, 늑대와 승냥이(의 행위)는 (필연적으로) 악으로 정해
> 져있기 때문에 (그) 악은 죄가 될 수 없다. 사람이라면 그 '기본'이 '선'으로 갈 수
> 도 '악'으로 갈 수도 있다. 능력이 '자기의 노력[자력自力]'에 있고 권력이 '자기의 주
> 재[자주自主]'에 있기 때문에, 선행을 하면 그를 칭찬하고, 악행을 하면 그를 비난한
> 다… 2) '형세'는 그 (이성이 처한) 지반과 그 계기이니, '선'을 하기 어렵고 '악'을
> 하기 쉬운 것이다. 식욕과 색욕이 (마음)속에서 유혹하고 명예와 이득이 밖에서 유
> 인한다. 또한 (타고난) 기질의 사욕私慾은 쉽고 편한 것을 좋아하고 힘든 것을 싫어
> 하기 때문에 그 형세는 선을 따르기가 (높이) 오르는 것처럼 (어렵고) 악을 따르기

---

21) "無形之心"이라는 표현은 『天主實義』(서울대학교출판부, 1999), 3-6, 137쪽;
  7-6, 353쪽 등에 보인다.
22) "鏞曰: 有形之心. 是吾內臟; 無形之心. 是吾本體, 所謂<虛靈不昧者>也. 憙曰:
  虛靈不昧者, 是何物? 鏞曰: 是無形之體. 是不屬血肉者."『全書』, II, 『大學講議』
  권2, 25쪽 上左 참조.
23) "大體者, 無形之靈明也.",『全書』, II, 『孟子要義』 권2, 140쪽 上左.
24) "靈明之心",『全書』I, 「詩文集·書」, 410쪽 下左.
25) 인간에게만 고유한 "이성적 추리능력"을 『天主實義』에서는, 靈, 靈性, 靈才,
  靈明, 靈心 등으로 표현하고 있다면, 다산은 靈, 靈明, 靈知, 大體, 無形之心,
  虛靈之本體, 虛靈不昧者 등등으로 호칭하고 있다.
26) "但此本有之己",『全書』III, 『梅氏書平』 권4, 202쪽 上右 참조.

는 (삽시간에) 무너져 내리는 것처럼 (쉬운) 것이다. (…) 3) '천명의 성향[천명지성天命
之性]'은 '선'과 '의義'를 좋아함으로써 자신을 양육한다."27)

　　이와 같이 다산은 '영지靈知', 즉 이성적 추리능력을 가진 인간의
'무형한 마음'에는 기본적으로 "선행을 할 수도 악행을 할 수도 있는"
'기본[재才]', 요컨대, '자유의지'가 있다고 보았다. 따라서 '의지'의 자유
로운 선택이 없는 짐승들은 그들의 본능적인 활동에 매어있기 때문
에 도덕적인 선악을 물을 수 없다는 것이다. 그리고 또한 이 '무형한'
인간의 마음은 언제나 "선행을 하기 어렵고 악행을 하기 쉬운" '형세'
에 처하여 있다고 보았다. 그러나 이런 어려운 여건 속에서 인간들로
하여금 악을 피하고 선으로 나아가게 하기 위하여, '하늘'은 또한 우
리 인간들에게 "선을 좋아하고 악을 부끄러워[악선취악樂善恥惡]하는" 도덕
적 성향, 즉 '천명지성天命之性'을 우리에게 부여하였다는 것이다.28)

　　『천주실의』에서 일찍이 마테오 리치가, 인간은 물질성과 정신성을
동시에 가지고 있기 때문에 인간의 마음속에는 항상 '금수 같은 마음
[수심獸心]'과 '인간다운 마음[인심人心]'이 서로 대립하고 갈등하고 있다
고 보았듯이,29) 다산 역시 "사람들은 항상 서로 반대되는 두 가지 지
향", 즉 '도심道心'과 '인심人心'이 서로 갈등하고 있다고 보았다. "뇌물
을 받는 것이 '도의'가 아니라고 한다면, (사람들은) 받으려고도 하고
동시에 받지 않으려고도 한다. 어려운 일을 해야 '인仁'을 이룬다고

────────────

27) "天之賦靈知也, 有才焉, 有勢焉, 有性焉: 1) 才者, 其能其權也. 麒麟定於善, 故
　　善不爲功. 豺狼定於惡, 故惡不爲罪. 人則其才, 可善可惡, 能在乎自力, 權在乎
　　自主. 故善則讚之, 惡則訾之. (…) 2) 勢者, 其地其機也. 食色誘於內. 名利引於
　　外. 又其氣質之私, 好逸而惡勞, 故其勢從善如登, 從惡如崩. (…) 3) 夫天命之
　　性, 嗜善義以自養." 『全書』 III, 『梅氏書平』 권4, 203쪽 上 참조.

28) "言乎其才, 則可善可惡; 言乎其勢, 則難善易惡. 持此二者, 將何以爲善也? 是天
　　命之性, 樂善而恥惡," 上同 참조.

29) "一物之生, 惟得一心; 若人則獸心人心是也," 『天主實意』 7-1, 340쪽(서울대학
　　교출판부, 1999) 참조.

한다면 (사람들은) 피하려고도 하고 동시에 피하지 않으려고도 한다."
고 다산은 말한다.30) 여기에서 다산은 -『천주실의』에서와 마찬가지
로 - 도덕계발의 가능근거로서의 '자유의지', 즉 마음의 "자주적 권리
[자주지권自主之權]"를 특히 강조하여 다음과 같이 말하고 있다.

> 하늘은 사람(의 마음)에 자주적 권리를 주어서 그들로 하여금 선을 바라면 선
> 을 행하고 악을 바라면 악을 행하게 하였다. (사람의 마음은 늘) 유동하여 일정하지
> 않다. (그러나) 그 (마음의 결정)권이 자기에게 있기에 짐승들의 '정해진 본능[정심定
> 心]'과 같지 않다. 따라서 선을 행하면 실제로 자기의 공로가 되고 악을 행하면 실
> 제로 자기의 죄가 된다. (…) 벌들은 임금을 보위하지 않을 수 없으나 논객들이 '충
> 忠'으로 여기지 않는 것은 그것을 '본능'으로 본 것이다. 호랑이가 동물들을 해치
> 지 않을 수 없으나 법관들이 법을 끌어내어 그들을 벌주지 않는 것은 그것을 '본
> 능'으로 여긴 것이다. 사람들이라면 그 (짐승)들과 다르다. 선을 행할 수도 악을 행
> 할 수도 있는 주재가 '자기로 말미암기' 때문에 행동은 '결정된 것이 아니다[부정
> 不定].' 따라서 선은 이렇게 (자기의) '공'이 되고 악은 이렇게 (자기의) '죄'가 되는
> 것이다."31)

요컨대, 다산에 있어서는 -『천주실의』에서와 마찬가지로 - 도덕
의 문제는 인간에게만 한정된 것이다. 왜냐하면 그것은 '이성' 판단에
따르는 '자유의지'에 의해서만 성립될 수 있기 때문이다. 따라서 이런

---

30) "今論人性, 人恒有二志, 相反而並發者, 有愧而將非義也. 則欲<受>而兼欲<不
受>焉. 有患而將成仁也, 則欲<避>而兼欲<不避>焉."『全書』II,『孟子要義』권
2, 135쪽 上右 참조.

31) "天之於人, 子之以<自主之權>, 使其欲善則爲善, 欲惡則爲惡, 游移不定. 其權在
己, 不似禽獸之定心. 故爲善則實爲己功. 爲惡則實爲己罪. (…) 蜂之爲物, 不得
不衛君, 而論者不以爲忠者, 以其爲定心也. 虎之爲物, 不得不害物, 而執法者,
不引律議誅者, 以其爲定心也. 人則異於是, 可以爲善, 可以爲惡, 主張由己, 活
動不正. 故善斯爲功, 惡斯爲罪.",『全書』II,『孟子要義』권1, 111쪽 下左 - 112
쪽 上右.

'이성능력[영지靈知, 영명靈明]'이 없기에 사태의 '옳고 그름'을 스스로 판단 할 수 없고 결국 '정해진 본능[정심定心]'에만 의존할 수밖에 없는 (인간 이외의) 존재들에게는 자연히 '의지'의 자기선택이 불가능하기 때문에 그들에게는 도덕적인 선도 악도 성립될 수 없는 것이다. 바로 이점에서 다산의 철학은, 모든 존재물들, 즉 인간이나 사물 모두에게 '도덕적인 본성', 즉 <본연지성>을 부여하는 성리학적 도덕형이상학의 패러다임을 수용할 수 없다. 그러므로 다산은 '선'을 '본연의 성[본연지성本然之性 또는 의리지성義理之性]'으로, 악을 기질지성으로 구분하여 논하는 성리학적 관점을 배격한다.

> 지금 사람(성리학자)들은 '순수한 마음[순호허령자純乎虛靈者]'을 '의리의 본성'으로 여기고, '몸[형기形氣]'에 말미암는 것을 '기질의 본성[기질지성氣質之性]'으로 여긴다. 천만 가지 죄악은 모두 식욕, 색욕, 편안함(의 추구)에서 말미암는다고 여긴다. 무릇 악은 모두 '몸'(의 사욕私慾)에로 귀결되고, '허령불매'한 심체는 다만 모든 미덕을 갖추고 조금도 악이 없는 것으로 인정된다. (이런 주장은) 매우 잘못된 것이다. 허령한 존재들이 악을 저지를 수 없다면, 저 무형한 귀신들 중에 또한 어찌하여 밝은 천신과 악귀들(의 구분)이 있는가? 먹는 것, 미색, 편안함의 욕구가 모두 '육체[형기形氣]'에서 비롯된다고 하지만, 무릇 오만불손한 죄는 '마음[허령虛靈]'에서 나온 것이니, '허령한 것'(마음)에는 전혀 악이 없다는 이치는 옳지 못하다. 사람 중에 '도'로써 문장을 배워서 '스스로를 높이[자존自尊]' 보는 자는 그를 칭찬하면, 기뻐하고, 비난하면 화를 내는데, 이런 것은 '몸[형기形氣]'과 무슨 관계가 있겠는가! 무릇 '허령한 마음'이 순수하여 악이 없다는 이치는 불교의 논설인 것이다.[32]

32) "今人以純乎虛靈者, 爲義理之性, 以由乎形氣者爲氣質之性. 千罪萬惡, 皆由於食色安逸, 故凡惡皆歸之於形氣. 而虛靈不昧之體, 認之爲但具衆美, 都無纖惡. 殊不然也. 虛靈之物, 不能爲惡, 則彼無形之鬼神, 又何以有明神·惡鬼哉? 食色安逸之欲, 皆由形氣, 而凡驕傲自尊之罪, 是從虛靈邊出來, 不可曰: 虛靈之體, 無可惡之理也. 人有以道學文章自尊者, 譽之則喜, 毁之則怒. 是於形氣有甚關係. 凡以虛靈之體, 謂純善無可惡之理者, 佛氏之論也.", 『全書』 II, 『孟子要義』

  이와 같이 다산은, 인간의 '자유의지'를 통한 도덕적인 실천의 노력 없이, 성리학에서 말하는 도덕적으로 순수한 '마음'에서 나오는 '본연지성'과 '몸[형기形氣]'에서 나오는 선악이 혼재해 있다는 '기질지성'의 구분을 무의미한 것으로 보고 있다. '마음'에서 우러나오는 것이 반드시 '선'일 수도, '몸'에서 나온 것이 반드시 '악'일 수도 없는데, 허령한 마음속에 자리 잡고 있는 '본연지성'만은 **- 의지의 자유로운 선택을 거치지 않고서도 -** 그 자체만으로 절대적 선으로 선험적으로 천명에 의해 부여되었다는 성리학적 도덕형이상학을 다산은 더 이상 수용할 수 없기 때문이다. 따라서 다산은 성리학에서 주장하는 품수받은 '기질'의 청탁淸濁에 의한 도덕 결정론을 격렬히 부정하고 반박하고 있다.

  맹자는 (인간의) '본성[성性]'을 논하면서 '불선不善'을 (유혹의) 함정에 빠져드는 것에 귀결시켰고, 송나라 유학자들은 '불선'을 '기질'에 결부시켰다. (만약 죄악의) 함정에 빠지는 것이 '자기 자신'으로부터 말미암았다면 그것을 구제할 방도가 있다. (그러나 성리학의 주장처럼, 필자) 기질은 '하늘'로부터 말미암는 것이라면 탈출할 길이 없으니, 사람들이 어찌 기꺼이 스스로 자포자기하며 비천한 하류에 귀속하려하지 않겠는가? 하늘의 품부는 원래 그 자체 고르지 못한 것이다. 어떤 이에게는 아주 아름답고 아주 맑은 기질이 부여되어 그로 하여금 '순'과 '요'(같은 성인)가 되게 하고, 어떤 이에게는 아주 밉고 아주 탁한 기질을 부여하여 그로 하여금 '걸'과 '도척'(같은 악인)이 되게 하니, 하늘이 공정하지 못함이 어찌 이토록까지 이르겠는가? 이른바 '요순'이라면, 나는 그들이 선행을 한 것이 마침 그들이 얻은 맑은 기(의 덕)인지를 모르겠다. 이른바 '걸과 도척'이라면, 나는 그들이 악행을 한 것이 마침 그들이 얻은 탁한 기(때문)인지를 모르겠다. 일단 그들에게 맑은 기를 주었고, 또한 그들에게 성인의 이름을 주었다면, (하늘은) 왜 요순에게 후덕한 것인

_____

권1, 112쪽 上右 참조.

가? 일단 탁한 기를 주었고 또한 그들에게 악인의 호칭을 주었다면, (하늘은) 왜 결과 도척에게 각박한 것인가? 만약 결과 도척이 죽어서도 지각이 있다고 가정한다면, (그들은) 장차 매일 하늘을 보고 소리 내어 울면서 (그들의) 억울함을 호소할 것이다."[33]

모든 도덕적 선과 악이 이미 '하늘'이 품부한 '기질'에 의하여 결정된다면, 사람들은 모두 자포자기하고 도덕적 개선의 노력을 하지 않을 것이다. 만약 요순 같은 성인이 타고난 맑은 '기' 때문에 성인이 되었고, 걸과 도척이 타고난 탁한 기질 때문에 악인의 이름을 갖게 되었다면, 이것은 '하늘'의 처사가 너무나 불공평하다는 난센스일 뿐이다. "따라서 기질 때문에 선악이 나누어진다면 요순은 저절로 선한 것이니 우리들은 (그것을) 기릴만하지 못하고 걸주桀紂는 저절로 악행을 한 것이니 우리들은 (그것을) 경계할만한 것이 못된다. 받은 기에는 다만 다행인가 아닌가만 있을 뿐이다. (…) 맑은 기를 받아서 상지上智가 되었다면 그것은 그렇게 되지 않을 수 없는 선이니, '선'이라고 할 수 없고, 탁기를 받아서 하우下愚가 되었으면 그것은 그렇게 되지 않을 수 없는 악이니 '악'이라 할 수 없다. 기질은 사람을 지혜롭게나 어리석게 할 수는 있으나, 사람들을 선하게도 악하게도 할 수는 없는 것이다."[34]

---

33) "孟子論性, 以不善歸之於陷溺. 宋儒論性, 以不善歸之於氣質. 陷溺由己, 其救有術. 氣質由天, 其脫無路. 人孰不自暴自棄, 甘自歸於下流之賤乎? 天之賦予, 原自不均. 或予之以純美純淸之氣質, 使之爲舜爲堯. 或予之以純惡純濁之氣質, 使之爲桀爲跖, 天之不公, 胡至是也? 夫所謂堯舜者, 吾不知: 其爲善, 適其所得者淸氣也. 而所謂桀跖者, 吾不知: 其爲惡, 適其所得者濁氣也. 旣予之以淸氣, 又歸之以聖人之名, 何厚於堯舜乎? 旣予之以濁氣, 又歸之以惡人之名, 何薄於桀跖乎? 使桀跖而死而有知也, 則將日號泣於昊天, 以愬冤枉矣.",『全書』II,『孟子要義』권2, 138쪽 上右.

34) "苟以氣質之故, 善惡以分, 則堯舜自善, 吾不足慕. 桀紂自惡, 吾不足戒. 惟所受氣質, 有幸不幸耳. (…) 受淸氣而爲上知, 則是不得不然之善也. 何足爲善? 受濁

다산은 이와 같이 인간의 도덕계발과 관련하여 성리학의 '본연지성'과 '기질지성'의 구분을 무용하거나 도리어 해로운 것으로 비판하고 있다. 이제 다산은 도덕의 계발과 관련하여 – 마치 리치가『천주실의』에서 선천적으로 주어진 '양선良善', 즉 잠재적 도덕의 가능성을 인정하고 있듯이 – 사람의 마음 안에 천명에 의해 부여된 "선을 좋아하고 악을 부끄러워하는" 도덕적 기호, 또는 성향[성性]을 바로 도덕계발의 출발점으로서 강조하여 말하고 있다.

> 무릇 '성향[성性]'은 모두 기호嗜好이다. 천명이 (부여한) '성향'이란 '선'을 기호하고, '올바름'을 좋아하는 것이다. (…) 불의한 재물이면 의지를 가지고서 받지 않으면 (마음이) 즐겁고, 잘못인 줄 알고도 마침내 물들게 되면 부끄러운 것이다. 오늘 좋은 일 하나를 하고 내일 의로운 일 하나를 하여 선을 쌓아가서 심성을 기르면 심기는 매일 매일 편하게 된다. (…) 오늘 마음을 어기는 일을 하나 하고 내일 마음에 부끄러운 일을 하나 하면 마음은 부끄러움을 느낀다. (…) 보리의 성향은 오줌을 좋아하여 그것을 오줌으로 배양하면 쑥쑥 자라나서 통통하게 된다. 오줌으로 기르지 않는다면 시들고 마르게 된다. (…) 사람의 성향은 선을 좋아하기 때문에 선으로 길러나가면 (마음이) 호연스럽고 강대해진다. 선으로 배양하지 않으면 초췌하게 쇠잔해진다. (…) '성향'이란 기호嗜好를 이름하는 것이 아닌가!"35)

따라서 다산에게 있어서, 덕과 부덕, 또는 선과 악이란 – 성리학에

氣而爲下愚, 則是不得不然之惡也. 何足爲惡? 氣質能使人慧鈍, 不能使人善惡.",『全書』II,『論語古今註』338쪽 下左.

35) "凡性皆嗜好也. 天命之性, 嗜善好義. (…) 有財不義, 秉志而卻不受, 則樂; 知非而終染指, 則愧. 其所嗜好, 可知矣. (…) 今日行一善事, 明日行一義, 擧積善集義, 以養心性, 則心氣日舒日泰. (…) 今日行一負心事, 明日行一愧心事, 心覺怊悕. (…) 麥性嗜溲, 養之以溲, 則肥而茁, 不養之以溲, 則瘦而槁.(…) 人性嗜善, 故養之以善, 則浩浩然剛大. 不養之以善, 則悴悴焉衰殘. (…) 性之爲物, 非以嗜好得名者乎?",『全書』III,『梅氏書平』, 권4, 202쪽 下左.

서처럼 - 천명에 의하여 본래적으로 주어져있는 것이 아니다. 『천주
실의』에서 강조되고 있듯이 도덕적인 선이란 사람들이 각자의 자유
의지에 따라서 각고의 실천을 거치면서 이런 '도덕성향'을 확충해나
감으로써만 후천적으로 성취되는 것이다. 말하자면, "인의예지仁義禮
智의 이름은 '실천[행사行事]' 뒤에 이루어지는 것이다. 따라서 남을 사
랑한 뒤에 '인'(의 덕)을 말할 수 있다. 남을 사랑하기 전에는 (결단코)
'인'의 이름이 확립되지 않는다. 자기 자신을 좋게 만든 뒤에 '의義'를
말할 수 있다. (…) 어찌 '인의예지'라는 네 개의 구슬이 동글동글하게
마치 복숭아씨나 살구 씨처럼 사람의 마음속에 (선천적으로) 박혀있는
것이겠는가?"36) 인의예지仁義禮智의 사덕四德은 다름이 아니라 우리
마음속에 내재하는 4가지 성향, 즉 사심四心을 확충하여 후천적으로
이루어낸 것이라고 다산은 말한다. 맹자가 말하는 이른바 **밖으로 말
미암아 나를 바꾸는 것이 아니다[非由外鑠我者]**라는 것은 내 속에 있는
'사심'을 밀고 나가서 밖으로 '사덕'을 성취하는 것을 말한다. 밖의
'사덕'을 이끌어 들여서 (마음)속의 '사심'을 발동시키는 것이 아니다.
곧 (마음속의) 이 '측은지심惻隱之心'으로부터 나가면 (나중에) 바로 인仁
을 얻을 수 있다. 곧 이 '수오지심羞惡之心'으로부터 나가면 바로 의義
를 얻을 수 있다. (…) **이것으로 '사심'은 인성人性에 고유한 것이나 '사
덕'은 (노력하여) 확충한 것임을 알 수 있다.** 확충하지 못했으면, '인의
예지'(라는 '사덕')의 이름은 마침내 확립될 수 없는 것이다."37) 따라서
"부모를 섬기는 것이 '인'이라는 것을 안다면, (방이 추우면) 따뜻하게

---

36) "仁義禮智之名, 成於行事之後. 故愛人而後, 謂之仁. 愛人之先, 仁之名未立也.
　　善我而後, 謂之義. (…) 豈有仁義禮智四顆, 磊磊落落, 如桃仁杏仁, 伏於人心之
　　中者乎?", 『全書』 II, 『孟子要義』 권1, 105쪽 下右 참조.

37) "鏞案: '非由外鑠我'者, 謂推我在內之四心, 以成在外之四德. 非'挽在外之四德,
　　以發在內之四心'也. 卽此惻隱之心, 便可得仁; 卽此羞惡之心, 便可得義.(…) 是
　　知'四心者, 人性之所固有也. 四德者, 四心之所擴充也.' 未及擴充, 則仁義禮智之
　　名, 終不可立矣.", 『全書』 II, 『孟子要義』 권2, 137쪽 上右 참조.

해주고 (더우면) 시원하게 해주고 (식사를 잘 소화시키지 못하면) 죽을 쑤어서 올리고 바로 아침저녁으로 공력을 드려야한다." 그러나 명상적인 성리학자들은 "**천지가 만물들을 생성하는 마음 (그 자체)가 (곧) '인'이다** 라고만 말하면서 오직 단정히 앉아서 눈을 감고 있을 뿐이다."[38] 다산은 도덕의 실천 없이 그 자체로 선험적으로 주어진 '덕'은 있을 수 없다고 보기 때문에, 덕을 이루어 내기 위한 구체적인 실천 행위를 적극적으로 강조하고 있다. 따라서 도덕적 실천은 조금도 하지 않고 조용히 앉아서 '거경궁리居敬窮理'에만 몰두하고 있는 그 당대 성리학자들의 관념적인 명상적 태도를 또한 심각하게 비판한 것이다. **다산에게 있어서는 '도덕'이란 –『천주실의』에서의 철학적 구도와 마찬가지로 – 바로 이성 능력과 자유의지를 가진 인간에게만 고유한 영역이요, 그것은 – 성리학에서 주장하는 것처럼 – 천명에 의하여 우리의 마음속에 이미 선험적으로 주어져있는 그런 것이 아니다.** 인간의 덕은 바로 '행사行事', 즉 구체적 실천을 통해서만 후천적으로 성취될 뿐인 것이다. 요컨대, **다산의 철학적 관심은** – 더 이상 성리학자들의 도덕형이상학적인 명상적 관념적 유희에 동조하는 것이 아니라 – **인간, 특히 지식인들의 구체적인 사회적 실천행위, 즉 인도人道의 구현에 있다고** 생각한다. 바로 이런 점에서『천주실의』에서 보이는 철저한 <반성리학적 사유>와 이성적 존재로서의 인간의 도덕적 실천을 통한 '자아완성'의 철학적 메시지를 다산은 환영할 수밖에 없었다고 필자는 생각한다.

---

38) "知'事父孝爲仁', 則溫淸滫瀡, 便當朝夕著力. 謂天地生物之心爲仁, 則惟瞑目端坐而已."『全書』II,『孟子要義』권1, 105쪽 下左 참조.

3) '이理'는 '속성'에 불과하며 '이성적 절대자'로서 '하느님 [상제上帝]'의 주재성 강조:

『천주실의』나 다산 철학 양자에 의하면, 인간을 포함한 삼라만상의 세계는 한편 '유형한' 물질[형形]과 다른 한편 눈에 보이지 않는 '무형한' 정신[신神]이라는 이원 구도로 되어 있다. 특히 다산에게 있어서, 이 현상 세계는 끊임없이 무목적적으로, 그리고 무정형하게 변화·변동하고 있는 '기氣'로 충만한 세계이다. 그렇다면, 다산은, 이런 무정형하고 무질서하게 움직이는 '기'의 세계는 – 도덕형이상학적인 성리학의 패러다임에서처럼 '이'(또는 천리天理), 즉 '형이상학적인 실체들'에 의하여 – 선험적으로 규정되어 있다고 보고 있는가? 만약 그렇지 않다고 한다면, 이런 무정형하고 무질서하게 움직이는 현상세계는 도대체 '무엇'에 의거하여 '올바르게' 질서 잡혀 나간다고 다산은 생각하였는가? 인간을 포함하여 이 세상은 도대체 무엇에 의하여 주재되어 나가는 것인가? 우리는 이제 지금 이 장에서 – 특히 인간의 도덕계발과 관련하여 – 천지만물의 주재자에 대한 다산의 입장을 좀 더 깊이 있게 논의하고자 한다. 다산에 의하면, 인간의 마음이란 이 세상에서 악인이 되기는 쉽고 선덕을 쌓아서 성인이 되는 것은 지극히 어려운 형세 속에 있다는 것이다. 그렇다면, 그는 인간의 행위에 대한 <초월적인 존재>, 즉 '하느님'의 주재主宰, 또는 그의 '상선벌악'의 문제를 과연 어떻게 받아들이고 있는가?

일찍이 성리학적 도덕형이상학이 그 출발점에서부터 전제하고 있는 만상만물들의 존재론적 근거로서의 "태극", 즉 '이理'가 도대체 만물의 주재자가 될 수 없다는 리치의 논거들을 살펴보았다. 다산의 철학적 관점과 연결하여 생각해볼 때, 그 요점은 다음의 두 가지로 귀결된다고 필자는 생각한다.

1) 아리스토텔레스에서 기원하는 만물에 대한 '실체[자립자自立者]'와 '속성[의뢰자依賴者]'의 범주론적 구별;

2) '이'가 도대체 '영靈[이성]'과 '각覺[지각]'을 가지고 '의지'와 '운동·조작'을 하는 '이성적인 실체'(즉 천신天神, 악귀惡鬼 등등)인가? 아닌가? 에 관한 논의였다.

리치의 논증에 의하면, 물론 '이'는 '형체가 없는 부류[무형지류無形之類]'에 속하지만, 그것은 결코 독립적인 실체가 아니라, 실체들(예 개개의 사물들이나 심心)에 부속되어있는 '속성'에 불과하기 때문에, '이'는 자립적인 존재물이 아니라는 것이다. 만약 이러한 '이'가 '이성능력''과 '의지'를 가진 존재라면 그것은 이미 '천신'들과 동일한 것이기 때문에 따로 '태극'이나 '이'로 호칭할 이유가 없다고 리치는 말하였다. 이와 같은 두 가지 논거를 들어서, 리치는 '이'가 결단코 만물의 주재자가 될 수 없음을 논증하였다.

우리는 다산에게 있어서도 – 리치의 이런 논증과 거의 일치하는 – 두 가지 논점을 빌려서, '이'의 <실체성>을 부정하는 논증을 발견하게 된다.

첫째, '이'는 속성에 불과하다:

다산에 의하면, "이理란 옥돌의 '결[맥리脈理]'을 말한다. 다산은 여러 고전들에 쓰인 <이>자의 의미를 자유자재로 인용하고 해석하고 있다. 그리고 그는 이들 모두의 의미는 <이>가 그 사물이나 사태 속에 들어있는 '결'을 증명해 보이고 있다.[39] 따라서 '이'는 실제로 존재하고 있는 사물들 밖에 자립적으로 존재하는 '자유지물自有之物', 즉 독

---

39) 이에 대하여는 『全書』 II, 『孟子要義』 권2, 138下右 참조.

립적인 '실체'가 아니라는 것이다. 다산에 의하면, 자체적으로 존재하는 것은 '유형한' '기氣'밖에 없다. 결국 다산은, "'기'는 '실체[자유지물自有之物]'이지만 '이'는 '속성[의부지품依附之品]'이다. '속성'은 반드시 '실체'에 의탁해 있는 것이다."⁴⁰⁾라는 결정적 판단을 내리고 있다. 요컨대, '이'는 – 리치의 주장과 마찬가지로 – 실재하는 사물, 즉 <실체>가 아니고 '속성'에 불과한 것이다.

둘째, '이'는 '지능'도 '위세·권능'도 '의지'도 없기에 <이성적 실체>가 아니다:

성리학의 관점에 따른다면, "이는 본래 지능도 없고 또한 위세·권능도 없다."⁴¹⁾ 그리고 또한 "이는 사랑하고 미워함도 없고, 기쁨도 노여움도 없으며, 공허하고 막연하여 (개별적인) '이름[명名]'도 '몸체[체體]'도 없는 것"이다.⁴²⁾ 요컨대, '이'는 스스로 이성적으로 사유를 하며 권위를 발휘하며 그리고 적극적으로 만물을 "사랑하고 미워하며, 기뻐하고 노여워하는" 인격적인 이성적 존재가 아닌 것이다. 요컨대, '하느님[상제上帝]'이나 '천신天神'들 같은 **이성적 실체**가 아니다. 따라서 '이'는 – '하느님'이나 '천신'들과는 다르게 – '비이성적인' 사물들을 주재할 수가 없는 것이다.

이어서 다산은 또한 인간을 포함한 우주만물을 주재하는 것이 도道라는 도가철학의 주장도 반대한다. "도대체 '도'란 무엇인가? 그것은 '이성능력[영지靈知]'을 가진 존재인가? '이성'능력을 아울러 가지고 있으면서도 그것을 '없는 것'으로 하는 것인가? ('도'는) '마음'도 '형적

---

40) "氣是<自有之物>, 理是<依附之品>. 而<依附者>, 必依於<自有者>." 『全書』 II, 『中庸講義補』 권1, 92 下左-93 上右.

41) "理本無知, 亦無威能," 『全書』 II, 「中庸自箴」 권1, 47上右.

42) "夫理者何物? 理無愛憎, 無喜怒, 空空漠漠, 無名無體." 『全書』 II, 『孟子要義』 권2, 144쪽 下左.

[적跡]'도 없는 것이라면 그것은 '이성'도 없고 (만물을) '창조[조造]'하고 '변화 발전[화化]'시키는 흔적도 없는 것이다. (그렇다면) '도'란 필경 무슨 존재란 말인가?"[43] 이와 같이 다산은 반드시 '이성적인 존재'만이 만물을 다스리고 주재할 수 있다고 확신하는 것이다.

저 푸르고 푸른 유형한 하늘[蒼蒼有形之天]은 (…) '이성을 가진 존재[유영지물有靈之物]' 인가? 아니면 '지능이 없는 존재[무지지물無知之物]'인가? (그것은) 멍하니 텅 비어 있 으면서 생각하지도 따지지도 못하는가? 무릇 온 세상에서 '이성이 없는 존재'는 (만사만물을) 주재할 수가 없다. 따라서 한 집안의 가장이 아둔하고 어리석고 똑똑 하지 못하면 집안의 만사가 다스려지지 않고, 한 고을의 수장이 아둔하고 어리석 고 똑똑하지 못하면 고을 안의 만사가 다스려지지 않는 것이다. 하물며 (장재張載처 럼, 필자) 멍하니 텅 비어있는 '태허太虛'라는 하나의 '도리'가 천지만물을 주재하는 근본으로 생각하여 천지간의 일을 따져본다면 어찌 그것들이 이루어질 수 있겠는 가?[44]

이와 같이 다산은 푸르고 푸른 물리적인 하늘이나, 장재張載가 말 하는 멍하니 텅 비어있는 '태허太虛'라는 하나의 '도리'는 모두 이성능 력이 없는 '유형한' 물질에 불과하기 때문에, 천지만물의 주재자가 될 수 없다고 보고 있다.

결국 다산에 의하면, 천지만물의 주재자는 – 인간의 눈에 보이는 물리적 의미의 하늘, 즉 "저 푸르고 푸른 하늘[彼蒼蒼之天]"과 범주적으

---

43) "道是何物? 是有<靈知>者乎? 並與靈知而無之者乎? 旣云: 心跡俱無, 則是無 靈知, 亦無造化之跡, 究竟道是何物? 況以空蕩蕩之太虛一理, 爲天地萬物主宰, 根本天地間事, 其有濟乎?", 『全書』 III, 『周易緒言』 권2, 504 下左.

44) "彼蒼蒼有形之天, (…) 是有靈之物乎? 抑無知之物乎? 將空空蕩蕩, 不可思議 乎? 凡天下無靈之物, 不能爲主宰. 故一家之長, 昏愚不慧, 則家中萬事不理. 一 縣之長, 昏愚不慧, 則縣中萬事不理. 況以空蕩蕩之太虛一理, 爲天地萬物主宰, 根本天地間事, 其有濟乎?", 『全書』 II, 『孟子要義』 권2, 144쪽 下左.

로 구별되는 - 보이지 않는 '이성적인 주재자', 즉 "영명주재지천靈明主宰之天"45)인 것이다.

(사람들에게) 보이지 않는 것은 무엇인가? '하늘'의 몸체이다. (사람들에게) 들리지 않는 것은 무엇인가? '하늘'의 (목)소리이다. 어떻게 그렇다는 것을 아는가? 『경』(즉 『중용中庸』)에 <귀신의 덕이 대단하다! 그것을 보려고 하여도 보이지 않고 들으려고 하여도 들리지 않는다. (귀신들은) 만물들을 몸으로 삼아서 빠트림이 없으니 세상 사람들로 하여금 재계하고 밝게 하여 제사를 올리게 한다. 양양하도다! (귀신들이) 그들의 (머리) 위에 있는 듯도 하고 그들의 좌우에 있는 듯도 하다.>고 말하였다. 볼 수도 없고 들을 수도 없는 것이 '하늘'이 아니고 무엇이겠는가? 백성들이 살자면 욕심이 없을 수 없다. 그 욕심을 좇아서 그것을 채우게 되면 방자하고 괴팍하며 비뚤어지고 분수를 못 지키게 되니, 하지 못할 일이 없을 뿐이다. 그러나 백성들이 드러내놓고 죄를 짓지 못하는 것은 '경계하고 조심'하며, '두려워하고 떨기' 때문이다. 왜 경계하고 조심하는가? 위로 법을 집행하는 관리가 있어서이다. 왜 두려워하고 떠는가? 위에서 그를 죄주고 죽이는 임금이 있어서이다. 만약 그들 위에 임금과 수령들이 없다는 것을 안다면, 누가 방자하고 괴팍하며 비뚤어지고 분수를 못 지키게 되지 않겠는가? (…) '두렵고 떨린다는 것'은 까닭 없이 그렇게 되는 것이 아니다. 스승이 그렇게 하라고 가르쳐서 '두렵고 떨리는 것[공구恐懼]'은 가짜 '공구恐懼'이다. 임금이 그렇게 하라고 명령하여 '두렵고 떨리는 것[공구恐懼]'은 가짜 '공구恐懼'이다. 저녁에 분묘들을 지나가는 사람이 두려움을 기약하지 않아도 저절로 두려운 것은 그들이 (지금 당장은 보이지 않지만) 도깨비들이 있다는 것을 알기 (때문)이다. 밤에 산과 숲을 지나는 사람이 두려움을 기약하지 않아도 저절로 두려운 것은 그들이 (지금 당장은 보이지 않지만) 호랑이와 표범이 있다는 것을 알기 (때문)이다. 군자들이 캄캄한 방안에 있으면서 전전긍긍하며 악을 저지르지 못하는 것은 그들이 **자기들 위에** (보이지 않는) **'하느님[상제上帝]'이 군림하고 있음을** 알기 (때문)이다."46)

---

45) "臣以爲"高明配天"之天, 是<蒼蒼有形之天>; "維天於穆"之天, 是<靈明主宰之天>." 『與猶堂全書』 I, 「詩文集·文」 권8, 164쪽 下右 참조.

마테오 리치가 늘 '천주'를 '형체도 없고 소리도 없는 존재[무형무성
자無形無聲者]'47)로 규정하고 있다면, 다산 역시 '보이지 않고 들을 수 없
는[부도부문不覩不聞]' 무형한 '상제'의 주재가 인간들의 악행을 막고 선
행을 이끌기 위해서는 절대적으로 필요한 것으로 전제하고 있는 것
이다. 여기에서 다산은 – '하느님'의 주재성을 부정하는 성리학자들과
는 달리 – 옛날의 이상적 사회에 살았던 고인들은 진실로 보이지도
않고 형체도 없는 '상제'가 인간들의 선행과 악행을 "(밝은) 태양처럼
감시[일감日監]"한다고 믿고서 진실한 마음으로 (보이지 않는) 바로 그
'하늘', 즉 '상제'를 섬겼다고 말한다.

> 옛날 사람들은 신실한 마음으로 '하늘'을 섬겼고 신실한 마음으로 (천)신들을
> 섬겼다. (그들이) 한번 움직이고 한번 멈출 때마다 생각이 움터나면 혹 '참'되기도
> 하고 혹 '거짓'되기도 하고 혹 '선'하기도 하고 혹 '악'하기도 하니, 이들을 경계하
> 여, <(하느님이) 태양같이 이 자리에서 감시하고 계시다.>라고 말하였다. 따라서 그
> 들이 경계하고 조심하고 두려워서 떨며 '홀로 있음을 삼가는 것'의 절절함이 정말
> 로 참되고 독실하여 '하늘'을 (섬기는) 덕행에 달통하였다.48)

---

46) "箴曰: 所不睹者, 何也? 天之體也. 所不聞者, 何也? 天之聲也. 何以知其然也?
    經(『中庸』)曰: "鬼神之爲德, 其盛矣乎! 視之而不見, 聽之而不聞, 體物而不可
    遺, 使天下之人, 齊明承祭, 洋洋乎! 如在其上, 如在其左右." 不睹不聞者, 非天
    而何? 民之生也, 不能無慾, 循其慾而充之, 放辟邪侈, 無不爲已. 然民不敢顯然
    犯之者, 以戒愼也, 以恐懼也. 孰戒愼也? 上有官執法也. 孰恐懼也? 上有君能誅
    殛之也. 苟知其上無君長, 其誰不爲放辟邪侈者乎? (…) 夫恐懼爲物, 非無故而
    可得者也. 師敎之而恐懼, 是僞恐懼也. 君令之而恐懼, 是詐恐懼也. 恐懼而可以
    詐僞得之乎? 暮行墟墓者, 不期恐而自恐. 知其有魅魈也. 夜行山林者, 不期懼而
    自懼. 知其有虎豹也. 君子處暗室之中, 戰戰栗栗, 不敢爲惡. 知其有上帝臨女
    也.", 『全書』II, 『中庸自箴』권1, 46下左–47 上右.
47) '천주', 또는 '정신'("神", spirit)을 "無形無聲"한 존재로 묘사하는 것은 『天主實
    義』의 도처에 보인다. 『天主實義』(서울대학교출판부, 1999), 2–5, 80쪽, 81
    쪽; 2–12, 95 쪽, 96쪽; 2–15, 105쪽; 2–16, 107쪽; 3–5, 132쪽, 133쪽, 134쪽;
    3–6, 137쪽; 5–6, 240쪽; 7–3, 348쪽; 7–6, 353, 354쪽 등이다.

위대하신 하느님은 형체도 없고 바탕도 없으면서 (밝은) 태양처럼 이 자리에서 (우리들을) 감시하며 천지자연을 온통 다 다스리니, 만물들의 조상이며 모든 (천)신들의 으뜸이시다. 밝게, 밝게 빛나고 빛나는 (하느님이 우리들) 위에 임하여 계시도다! 따라서 이에 성인들이 조심조심 그들을 받들게 되니. 이것이 (성 밖에서 드리는) '교제郊祭'가 생겨난 까닭이다.[49]

다산에 의하면, 무형하고 이성적인 하느님이 최고신의 존재로서 '수많은 천신[백신百神]'들을 거느리고 우리 인간들의 머리 위에 임하고 계시면서 우리 행동의 일거수일투족을 감시하고 있다는 것이다. 따라서 다산은 –『천주실의』에서와 마찬가지로 – 인간의 도덕계발을 위해서는 상선벌악하시는 이성적 하느님이 유일한 최고신으로 천신들을 거느리고 인간을 포함한 천지만물을 주재하는 있음을 자명한 진리로 받아들이고 있는 것이다.

3. 다산의 성리학적 〈이기론〉의 해체와 〈도덕실천〉의 강조

이제까지 기술된 『천주실의』와 다산철학 양자에 공통하는 철학적 패러다임의 특징은 우선 다음의 일곱 가지 관점으로 정리해볼 수 있다고 필자는 생각한다.

---

48) "古人實心事天, 實心事神. 一動一靜, 一念之萌, 或誠或僞, 或善或惡. 戒之曰: "日監在玆." 故其戒愼恐懼, 愼獨之切, 眞切篤實, 以達天德.", 『全書』 II, 『中庸講義』 권1, 71쪽 上右.

49) "惟其皇皇上帝, 無形無質, 日監在玆, 統御天地, 爲萬物之祖, 爲百神之宗, 赫赫明明, 臨之在上, 故聖人於此, 小心昭事, 此郊祭之所由起也.", 『全書』 III, 『春秋考證』 권1, 229쪽 上左.

1) 인간을 포함한 삼라만상의 세계는 한편 '유형한' 물질("형形, 또는 무목적적으로 언제나 변동하는 '기')과, 다른 한편 눈에 보이지 않는 '무형한' 정신[신神]이라는 이원 구도로 되어 있다. 따라서 만물은 <이성능력을 가진 존재물>("유령지물有靈之物", 예 상제上帝, 인간, 천신, 악귀 등)과 <이성능력이 없는 존재물>("무령지물無靈之物", 예 무생명체, 초목 및 금수 등)이라는 두 개의 범주로 구분될 수 있다.

2) 사태를 추론하여 판단하는 <이성능력("영재靈才", 또는 "영명靈明" 등등)이 없는 존재물>("무령지물無靈之物")은 도대체 무엇이 도덕적으로 '옳고 그른지'를 추론하여 분별할 수 없기 때문에 '도덕행위'를 할 수 없다. 만약 비이성적인 존재물(예 꿀벌이나 호랑이 등등)이 도덕적 관점에서 보면, 마치 '선', 또는 '악'으로 보이는 행위들을 했어도, 그것은 천명에 의해 '정해진 마음[정심定心]'에서 행한 것에 불과하기 때문에, 그런 동물들의 행위에 대하여 인간들은 도덕 판단을 유보해야만 한다.

3) 육체[형形]와 정신[신神]으로 결합된 인간은 이성적 존재[유령지물有靈之物]이지만, 육체를 가지고 있기 때문에 그것이 없는 '이성적 존재들'(예 상제上帝, 천신天神, 악귀惡鬼 등)과 또한 구분된다. 후자의 '상제'나 천신들은 추론할 필요 없이 모든 것을 '분명하고 충분하게 파악[명달明達]'하고 있으나, 전자의 인간은 반드시 추론을 통하여 사물을 파악하고 이해한다는 점에서 차이가 있다.

4) 형체에 매어있지 않은 인간의 <무형한 마음>(무형지심無形之心), 즉 사태의 '시비'를 추론하고 판단할 수 있는 '이성적인 마음[영지靈知, 허령지심虛靈之心 등등]'에는 "선을 좋아하고 악을 부끄러워하는" 도덕적 본성이 – 덕행의 잠재적 가능성으로서 – '천명'에 의하여 부여되어 있다. 리치는 그것을 특히 '양선良善'이라고 불렀다면. 다산은 똑같은 그것을 도덕적인 '기호嗜好'로서의 '인성人性'으로 말하였다.

5) 인간은 물질성과 동시에 정신성을 함께 가지고 있기 때문에, 인간의 '무형지심'에는 선을 추구하려는 '도심'과 악을 추구하려는 '인

심'이 항상 서로 충돌·갈등하고 있다. 따라서 인간의 의지는 '선행을 할 수도 악행을 할 수도[가선가악可善可惡]' 있다. 요컨대, 인간의 '마음'에는 자기 스스로 '악행과 선행'을 선택할 수 있는 "자유의지"가 부여되어있다. 선행과 악행을 스스로 선택하여 결정하는 <마음의 권능>("기능기권其能其權", 또는 "자주지권自主之權" 등)이 있기 때문에, 인간이 쌓은 덕도 '자기의 공로'가 되고, 저지른 악도 자기의 '죄'가 되는 것이다.

6) 인간의 마음이 처한 상태는 실제로 "선을 행하기는 어렵고 악을 행하기 쉽기[난선이악難善易惡]" 때문에, 『천주실의』에서는 인간이 끊임없는 실천을 통하여 자기인격의 완성을 도모하기 위해서는, 무엇보다도 먼저 '천주', 즉 <하느님>으로부터의 인간의 행위에 대한 '주재主宰', 또는 '상선벌악'의 문제를 지극히 자명한 진실로 전제하고 있다. 다산도 역시 보이지 않는 '하느님', 즉 '절대적 이성적 존재'로서의 '상제上帝'가 바로 우리 인간들 위에 군림하면서 인간의 행위를 감시하며, 그들에 대한 상선벌악을 주재해 나간다고 하는 확고한 신념을 피력하고 있다.

7) 성리학에서 말하는 '이'란 물론 '형체'가 없는 부류에 속하지만, 그것은 '이성'능력도 '의지'도 '동정'도 없는 것이기 때문에, '이성'능력을 가진 '정신적 실체'가 될 수 없다. 따라서 '이'는 자립적인 '실체'로서 존재하는 것이 아니라, '실체'에 의탁해 있는 '속성'에 불과하다.

이런 『천주실의』와 다산 철학의 패러다임에서 보이는 여러 특성들은 – 특히 성리학의 그것과 대비한다면 – 또한 다음의 두 가지 관점으로 총괄될 수 있다.

첫째, '천인합일天人合一'적인 세계관의 부정

『천주실의』나 다산의 철학적 구도에 의하면, 자연세계[천도天道]와 인간의 가치세계[인도人道]를 함께 관통하여 묶어주는 도덕형이상학의 존재론적 기초는 없다. 왜냐하면 『천주실의』나 다산의 철학적 구도에 의하면, 사태의 '옳고 그름'을 추론하고 판단하며 그것에 근거하여 '도덕적인' 선악을 선택할 수 있는 '이성능력'이 (인간을 제외하고) 자연계에 속한 존재물들에게는 결여되어 있기 때문에, 인간세계의 가치론을 자연세계에 미루어서 그것을 억지 해석할 수 없다고 보기 때문이다. 따라서 자연계와 인간세계 안의 모든 사물들의 당위론적인 도덕형이상학의 근거로서 성리학이 제시하고 있는 '이'(또는 "천리天理")는 결국 만물들을 주재·규정하는 근거로서 수용될 여지가 없다. **자연계를 규율하는 법칙[천도天道]과 인간세계의 법칙[인도人道]은 전혀 별개의 범주**이다.

둘째, 오직 인간의 실천에 의해서만 도덕은 성립한다

이성적인 시비 판단을 할 수 있는 인간들이 자기의 의지에 따라서 선을 좇을 수도 악을 좇을 수도 있기 때문에, 이런 마음의 '자유의지', 또는 "자주지권" 없이는 덕(virtues)을 성취해낼 수 없다. 성리학에서 '이'를 곧 바로 영원불변하게 타당한 객관적인 도덕법칙으로 이해하고 – **자유의지에 의한 도덕적 실천 행위 없이** – 그것에 대한 명상적 접근, 즉 "거경궁리居敬窮理"만으로 덕을 성취해낼 수 있다고 말한다면, 그런 사유체계는 성립될 수 없다. **항상 인간의 선악을 감시하고 인간들에게 상과 벌을 내리는 이성적인 주재자, 즉 하느님 앞에서 모든 유혹을 뿌리치고 '계신공구'하며 조금씩, 조금씩 오직 몸소 끊임없는 부단한 도덕적 실천을 통해서만 덕이 성취되며 성인이 될 수 있다는 것**이다.

우리가 이와 같이 『천주실의』와 다산철학의 핵심을 이해한다면, 이미 성리학적 이기관은 그것들에 의하여 해체된 셈이다. 왜냐하면 도덕의 영역을 자연세계로부터 축출하여 오직 인간의 활동영역, 즉 인간의 사회윤리론, 요컨대, 오직 <인도人道>에만 한정시키고 있기 때문이다. 따라서 『천주실의』나 다산철학에서는 관념적 형이상학적인

'이'는 더 이상 자리매김할 수 있는 여지가 없다. 다산에 의하면, 성리학이 가진 이런 '형이상학적인' 특색은 모두 불교의 영향을 받아서 왜곡된 모습일 뿐이라는 것이다. 따라서 인격신을 신봉하였고 또한 인간의 실천적 사회윤리에 초점을 두었던 고대의 '공자'의 유학에로 되돌아가는 것이 진정한 '유학', 즉 "수사학洙泗學"을 회복하는 일이라고 다산은 강조하고 있다.

4. 맺음말

본 논문에서 필자는 다산철학의 위와 같은 핵심적인 이해를 위하여, 다산(1762~1836)의 여러 가지 저작들(예 『중용강의中庸講義』(1784), 『역경서언易學緖言』(1808), 『춘추고징春秋考證』(1812) 『논어고금주論語古今註』(1813), 『맹자요의孟子要義』(1814), 『대학공의大學公議』(1814), 『중용강의보中庸講義補』(1814), 『대학강의大學講義』(1814), 『중용자잠中庸自箴』(1814), 『심경밀험心經密驗』(1815), 『매씨서평梅氏書平』(1834), 『상서고훈尙書古訓』(1834) 등등)을 살펴보았다. 다산이 『천주실의』를 처음으로 접하게 된 것은 그가 23세(1784)가 되던 청년기의 일이다.[50] 그럼에도 불구하고 우리들이 위에서 서술된 사상들의 핵심들은 주로 그가 51세(1812)부터 73세(1834)까지라는 그의 인생 만년기의 저술들에서 주로 보이고 있음을 알 수 있다.

조선조에 있어서 16세기 이래로 인간의 마음에 존재하는 <사단칠정四端七情>을 놓고서 그것을 <이기理氣>론과 연관시키면서 퇴계退溪 이황李滉(1501~1570)학파와 율곡栗谷 이이李珥(1536~1584)학파 간에 벌린 논쟁과 갈등은 다산(1732~1836)의 시대에까지 치열하였다. 따라서 장년 시절의 다산은 이런 퇴계와 율곡의 <이기>논변에 대한 자기의 입장

---

50) 금장태(1999), 『茶山 정약용: 실학의 세계』, 성균관대학교 출판부, 35~36쪽 참조.

표명을 강요받곤 하였다. 그러한 예들이 다산이 33세에 쓴 「서암강학기西巖講學記」(1795)와 그가 39세에 작성한 「이발기발변理發氣發辨」 1·2 (1801)에 보이고 있다. 사실 주자가 말하는 '이'는 "무형적인" 것이고 개개 사물들로 하여금 바로 그런 사물로 만들어준 '사물들의 소이연[물지소이연物之所以然]'이기 때문에, '이'란 능동적으로 발동할 수 없는 것이다. 그러나 '기'는 "유형한" 것이고 사물들을 구성해주는 물질적 재료이기 때문에, '기'는 언제나 무목적적으로 변화·변동하는 것이라고 파악한 율곡의 입장을 다산은 원칙적으로 긍정하고 있다. 따라서 다산은 율곡의 "'기'가 발하여 '이'가 그것에 올라탄다[기발이이승지氣發而理乘之]"는 입론을 총론적 전체적으로는 인정한다. 그러나 다산에 의하면 퇴계는 <이>와 <기>의 의미를 주자나 율곡과는 다른 의미로 쓰고 있다는 것이다. 퇴계에게 있어서 <이>의 의미는 <도심道心>을 말한 것이고, <기>의 의미는 <인심人心>을 의미하기 때문에, 퇴계로서는 순수도덕의 근원인 <사단四端>을 도저히 <기의 발동[기발氣發]>으로 받아들일 수 없었기 때문에 그것은 <이의 발동[이발理發]>이라고 말할 수밖에 없었다. 퇴계는 다만 악의 성분을 내포하고 있는 <칠정七情>만이 <기의 발동[기발氣發]>으로 말한 것으로 다산은 해석하고 있다. 따라서 퇴계와 율곡의 경우, "<이기>의 글자의 뜻이 일단 달랐기에, 전자도 스스로 한 학설을 이루었고, 후자도 스스로 한 학설을 이루었으니, (이 두 학설 중에) 옳고 그름과 장점과 단점을 <하나>에만 귀결시킬 수는 아마도 없을 것이다."[51]라는 타협적인 입장을 다산은 보여주고 있다.[52]

그러나 다산은 「이발기발변」 2(1801)에서, <이기>에 대하여 - 성리

---

51) "理氣字, 義旣異, 則彼自一部說, 此自一部說, 恐無是非得失之可以歸一者. 未知如何?", 『全書』 I, 『西巖講學記』(1795), 451쪽 上右.

52) 다산의 이런 타협적인 입장에 대하여는 「西巖講學記」, 上同 및 「理發氣發辨」 1, 『全書』 I, 248쪽 上右 참조.

학의 입장과 구별되는 – 자기 자신의 철학적 견해를 다음과 같이 밝히고 있다.

> (퇴계의 주장처럼) '사단'은 대체로 '이'의 발동이다. 비록 그렇지만, 당 현종玄宗(통치 713~755)이 '마외馬嵬'에서 양귀비를 이끌고서 '측은지심'을 발동하였고 한 고조高祖(통치 기원전 206~195)가 '백등白登'에서 돌아와서 '수오지심'을 발하였다. (…) 이런 부류들은 그것이 공정한 '천리'에서 발동했다고 말할 수 없다. '칠정'은 대체로 '기'의 발동이다. 비록 그렇지만, 자로子路는 허물을 (남으로부터) 듣는 것을 기뻐했으며, 문왕文王(기원전 11세기)이 한 번 분노하여 천하의 백성들을 편안하게 하였다. (…) 이런 부류들은 그것이 '형기'의 사욕에서 발동했다고 말할 수 없다. '사단'도 우리의 마음에서 말미암고, '칠정'도 우리 마음에서 말미암은 것이다. 그런 마음이 <이기>라는 두 구멍에서 각각 (따로 따로) 나와 버린 것이 아니다. 군자는 가만히 있을 때 (이 마음을) 보존하고 활동할 때 (이 마음을) 살피는 것이다. 무릇 하나의 상념이 발동하면 곧 두려운 마음으로 <이 상념이 공정한 '천리'에서 발동했는가? 사사로운 '인욕'에서 발동했는가? 이것은 '도심'인가? 이것은 '인심'인가?>를 맹렬히 반성해야 한다. 세밀하고 철저하게 추론하고 궁구하여 이것이 과연 공정한 천리라면 그것을 배양하여 기르고 넓히고 확충하는 것이다. 혹 사사로운 인욕에서 나왔다면, 그것을 막고 꺾어서 극복하는 것이다. 군자들이 입술이 마르고 혀가 달토록 격렬하게 <이발기발>의 논변을 하는 것은 바로 이런 (실천 공부) 때문이다. 만약 상념이 발동된 곳을 (단지 이론상으로만) 알고 이미 그것을 논변했다면, 무엇 때문에 그렇게 하겠는가? (진실로) 퇴계선생은 마음을 다스리고 (도덕적) 본성을 기르는 (실천)공부에 평생 노력을 기울였다. 따라서 (그가) <이발>과 <기발>을 나누어서 말하였으나, (후학들이 퇴계의 실천공부의 뜻을) 아마도 명백히 깨닫지 못할까 두려울 뿐이다. 학자들이 이런 뜻을 살펴서 그것을 깊이 체득하게 된다면, 그렇게 함으로써 퇴계의 충실한 문도가 되는 것이다!"[53]

---

53) "理發氣發辨二: 四端大體是理發. 雖然, 明皇於馬嵬引貴妃而發惻隱之心, 漢高祖自白登還而發羞愧之心, (…) 若此類, 謂其發於天理之公, 不可得也. 七情大體

다산에게 있어서는 <이발>설이든, <기발>설이든 공허한 이론 논쟁이 결코 중요한 것이 아니다. 중요한 것은 마음에서 일어나는 상념들 하나, 하나를 계신 공구하는 마음으로 조심, 조심 살피고 살펴서, 도심을 기르고 인욕을 억제하는 실천공부가 중요하다는 것이다. 사실 퇴계선생이 <이발><기발>을 나누어 말한 본뜻도 그의 이런 <실천공부>에 핵심이 있다고 다산은 강조하여 말한 것이다. 따라서 이런 <실천공부>의 본뜻을 망각하고 공허한 이론논쟁에만 몰두하는 후학들의 난맥상을 다산은 예리하게 지적하고 있다. 이와 같은 공허한 <이기>논변과 관련하여 다산은 이여홍李汝弘에게 답하는 글에서 "<이기>설은 동쪽이라고도 하고 서쪽이라고도 하고, '희다'고도 하고 '검다'고도 한다. 왼쪽으로 끌면 왼쪽으로 기울어지고 오른쪽으로 잡아당기면 오른쪽으로 기운다. 평생을 서로 논쟁을 하고도 그것을 (또) 자손들에게까지 전하니 또한 끝이 없다. 사람이 태어나서 (할) 일이 많은데, 형과 저는 이런 (공허한) 논쟁을 할 틈은 없다."54)고 잘라 말한다. 다산의 실천철학적 관심은 성리학적 이론구도에 얽매어서 공허한 <이기>론이나 <심성>론 논쟁에 휘말려 들어가는 것을 크게 경계했을 뿐만 아니다. 다산은 실로 『천주실의』에 소개된 서구적인 윤

是氣發. 雖然, 子路喜聞過, 文王一怒, 而安天下之民, (…) 若此流, 謂其發於形氣之私, 不可得也. 四端由吾心, 七情由吾心. 非其心有理氣二竇, 而各出之後去也. 君子之靜存而動察也, 凡有一念之發, 卽已惕然猛省, 曰: "是念, 發於天理之公'乎? 發於人欲之私乎? 是道心'乎? 是人心'乎?" "密切究推, 是果天理之公, 則培之養之, 擴而充之. 而或出於人欲之私, 則遏之折之, 克而復之. 君子之焦脣敝舌, 而惱惱乎理發氣發之辯者, 正爲是也. 苟'知其所由發, 而已辨之則, 何爲哉? 退溪一生用力於治心養性之功, 故分言其理發氣發, 而唯恐其不明. 學者察此意而深體之, 則斯退溪之忠徒也.", 『全書』 I, 「詩文集·辨」, 248쪽 上左−下右.

54) 然理氣之說, 可東可西, 可白可黑, 左牽則左斜, 右挈則右斜, 畢世相爭, 傳之子孫, 亦無究竟, 人生多事, 兄與我不暇爲是也. 『與猶堂全書』 I, 「詩文集·書」, <答李汝弘> 410쪽 下左.

리사상의 구도를 적극적으로 원용함으로써, <명상적 관념적인 성리학>의 패러다임을 <실천적 윤리중심>의 새로운 패러다임으로 전환시킬 수 있었다.

필자는 이 글에서 『천주실의』에 나타나있는 철학적 사유의 기본틀과 다산철학의 그것 사이에 존재하는 구조적인 동일성을 제시하고자 하였다. 그것은 특히 다음의 두 가지 점에서 두드러진다.

1) 만물은 근원적으로 '이성을 가진 존재[유령지물有靈之物]'와 '이성이 없는 존재[무령지물無靈之物]'로 구분된다.

2) 만물 중에서 '옳고 그름'을 판단할 수 있는 이성능력과 자유의지를 가진 인간만이 도덕적인 행위를 할 수 있다. 따라서 도덕의 문제는 오로지 인간의 실천적 활동에만 귀속되는 것이다(인간 이외의 자연계에 속한 다른 존재들에게는 도덕 실천의 문제를 물을 수 없다).

이런 점에서 다산에게 보이는 <인도人道>, 즉 인간의 실천윤리 중심의 새로운 철학적 패러다임에로의 전환은 18세기 조선사회 당대에서 <자연관>과 <인간관>에 대한 근대적인 전환의 커다란 계기를 연 것으로 볼 수 있다. 더 이상 **자연을 <인간의 가치척도>에 의하여 재지 않는 근대적 자연관**이 나올 수 있는 첫 번째 장을 연 셈이다. 또한 <이성적 존재>로서의 인간에 대한 정의와 개별적 인간의 자유의지를 통한 실천적 윤리학을 말하는 다산철학의 패러다임 속에서 우리는 전통적 유교사상과 <근대성>과의 창조적 만남을 보게 된다.

요컨대, 다산은 『천주실의』로부터 중요한 서양철학의 개념틀을 차용하고 있지만, 그는 역시 **현세에서의 '자아'의 인격완성을 지향하는 유교인의 정신 자세를 그대로 견지하고 있는 것**이다. 따라서 필자는 다산철학의 결정적 의의는 결국 성리학적 <천인합일>론의 폐기와 동시에 공맹 등의 선진先秦 유학에 보이는 <경세론經世論>, 즉 <인도人道>

의 적극적인 실현(복원)에 있다고 본다. 이제 필자는, 성리학의 도덕 형이상학적 패러다임으로부터 <경세론>, 즉 <인간의 사회적 실천윤리> 중심으로의 철학적 패러다임의 전환이라는 **다산 철학의 업적은** 과거 17세기 이래로 이미 서양선교사들을 통하여 동아시아에 들어왔던 <서양사상>을 적극적으로 수용하여, 지금부터 거의 2세기 전에 **전통철학을 새롭게 해석하고 창조적으로 구현해낸 동서철학 융합의 위대한 선구적인 작업으로** 높이 평가하고자 한다.

참고문헌

1. 1차 자료

『增補與猶堂全書』(총 6권), 서울: 景仁文化社, 1970.

『天主實義』, 利瑪竇작, (宋榮培외 공역본), 서울대학교출판부, 1999.

『交友論·二十五言·畸人十篇』, 宋榮培譯註, 서울대학교출판부, 2000.

『茶山 孟子要義』, 李篪衡 역주, 서울: 現代實學社, 1994.

『茶山과 文山의 人性論爭』, 丁若鏞·李載毅著, (茶山經學資料譯編), 한길사, 1996.

『論語譯注』, 楊伯峻譯注, 北京: 中華書局, 1980.

『孟子譯注』, 楊伯峻譯注, 北京: 中華書局, 1984.

2. 단행본

韓亨祚(1996), 『朱熹에서 丁若鏞으로』, 世界社.

李篪衡(1996), 「茶山 經學硏究』, 태학사.

韓祐劤외(1985), 『丁茶山硏究의 現況』, 民音社.

鄭奭鍾외(1986), 『丁茶山과 그 時代』, 民音社.

李乙浩외(1989), 『丁茶山의 經學』, 民音社.

朴秉濠외(1990), 『茶山學의 探究』, 民音社.

琴章泰(1999), 『정약용』, 성균관대학교 출판부.

李相益(1998), 『畿湖性理學硏究』, 한울아카데미.

金炯孝외(1998), 『茶山의 사상과 그 현대적 의미』, 한국정신문화연구원.

金玉姬(1991), 『韓國天主教思想史』Ⅱ - 茶山 丁若鏞의 西學思想硏究 -, 도서

출판 : 殉教의 脈.

李元淳(1986),『朝鮮西學史硏究』, 一志社.

3. 논문류

姜在彦(1990),「丁茶山의 西學觀」,『茶山學의 硏究』, 民音社.

柳初夏(1990),「丁若鏞의 宇宙觀」, 고려대학교철학과박사학위논문.

柳初夏(1995),「성리학적 인물성동이론에 대한 정약용의 비판」,『泰東古典硏究』
    第12輯.

柳初夏(1996),「茶山 存在觀의 哲學史的 位置」,『民族文化』第19輯.

李東歡(1996),「茶山思想에 있어서의 '上帝'의 문제」,『民族文化』第19輯.

李篪衡(1990),「茶山의 經傳註釋에 대하여: - 朱子集註와의 비교 -」,『民族
    文化』第19輯.

崔奭祐(1986),「丁茶山의 西學思想」,『丁茶山과 그 時代』, 民音社.

Kalton, M.C(1981), "Chong Ta San's philosophy of Man: A Radical Critique
    of the Neo-Confucian World View," *The Journal of Korean Studies* 3,
    Seattle(University of Washington).

예수회 적응주의와 조선서학

: 쁘레마르와 다산 비교연구

이 향 만 ㅣ 가톨릭대 생명윤리연구소 수석연구원

1. 머리말

서학의 창시자라고 할 수 있는 예수회원 마테오 리치(1552~1610)와 서학의 영향을 받아 조선 후기 유학에 새로운 실학적 계기를 부여한 다산 정약용(1762~1836) 사이에는 2백 년이 넘는 시간의 간극이 있다. 또한 리치가 추구했던 보유론과 다산이 추구한 본원 유학으로서 수사학洙泗學에는 선교를 위한 유교이해와 유신론적 유교해석의 근원적인 관점의 차이가 내재하고 있다. 리치는 그리스도교의 관점에서 유학을, 다산은 유교적 관점에서 그리스도교를 이해하고 해석하려고 하였다. 이 차이는 사실 신앙적인 차원과는 달리 학술적인 차원에서 화합하기 어려운 큰 간극이라 할 수 있다. 중국 예수회 자체 내에서 이 간극을 최소화하기 위한 시도를 적응주의의 진화라는 관점으로 이해할 수 있다. 그러나 적응주의가 갖고 있는 한계는 후대에 다산이 고백하듯 배교라는 실존적 선택으로 나타나게 된다.

이러한 문화충돌의 격동의 시간의 중간 지점에 자리하고 있는 한 인물이 예수회원 조세프 앙리 마리 드 쁘레마르(Joseph Henry-Marie Prémare 馬若瑟, 1666~1736)이다. 그의 중국문화에 대한 깊은 학술적 관심과 신유학에 대한 새로운 적응주의적 관점은 리치와 다산의 서학관계를 새로운 관점에서 바라보게 하기에 충분하다. 다산이 쁘레마르의 영향을 받았다는 기록은 아직 없다. 그러나 이 두 사람은 유교문화를 선교의 대상으로 보지 않고 유교문화 자체를 유신론적으로 해석함에 있어 서교와 상응할 수 있는 고유한 종교성을 보여주고 있다. 특별히

* 이 논문은 2011년도 정부(교육부)의 재원으로 한국연구재단의 지원을 받아 연구되었음(NRF-2011-35C-A00185).

이 두 사람이 공통적으로『중용』을 주목한 점이 그렇다.『중용』에 대한 두 학자의 관심은 이 경서에서 동서양 종교·학술적 매개처로서 특별한 가치를 발견한 데 있다.

잘 알려진 바대로『중용』을 중시한 신유학적 전통은 범중엄范仲淹 (1022~1063)에서 유래한다. 장재張載가 젊었을 때 범중엄을 회견하고 병사兵事에 관해 물었을 때 범중엄이 "유자儒者에게는 자연히 명교名教 (인륜의 명분에 대한 가르침)에 즐길 만한 것이 있는데, 어찌하여 병담兵談 같은 것을 좋아하는가."라고 하면서『중용』을 그에게 주었다는 기록이 있다.[1] 이를 보더라도 신유학에서『중용』이 차지하는 비중은 장재로부터 비롯하였음을 알 수 있다. 실로 장재는 그의 철학에서 이정二程과는 달리 하늘을 주요 관념으로 삼았다. 하늘[天]에 관한 그의 주된 관점은『서명』에 잘 나타나있다.

쁘레마르는 유교를 이해하는 데 있어서『중용』1장의 "天命之謂性, 率性之謂道, 修道之謂教는 儒教의 大原"이고,『대학』1장 "大學之道, 在明明德, 在親民, 在止於至善은 大綱"[2]이라고 함으로써 그의 적응주의가『중용』과『대학』을 체용관계로 보는 신유학의 원리에 기반하고 있음을 밝혔다. 이렇게 리치를 넘어서는 쁘레마르의 신유학적 적응주의 관점은 중국문화에 대한 깊은 이해에서 비롯되었다. 그는 특별히『도덕경』과『중용』에 나타난 모순론을 부정신학적 관점에서 주목하였는데 이러한 유교에 대한 신비신학적 해석은 그를 교황청에 소환시킨 이유가 되었다.[3]

---

1)『宋史·張載傳』張載, 字子厚, 宋長安人也。少喜談兵。至欲結客取洮西之地。年二十一, 以書謁范仲淹, 一見知其遠器, 乃警之曰:「儒者自有名教可樂, 何事於兵。」因勸讀『中庸』。

2) 馬若瑟(2000. 9),『儒家實義』鄭安德 編輯, 北京大學宗教研究所, 北京.

3) 앞의 책, '儒教實義編序' 각주 2 참조.『중용』의 莫見乎隱 莫顯乎微나『도덕경』15章의 夷, 希, 微는 부정신학(negative theology)적인 표현이나 중국철학에서는 모순론이라고 한다.

다산의 『중용』에 관심은 일찍이 태학에 올라 정조가 내린 70여 조의 <중용강의조문>에 답하는 데서 시작되었다. 『중용』에 대한 문헌학적 기원에서 이미 서한 이전부터 그 의의를 전공해온 사람이 있었고, 본래 『예기』에 속해있던 것을 별도로 하나의 서적으로 사용된 것은 원나라 인종 때부터 비롯되었음을 『중용자잠』 첫머리에서 밝힌 다음 다산은 『중용』을 다음과 같이 요약한다. "무릇 중용서는 절절이 천명으로부터 나와서 절절이 천명으로 돌아가며 그 가운데 도의 본말이 갖추어져 있다. 수장首章의 명성도교命性道敎로부터 은미隱微에 이르기까지 떨어질 수 없는 천명에 총집되어 일관성이 있으며 『중용』의 후반부인 성기성물成己成物에서 천하국가天下國家에 이르기까지 지천知天에 통하여 천재天載에 귀결되고 있다. 이런 까닭으로 중용이 도의 본말이 된다고 하는 것이다."4)

쁘레마르의 신유학적 적응주의는 리치로부터 이어져 내려오는 유교문화 안에 내재되어 있는 종교성에 대한 심층적 이해에서 가능하였다. 또한 다산의 선진유학에 대한 유신론적 해석은 토착신학적 관점에서 유교적 그리스도교의 가능성을 여는 특별한 의미를 지니고 있다.

이 두 학자의 유교에 대한 이해는 시간의 간극을 뛰어넘어 『중용』을 유신론적으로 해석하는 관점에서 일치를 이루고 있음을 알 수 있다. 이러한 유교 종교성에 대한 이해는 오늘날 유교문화권에 있는 그리스도인에게 새로운 토착신학의 모색을 가능케 하는 계기가 되기에 충분하다고 할 수 있다. 따라서 본고는 쁘레마르와 다산의 유교에 대한 유신론적 해석을 바탕으로 각기 갖고 있는 상제증명의 고유한 관

---

4) 『中庸講義』卷一. 夫中庸之書。節節皆從天命而來。節節皆歸致於天命。故道之本末。於是乎該。是以首章則自天命而性而道。至於隱也微也。統歸於不可離之天命而貫徹焉。下文則自成己而成物。至於天下也國家也。統於知天而終於天載焉。故中庸爲道之本末也。

점을 비교하게 될 것이다. 이 과정 속에서 두 학자의 관점이 시대를 넘어 변증법적으로 새로운 토착신학적 종교담론으로 발전할 수 있는 가능성을 발견하고자 한다.

2. 토착신학의 유형과 예수회 적응주의의 진화

1) 토착신학의 유형

토착신학적 시각의 필요성은 서학 이해의 새로운 관점을 갖기 위해서이다. 지금까지의 서학에 대한 연구경향은 선교신학적인 관점에서 적응주의의 특징과 한계를 밝히는 일이 주를 이루었고 실학적인 관점에서는 서학의 영향을 받은 실학의 실용적 경향과 근대성의 문제에 대해서 주로 논구하였다. 여기서 새롭게 밝혀야 할 문제는 예수회 적응주의와 조선 서학이 후대에 토착신학에 미친 영향을 이해하는데 중요한 관점을 제공하고 있다는 점이다. 조선에서 서학을 통하여 자립적인 천주교 공동체가 형성되었듯 실제로 조선서학에서는 일찍부터 조선 천주교의 신앙적 토대를 이루는 토착신학의 맹아가 자리잡고 있었다. 따라서 토착신학의 형성과정을 제대로 인식하기 위해서 선교사들의 적응주의의 진화과정에서 어떻게 유교문화의 종교성이 이해되었는가를 파악하는 것이 중요하며 또한 친서파 유학자들이 경전에서 어떻게 유신론적 유교의 해석을 도출해 낼 수 있었는가를 살피는 것이 필요하다. 실로 조선의 토착신학은 이 두 학술적 탐구의 변증법적 종합과정에서 나타났다고 하여도 과언이 아니다. 안팎에서 일어난 초기 토착신학의 방법론적인 공통점은 공동체의 현실적인 관점에서 비롯되기보다는 적응과 대응의 두 학술적인 관점에서 시작되었고 이 과정에서 학자들을 중심으로 고유한 담론체계를 형성하기에 이르렀다. 따라서 이 두 관점이 갖고 있는 토착신학적 경향과 그 상호성을 살펴보는 것이 이 연구의 주안점이 될 것이다.

토착신학의 관점에서 담론과정을 논구하기에 앞서 토착신학을 방법론적으로 간단히 살펴볼 필요가 있다. 토착신학이란 70년대 말 칼 라너Karl Rahner가 교회가 그리스적 세계관이 지배하는 세계에서 세계교회의 시대로 이동하고 있음을 주목하고 바티칸 공의회 정신에 따라 새롭고 다양한 형태의 사목적이고 신학적인 문제에 관심을 촉구한데서 비롯되었다고 할 수 있다.[5] 이에 따르면 토착신학은 급변하는 세계 속에서 그리스도의 신앙체험을 어떻게 효과적으로 표현하느냐를 모색하는 것이다. 이 가운데 나타난 문제는 "현시대 속에서 복음의 체험과 기존의 그리스도교 생활전통을 충실히 할 수 있는 방안은 무엇이며, 공동체가 체험한 그리스도를 그들의 구체적 삶에서 표현할 수 있는 방법은 무엇이고, 현재와는 판이하게 다른 언어와 개념으로 표현된 전통과 연결시킬 수 있는 방법은 무엇인가"이다. 이는 그리스도인들이 복음을 성찰할 때 자신들이 처한 환경을 감안한다는 신학적 성찰의 근본 취지는 변함이 없으면서도, 그 환경이 어떻게 복음에 대한 반응을 구체화하는지에 대하여 더욱 싶은 관심을 갖게 되면서 이를 '지역화(localization)', '토착화(inculturation)'로 표현한데서 비롯되었다.[6] 여기서 주목할 만한 관점이 바로 전통과의 연결과 관련된 부분이다. 이는 종교문화적 정체성과 밀접한 관련을 갖고 있기 때문이다.

따라서 토착화의 문제는 비단 현대 제삼 세계의 문제일 뿐만이 아니라 역사적으로 선교지역에서 그리스도교 신앙을 받아들인 토착신

---

5) Karl Rahner(1979), "Toward a Fundamental Interpretation of Vatican II", *Theological Studies* 40; 716-27, 로버트 슈라이터, 『신학의 토착화』, 황애경 옮김(1985), 가톨릭출판사, 11쪽에서 재인용.

6) 로버트 슈라이터, 『신학의 토착화』, 12, 17쪽 참조.

앙인에게 상존하는 문제였다. 새로운 신념체계의 수용과 가치관의 변화에 따른 갈등은 선교사들이 예측한 문화적 갈등의 폭을 넘어섰으며, 이 갈등을 완화시키기 위하여 선교사와 신앙인에게 문화에 대한 심층적 이해가 요청되었다. 엄격한 의미에서 적응(accommodation)이 선교사들이 추구한 우호적인 선교방식이었다면 토착화(inculturation)는 토착 신앙인이 추구해 온 문화정체성을 바탕으로 새로운 신념체계를 수용하는 방식이었다. 그러나 이 두 개념을 완전히 분리하는 것은 불가능하다. 특별히 적응의 과정에서 토착화가 일어나기 때문이다. 토착화는 바람직한 적응과정에서 일어난 결과라고 할 수 있다.

또한 현대교회에서 토착신학의 필요성은 사회정의와 관련하여 전통적인 신학이 해결책을 제시할 수 없는 현실적인 문제가 새롭게 제기되기 때문이며, 더더욱 교회가 불의한 현실을 정교분리의 원칙으로 묵과하거나 '구태의연한 해결'을 강요하고 있기 때문이다. 아직까지 서구교회에 상존하고 있는 인종주의와 여성의 인권차별 등은 이를 잘 말해주고 있다. 이 밖에 기존의 신학적 반성과는 다른 그리스교의 '아이덴티티'가 나타나고 있는 점이다. 새로 나타난 신학적 현상을 구분해보면 맥락, 절차, 역사라는 영역에서 민감한 반응을 보이고 있다.7)

토착신학적 관점에서 신학이 주어진 현실적, 문화적, 역사적 맥락에서 의미를 산출하는 것에 크게 의존한다면 이러한 문제는 비단 현대에 나타난 토착신학적 문제일 뿐 아니라 선교시기부터 이미 잠재된 문제라고 해야 할 것이다. 따라서 토착신학의 전개과정을 제대로 인식하기 위해서 초기 선교과정과 수용과정에 대한 토착신학적 검토를 시도하는 것은 토착신학의 유형을 이해하는 데 도움이 될 것이며 서학에 내재된 토착신학적 의미 발견에 새로운 전망을 기대하려는

---

7) 앞의 책, 22~23쪽 참조.

것이다.

오랫동안 제3세계의 토착화 문제에 관심을 가지고 연구한 슈라이 터에 따르면 토착신학의 접근방법은 다음과 같이 번역모델, 적응모 델, 맥락모델 세 가지로 요약할 수 있다.

첫 번째 번역모델(translation model)은 토착신학을 전개하는 과정에서 가장 많이 쓰이는 모델로서 첫 단계는 그리스도교의 본질적인 메시 지(알맹이)에 덧붙여진 문화적인 요소(껍데기)를 가능한 철저하게 분 리한다. 둘째 단계에서는 새로운 상황이나 문화적 맥락에 알맞게 본 질적인 메시지를 번역한다. 바티칸 공의회 이후에 나타난 전례쇄신 이나 성서의 비유들을 지역의 언어에서 찾아내는 역동적 동의어 (dynamic-equivalence)방식과 같은 것이다. 중국에서 마태오 리치가 추구한 초기적응주의 방식이 바로 여기에 해당한다. 문제는 문화 분석이 심 층적으로 이루어지지 않고 표면에 머무르고 단지 교회의 전통과 일 치할 만한 것을 발견하고자 하는 데 있다.[8]

두 번째 적응모델(adaptation model)은 토착화 신학에서 번역모델의 한 계성과 취약점을 보완하기 위해 그리스도교의 메시지와 여러 다양한 형태를 지닌 문화와의 근본적인 만남을 추구한다. 이에는 서구문화 형, 문화초월형, 지역문화형의 세 가지 형태가 있다. 첫 번째 형태는 서구문화형으로 지역의 지도자들과 외부인이 협력하여 방법을 모색 하는 방식이다. 전달하고자하는 신학체계를 토착인의 언어와 철학체 계로 재구성하는 방식이다. 이 모델의 장점은 지역문화를 토대로 생 긴 신학의 근거와 서구교회의 전통도 존중해 준다는 점이다. 취약점 으로는 신학과정에서 지역공동체의 역할을 설명하기 어렵다. 공동체 로부터 형성된 신학이 체계적이지 못하다고 여기게 된다. 두 번째 형 태는 문화초월형으로 신약성서의 증언에 충실한 방법인데 성서에 나

---

8) 앞의 책, 28~33쪽 참조.

타난 문화적 제약성을 제대로 인식하지 못하고 자구대로 따르는 것
이다. 세 번째 형태는 지역문화형으로 서구 신학의 철학적 모델이나
초대교회에 대한 종교개혁주의자의 개념에 의존하지 않는 것이다.
이러한 접근 방법은 지금까지 고찰했던 다른 어떤 방법보다도 진지
한 태도로 지역문화의 범주를 가지고 지역문화를 다루는 장점이 있
다.9)

　　세 번째 맥락모델(kontextual model)은 그리스도교가 뿌리를 내려 성장
한 문화의 맥락에 직접적인 관심을 기울인다. 문화적 맥락을 출발점
으로 하여 신학적 성찰을 시작한다는 점에서 토착신학의 이상적 모
델로 생각하는 사람이 많다. 두 종류의 맥락모델은 각기 사회요인을
강조하는데 문화의 아이덴티티에 관심을 갖는 것을 '민족학적 접근
방법'이라 하고, 사회악이나 억압의 문제, 사회 변화의 필요성에 관심
을 집중하는 것을 '해방적 접근 방법'이라고 한다. 민족학적 접근 방
법의 약점으로는 계획의 단계를 넘어 실행이 불가능해질 수도 있다
는 점이다. 그리고 변화가 요청되는 상황 속에서 보수적 세력으로 남
을 가능성이 있으며, 그 문화의 역사 체험에 내재하는 죄를 못 보는
문화적 낭만주의에 희생될 가능성이 있다. 이러한 약점을 해결하기
위해서는 복음의 전통들과 지역 문화의 전통들 사이에 내재하는 변
증법적인 관계를 밀접하게 유지하여 깊은 대화의 수준이 유지되도록
한다면 아이덴티티의 문제를 다룰 때 이 방법이 가장 적합하다고 보
는 것이다. 해방적 접근 방법은 폭력과 권력의 횡포 속에서 민중의
산 체험을 중시하게 된다. 그리고 현실참여, 투쟁, 미래의 희망, 성서
증언과 같은 것에 관심을 둔다. 이 모델의 단점으로는 성서나 다른
교회의 증언보다도 민중의 외침을 더 중시할 위험이 있다는 것이
다.10)

---

9) 앞의 책, 33~39쪽 참조.

앞의 토착신학의 세 모델 가운데 본 연구와 관련된 모델은 주로 번역모델과 적응모델이라고 할 수 있다. 슈라이터는 이 세 모델 가운데 맥락모델을 가장 바람직한 모델로 평가하였다. 그러면 예수회 적응주의의 진화과정은 토착신학적 관점에서 어떤 모델에 속하였으며 현대 교회가 지향해야 할 맥락모델에 어떤 긍정적 의미를 부여할 수 있는지 고찰할 필요가 있다. 여기서 쁘레마르와 다산에 대한 토착신학적 의의를 발견할 수 있을 것이다.

2) 중국 예수회 적응주의의 진화

(1) 하비에르와 발리냐노의 문화적응주의

프란시스 하비에르Francisco De Xavier(1506~1552) 신부는 일본을 중국선교를 위한 전초기지로 삼아 1549년 4월 고아를 떠난 후 1551년 11월까지 2년 3개월간 일본에서 포교하며 많은 업적과 영향을 남겼다. 하비에르는 일본에 도착한 후 1년이 지나도록 일본 전체를 천황이 다스린다고 생각하였고 경도京都까지 여행한 후에 비로소 다이묘[大名]들에게 눈을 돌렸다. 또한 일본 종교에서 다이니치[大日]가 만물을 창조한 인격신으로 만신위에 군림한다는 설명을 듣고 이 신이 그리스도교의 신을 지칭할 수 있는 것으로 생각하고 스스로 다이니치 신앙을 전파한다고 표방하였다. 그러나 후에 오히려 이러한 호칭이 그리스도교 전통과 동떨어져 혼란을 일으킴을 깨닫고 일본을 떠날 때 이 말을 쓰는 것을 금지시켰다. 후일 예수회원들이 중국에서 신에 대응하는 '천주'라는 호칭을 선택할 때 이러한 일본에서의 선교를 교훈 삼았다. 또한 선교사들은 자신들의 위상을 높이기 위하여 일본 사회에서 존중받는 선승과 같은 신분을 표방하게 되었는데 이러한 방침은

---

10) 앞의 책, 39~45쪽 참조.

중국선교에 그대로 이어져 초기에는 승려의 신분으로 후에는 유자의 신분으로 조정되었다. 하비에르의 중국선교에 대한 염원은 지대하였지만 후계자 알렉산드로 발리냐노Alessandro Valignano(1539~1606)에 이르러 이루어졌다.[11]

하비에르의 문화 적응주의 선교방침이 주는 의미는 중국 선교를 위한 예비 선교지로서 일본문화와 선교방침을 아시아에서 실험해볼 수 있는 기회를 얻었다는 데서 큰 의의를 가질 수 있다. 또한 단순히 문화적 외양에 접근하기보다는 일본종교 문화를 구성하는 전통과 정신을 이해하고자 하였다. 그의 문화 적응주의는 발리냐노에게 계승되었다. 32살의 젊은 나이에 동양순찰사로서 임명된 발리냐노는 1579년에 일본에 도착하였다. 두 차례 일본에 머무는 동안(1579~1582, 1590~1592) 그는 선임자 하비에르의 문화적응주의 체계를 발전시켰다. 예를 들어 발리냐노는 엄격하고 민족 차별적인 선교노선을 개혁하여 온화한 태도로 일본문화에 대한 우호적인 자세를 갖도록 하였다. 이를 위해 일본어와 일본 관습을 최대한 따르도록 지침을 내렸다. 그의 개방적인 문화적응주의는 일본문화에 대한 지나친 순응으로 사회적 신분제도까지도 그대로 답습하려는 태도를 보였다.[12] 그럼에도 불구하고 발리냐노는 효과적인 선교수행을 위하여 선교사들의 토론을 위한 선교 자문회의를 소집하였고, 그 결과 청소년들을 위한 교육기관으로 대학을 설립하게 되었다.

발리냐노가 1차 체류를 끝낸 1582년까지 개종자가 15만이 되었다는 것은 그의 문화선교방침이 성공을 거두었음을 의미한다. 그러나 1586년 일본 선교 책임자 가스파르 코엘료Gaspar Coelho가 도요토미 히

---

11) 김기협(1994), 「예수회 선교의 적응주의 노선과 중국·일본의 서학」, 『역사비평』, 여름호, 312~13쪽 참조.
12) 심백섭(2004), 「알렉산드로 발리냐노와 적응주의 선교방침」, 『종교와 문화』 238쪽.

데요시와 시마즈 다이묘 사이에 끼어들자 히데요시는 선교사들을 추
방하는 명령을 내리게 되었다. 1597년 프란치스코회 스페인 수사들이
일본에 들어와 포르투갈 상인들과 예수회원들의 독점권을 위협한데
서 교난이 일어나게 되었다.[13] 이러한 사태는 발리냐노의 선교방침
이 일본의 정치 지형의 변화를 제대로 인식하는 치밀함을 갖지 못하
고 그 한계를 그대로 드러낸 결과였다. 다이묘를 중심으로 선교활동
을 진행하던 예수회원들이 중앙집권화되어가는 일본 정치체계의 변
화에 제대로 부응하지 못한 것이었다. 실제로 다이묘들은 포르투갈
인들과의 마카오 교역에서 이익을 얻고 필요한 무기와 물자를 얻기
위하여 선교사들에게 우호적인 태도를 취하였다. 또한 예수회원들의
정치적인 개입은 문화적 적응주의의 경계를 제대로 인식하지 못한
태도였다. 후일 예수회원들이 중국을 불교국가로 파악하고 일본에서
행한대로 중국선교를 위하여 미켈레 루지에리Michele Rugieri(1543~1607)
가 『신편서축국천주실록新編西竺國天主實錄』을 저술한 일과 마테오 리
치가 승복을 입고 입국한 것은 동아시아 종교문화의 다양성을 인식
하지 못한 제한적 시야를 드러낸 것이었다. 더욱이 불교가 동아시아
에서 나라마다 다르게 그 문화적 토양위에 토착화한 것을 인식하는
데에는 많은 시간이 소요되었다. 그러나 발리냐노의 문화적 적응주
의는 중국선교의 실질적인 선교정책으로 미켈레 루지에리와 마테오
리치에게 그대로 계승되고 구체화되었다. 문서 선교의 전형으로 루
지에리와 리치가 중국어로 저술을 시작했다는 것이 이를 실증하고
있다.

(2) 루지에리와 리치의 보유론적 적응주의

루지에리의 문서선교는 첫 중국선교사로서의 사명감과 선교를 위

---

13) 김기협, 앞의 책, 314쪽 참조.

한 중국어 학습에 대한 열의와 사명감에서 비롯되었다. 마카오에서의 3년간의 한어학습을 바탕으로 루지에리는 1583년 중국 조경에 입국하지마자 십계명을 『조전천주십계祖傳天主十誡』이란 명칭으로 출판하였다. 이듬해 『신편서축국천주실록』를 출판하였는데 이 저작은 최초로 천주교 교리를 한어로 출판한 것이었다. 이 판본은 1637년 이후에 리치를 비롯한 후속 선교사들에 의해 원본을 기반으로 하여 보유역불補儒易佛의 선교정책에 의해 『천주성교실록天主聖教實錄』이라고 개편되어 출판되었다. 루지에리는 교리서외에 후일 발견되었지만 후속 선교자들을 위해 리치와 함께 『포한사전葡漢辭典』을 저술하였고, 『중국지도집中國地圖集』을 제작하였다.14) 무엇보다 지속적인 문서선교를 위해 행한 중요한 작업은 루지에리가 유가 경전인 사서를 라틴어로 번역을 시도하였다는 점이다.15) 번역의 수준은 차치하고 이 번역은 쿠플레가 편집하여 1687년에 출판한 『중국철학자 공자』(Confucius Sinarium Philosophus)보다 100년은 앞선 번역이었다. 루지에리의 문서 선교16)를 위한 저작활동은 후속 선교사들에게 귀감이 되었다.

　　루지에리와 리치에게서 공통적으로 나타나는 점은 문서선교와 보

---

14) 두 판본의 차이에 관해서는 李新德《從西僧到西儒》, 上海師範大學學報 2005年 第1期; 유송상(2011), 「예수회 중국 활동의 선구적 성과인 『천주성교실록』에 대한 초보적 연구」, 『신학과 철학』 18호, 45~75쪽 참조.

15) 루지에리의 사서 번역을 위한 노력은 룬트백(Knud Lundbaek)의 "This first Translation from a Confucian Classic in Europe," *China Mission Studies (1550-1800) Bulletin*1 (1979): 1-11. 참조 바람.

16) 루지에리로부터 문서선교가 시작되었다는 것은 적응개념이 체계화되기 시작했다는 것을 의미한다. 적응개념이 정립이 되어야 이를 통하여 그리스도교 가르침을 전달할 수 있기 때문이다. 루지에리의 뛰어난 업적은 데우스에 상응하는 '천주(天主)' 개념의 선택이다. 중국문화전통에서 '천주' 개념은 『史記』에 등장한다. 『사기』에서 천주는 '八神'을 말하면서 그 첫 번째를 "天主"라고 하였다. 이는 팔대 자연신 중에 하나인 하늘의 신을 말하는 것으로 후일 예수회원들이 선택한 『시경』과 『서경』에 나타난 인격적인 존재인 '상제'(上帝)와는 다르다.

유론적 적응주의이다. 루지에리와 비교될 정도로 선교에 대한 열정과 지성적인 자질을 갖춘 리치는 중국 선교에서 적응주의의 새로운 장을 연 인물이라 할 수 있다. 리치는 특별히 중국 고전에서 중국인들의 유신론적인 문화전통을 밝히려고 노력하였다. 리치는 당시의 중요한 유교경전인 사서를 집중적으로 연구하였다. 리치를 비롯한 중국에서 활동한 초기 예수회원들이 사서에 대해 관심을 보인 것은 몇 가지 복합적인 내재적 근거를 갖고 있다. 우선 예수회원들에게 나타나는 르네상스 인문주의 정신이 추구하는 합리성과 철학의 논증 방식이다. 무엇보다 리치는 공자의 가르침에서 유교-그리스도교 종합명제를 만들어줄 비결을 찾았다. 합리성과 종교성이 잘 조화되어있는 공자의 가르침은 르네상스적인 인물인 리치의 적응주의의 뿌리를 내릴 수 있는 정신적 토양이었다. 리치의 공자에 대한 지속적인 관심은 그의 후계자들에 의해서 사서 가운데 삼서가 번역된 『중국철학자 공자』(*Confucius Sinarum Philosophus*, 1687)에 구체적으로 나타나게 되었다.

　이러한 기획의 저변에는 공자가 사서의 저자라는 잘못된 인식이 자리잡고 있었다.17) 만약 리치가 사서가 공자의 직접적인 저작이 아니고 주자에 의해서 편집된 책이라는 사실을 알았더라면 사서에 관한 지속적인 관심과 번역이 시도되었을지 의문이 간다. 리치의 『천주실의』에 나타나듯이 사서에 대한 주자의 주석에 대해서 리치는 매우 부정적인 견해를 나타내었다. 여기서 리치는 예수회가 추구하고 있던 적응주의의 근거로서 신유학이 부적합함을 지적하였다. 리치에 따르면 신유학은 그리스도교와 배치되는데 특히 두 가르침 사이에 지적 조화 내지 화해를 허용할 수 있는 여지가 거의 없을 정도로 배치된다는 것이었다.18) 더욱이 주자의 신유학은 그에게 그것 자체와

---

17) d'Ellia, *Fonti Ricciane* I, 42-44 그리고 Ricci-Trigault, (1장 5절) 32. David E. Mungello(1989), *Curious Land*, University of Hawaii Press, 59에서 재인용.

18) 리치의 적응 방법, 그의 유교-그리스도교 융합 그리고 특히 불교에 대한 그

그리스도교 사이에서 적응주의 전략을 펼칠 수 있을 만큼 정신적으로 충분히 제설 통합적(syncretic)이지 못하였다. 이론적으로 신유학의 귀신론과 태극설이 문제가 되었다. 신유학에서 귀신은 기의 취산으로 파악하였으므로 전통적인 혼백설인 영혼의 불멸성을 부정하게 되었고, 태극을 존재의 근거로 삼음으로써 인격적 존재의 창조를 부정하게 되었다. 리치는 중국 고대 경전에 나타난 '상제' 개념을 그리스도교적 의미에서 하느님의 개념이 사용된 것과 유사하다고 보았다. 그러나 신유학적 태극 개념과 하느님 사이의 유사성에 대해서는 부정하였다. 1610년 리치가 사망한 이후 중국의 문화적 정치적 환경은 명조가 끝나고 청조가 들어서는 전환기 속에서 계속해서 변화하였다. 그러나 그가 시도한 유교와 그리스도교의 융합은 중국문화와 유럽문화의 만남을 위한 하나의 틀로서 알레니Julio Aleni(애유략艾儒略, 1582~1649)와 같은 후계자들을 통해 계속 활용될 수 있도록 충분히 잘 토대를 갖춘 것이었다.

(3) 알레니와 마가야네스의 형이상학적 적응주의

명말 청초에 활동하게 된 리치의 후계자들에게 보유론적 적응주의에 점진적인 변화가 나타나게 된다. '서방에서 온 공자'로 알려진 학식과 덕을 겸비한 알레니는 『만물진원』에서 기는 만물을 만드는 자료에 지나지 않으며, 리는 만물에 의존하는 속성에 지니지 않는 것

의 부정적 태도 등은 일단의 근대의 중국학 연구자들로부터 비판받았다. 오토 프랑케(Otto Franke)는 리치가 유학의 정통 지파의 견해보다 이지의 견해와 그리스도교를 통합했었더라면 훨씬 더 현명할 수 있었을 것이라고 주장하였다. 그 이유는 나중에, 즉 18세기에 들어와서 이지 계파의 유학자들이 그리스도교의 중국 선교에 대해 반대 입장으로 돌아섰기 때문이다. Otto Franke, "Li Tschi und Matteo Ricci", *Abhandlungen der preussischen Akademie der Wissenschaften*(Berlin) (1937) philosophisch-historische Klasse nr. 10, pp.1~66; Mungello, 앞의 책, 66쪽 참조.

이지, 만물을 낳을 수 있는 것이 아니라 하였다.[19] 알레니의 형이상
학적 적응주의는 그가 특별히 『중용』의 "하늘의 명을 일컬어 성이라
한다[天命之謂性]"를 주제로 하여 천주교의 적응 개념을 내놓았다는 점
이다. 알레니에 따르면 성은 천주가 사람에게 부여한 것으로 선악의
지식을 가질 수 있는 것인데 원죄로 말미암아 그 선함을 잃게 되었으
니 천주의 도움으로 완전하게 되어야한다는 것이다. 그는 극성克性을
솔성率性이라 하였다.[20] 알레니는 이 주제를 가지고 복주의 사대부들
과 천학天學을 논하였고 이를 통해 사대부 계층에 천주교를 전할 수
있었다. 알레니가 『중용』을 보유론의 텍스트로 선택하였다는 것은 중
요한 의미를 갖고 있다. 알레니의 저작은 조선 서학에 중요한 영향을
미쳤고 조선 서학은 『중용』을 중심으로 천주교를 수용하기 때문이다.

　알레니와 더불어 리치 사후에 이 프로젝트를 유산받은 사람은 알
레니와 비슷한 시기에 중국에 입국한 세메도Alvaro Semedo(1586~1658)와
마가야네스Gabriel de Magalhaes(Magaillans)(1610~1677)였다. 그들은 17세기 중
반에 리치의 적응주의 프로그램을 지속적으로 발전시키고 이행하였
다. 두 사람은 중국 언어와 중국문화와 역사에 대해 물정이 밝은 상
당히 능력이 있는 예수회원들이었다. 그들은 지식의 성숙한 결실을
문학 저작을 통해서 유럽에 전달하였다. 두 선교사는 고대 중국인들
이 구약성서의 신과 유사한 초월적 존재(태극)를 믿었다는 기본적인
적응주의적 전제를 수용하였고 유교경전에 이러한 신앙의 자취가 남
아 있음을 믿었다.

　세메도가 적응주의를 위한 리치의 원형적인 문구에 거의 수정을
가하지 않고 유럽에 중국문화를 소개하는데 주력한 반면 마가야네스
는 이조백李祖白의 급진적인 논문 『천학전개天學傳概』(천상의 가르침의 전

---

19) 艾儒略, 『萬物眞原』, 1권 8책.
20) 吳昶興, 明末福建宣敎的開山鼻祖-艾儒略(Giulio Aleni, 1582~1649) 及其傳敎
　　策略之硏究, http://120.102.246.2/bulletin2005/1-3.pdf.

파에 대한 개요 1644)의 공동 집필과정에 참여함으로써 리치 이론의 진화에 기여하였다. 당시 흠천감에서 아담 샬Johann Adam Schall von Bell(탕약망湯若望, 1591~1666)의 헌신적인 제자로 일한 이조백은 샬에 대한 학술적 옹호를 위해『천학전개』를 실제적으로 집필한 사람으로 알려져 있다. 마가야네스는 이 저작에서 중국인과 유럽인들 모두 공동의 성경적 근원으로부터 유래한다는 것과 고대 중국인들의 도덕성이 그리스도교와 유사한 것은 중국인들이 간접적으로 자연신학을 통해서라기보다는 오히려 직접적으로 그들의 구약성경의 도덕성을 받아들였기 때문이라는 주장을 소개하였다.

이 저작은 반 그리스도교 관료인 양광선楊光先의 반론을 불러일으켰는데 아담으로부터 복희를 통한 중국인의 외국 기원에 대한 주장은 양광선을 크게 격노케 하여 그가 1665년에『부득이不得已』(나는 달리 할 수 없다)를 출판하였고, 아담 샬에 대한 거친 공격을 담고 있었다. 부글리오Lodovico Buglio(1606~1682) 또한 마가야네스를 포함한 북경의 동료로부터 약간의 도움을 얻어 양광선의 글에 대한 반박문을 쓰는 것을 떠맡았다. 이렇게 해서 1665년에 출판된 것이『부득이변不得已辨』('나는 달리 할 수 없다'는 것에 대한 논박)이다. 이조백은 고대 중국에 성경의 가르침의 앞선 실재에 대한 흔적의 증거로서『서경』,『시경』,『중용』,『맹자』의 문장을 인용하였다.[21] 따라서『천학전개』는 단지 아담 샬과 그리스도교에 대한 옹호뿐만이 아니라 리치 적응주의의 새로운 형이상학적 표현이었다.[22]

---

21) 李祖白,『天學傳槪』, 2권. 1058-1061.
22) Mungello, 앞의 책 p.93~94 참조.

3. 쁘레마르의 색은주의적 적응주의와 다산의 유신론적 유교해석

1) 쁘레마르 적응주의의 형성과 유신론적 신유학해석

예수회 중국 선교에 대한 교황청의 비판이 고조되면서 적응주의의 새로운 진화가 일어났다. 이 새로운 진화를 이끈 선교사는 라이프니츠에게 중국에 관한 새로운 소식을 전한 요아킴 부베Joachim Bouvet (1656~1730)였다. 1687년 중국에 입국한 부베는 중국예수회 대리인이면서 강희제의 특사로 1693~1699년까지 유럽에 머물며 루이 14세를 방문할 정도로 황제의 신임과 외교적인 역량을 보였다. 루이 14세에게 300여 권의 중국 서적을 황제의 선물로 전달함으로써 외교적인 친분과 학술적인 교류를 가능케 하였다. 그가 유럽에서 출판한 *Portrait historique de l'Empereur de la Chine*(『중국 황제의 역사적 초상』)은 그의 적응주의의 진면목을 잘 보여주고 있다. 그의 초상은 바로 공자의 자리에 강희제를 대체시키는 적응주의의 전환을 의미하는 것이었다. 이것은 단순히 부베의 의도라기보다는 청대에 들어서 변화된 정치적, 학문적 경향과 밀접한 관련이 있었다. 청대의 통치자들은 송대 성리학을 유학의 정통한 형태로 수용하면서 제국을 정당화하고자 하였다. 부베의 선교 대상자는 왕실에 있었으므로 황실이 인정하는 원시유교의 성현에게서 새로운 적응주의의 가능성을 찾게 되었다. 그 정신적인 바탕이 된 것이 이교도의 기록에 참된 종교의 흔적이 포함되어 있다고 믿는 고대신학(Ancient Theology)의 경향이었다. 이것을 비전주의秘傳主義(Hermetism)라고 하는데 이러한 정신적인 유산이 예수회원들에게 이어지고 있었다. 이렇게 고대 신학을 중국고대 경전에서 찾아볼 수 있다는 신념을 가진 선교사들을 색은주의자素隱主義者(Figurist)라고 하였다.23) 이들은 중국 경전에서 유교-그리스도교 전통을 찾음으로써 적응주의의 타당성을 확보하려고 하였다. 즉 적응주의와 비전주의의 융합을 시도하였다. 부베를 비롯한 일부 예수회원들은 특히 『역경』에서 그 가능성을 보았는데 예수회 선교방식을 반대하는 외방 선교회에 의한 중국선교의 타당성을 묻는 르 콩트의 『새로운 회고』에 대한 소르본느 심의 이후 이러한 급진적인 적응주의는 예수회내부에서도 주의를 받았던 것 같다. 부베는 『역경』을 공자 이전의 문헌으로 보고 복희 팔괘에서 중국어의 비결뿐만이 아니라 모든 지식의 진정한 비결을 발견할 수 있다고 믿었다. 부베는 또한 복희 팔괘에서 아담의 언어를 밝혀낼 수 있다고 확신했다. 따라서 그는 복희씨를 노아의 홍수에 앞서는 모든 인류의 아버지로 생각할 정도였다. 그는 복희의 수체계를 플라톤의 수체계와 동일시하면서 고대 중국의 '참된 철학'과 그리스도교의 '참된 종교'를 연결시키는 것을 자신의 과업으로 생각하였다. 이러한 작업이 중국황제로부터 신뢰를 얻을 것이고 중국에서의 하향적 선교가 성공할 것이라고 믿었다.

부베는 고대 중국의 신성한 지식의 보고에는 두 가지 근원이 있다고 주장했다: 첫째는 중국 문자에서 상형문자의 중대성이고 둘째는 경전의 내용이다. 부베는 이 두 근원이 중국문화에 앞선 근원에서 유래되었다고 믿었다.24) 부베는 자신의 주장을 입증하기 위하여 중국

---

23) David E. Mungello(1976), "The Reconciliation of Neo-Confucianism with Christianity in the writings of Joseph de Prémare, S.J.," *Philosophy East & West* 26, p.391. 예수회 원들 가운데 학식 있는 소수그룹은 남다른 의견을 갖고 있었는데 이들의 관점에 따르면 하느님은 그의 가르침을 입법자를 통하여 제시된 옛법을 통하여 계시했는데 이 입법자를 보편적 형상(Universal Figure)으로 생각하였다. 에녹, 헤르메스 트리스메기테스. 조로아스터, 복희를 그런 인물로 생각하였으며 어떤 국가나 인종에 속하지 않는다고 보았다. 그들은 바벨탑이후 상실한 진리의 보편적 언어를 셈이 동아시아에 전해주어 중국이 유지하고 있다는 믿음을 가졌다. Figurist는 여기에서 유래했으며 본고에서 사용하는 한자개념 '색은주의'는 감추어진 참된 진리를 찾는다는 의미를 담고 있는 중국어 번역에서 차용하였다.

경서와 문자에 대한 더 많은 연구가 필요하다는 것을 인식했다. 그는 그렇게 하기 위한 광범위한 계획을 제안했고 의심할 여지없이 라이프니츠가 연구에 관심을 불러일으키도록 힘썼다.[25] 이러한 색은주의적 선교방식은 중국인들보다는 서구 학자들에게 보편언어에 대한 관심을 불러일으키는 결과를 낳았다. 그의 색은주의적인 관심은 후계자 쁘레마르에게 신유학적 적응주의 선교방식으로 발전하여 나타나게 되었다.

부베가 1699년 중국에 돌아올 때 함께 동행하고 적응주의 후반기에 부베와 함께 활동한 뛰어난 인물인 조세프 앙리 마리 드 쁘레마르Joseph Henry-Marie de Prémare(마약슬馬若瑟, 1666~1736)의 가장 본질적인 색은주의적 저작은 "*Selecta quaedam vestigia praeciporum Christianae Relligionis dogmatum, ex antiquis Sinarum libris eruta*"(『중국 고대 경서로부터 끌어낸 탁월한 그리스도교 교의에 대한 선별된 흔적』)이다. 이 수고본은 1728년 광동에 머물렀던 쁘레마르에 의하여 완성되었으나 전례논쟁 때문에 1878년까지 파리에서 그 출판이 연기되었다. 수백 페이지에 달하는 이 저작의 번역과 편집에 대한 기념비적인 임무는 보네띠A. Bonnetty와 폴 뻬르니Paul Perny가 맡아 *Vestiges des principaux dogmes chrétiens tirés des anciens livres chinois*(『중국 고대 경서에서 이끌어낸 원리적 그리스도교 교의에 대한 흔적』)이라는 제목으로 출판되었다. 여기서는 『역경』과 『상서』를 중심적으로 다루었다. 쁘레마르의 색은주의적 함의를 갖고 있는 가장 뛰어난 저작은 중요한 1728년 광동에서 저술한 그의 『중국인의 유일신에 관한 문서』(*Lettre sur le monotheisme des Chinois*)이다. 그러나 이 수고본이 1862년 파리의 황실 도서관(Bibliothèque Imperiale)에서 발견되어 쟝 피에르 귈롬므 뽀티에(Jean Pierre Guillaume Pauthier)가 편집할 때까지 출판

24) Kortholt, III, 17 or Dutens IV, 166. Mungello, 앞의 책, p.325에서 재인용.
25) Mungello, 앞의 책, p.326.

되지 않았다.[26]

출판연도가 확실하지 않은 그의 한어저작『유교실의儒敎實義』는 리치의『천주실의』를 잇는 중국에서 발행된 예수회 적응주의의 최종 결정판이라고 할 수 있다. 그러나 내용적인 측면에서 앞의 라틴어 두 저작에 나타난 바와 같은 새로운 신유학적 적응주의가 나타나고 있지 않다. 따라서『유교실의儒敎實義』는 쁘레마르의 초기 저작으로 판단된다. 이 책에서 쁘레마르는 목차에 나타나듯 전체 108항목으로 크게 1절 유교적 천학에서는 유교, 천, 상제, 교사례 등 19개 항목에 대하여 언급하고 있고, 2절 유교적 인물귀신의 이치에서는 만물의 등급, 귀신, 삼례의 의미, 귀신제사, 지성감신, 사신득복, 등 18개 항목을 다루고 있고, 3절 유교적 윤리에서는 사군, 사친, 사장, 상하상경 등 11개 항목을 언급하고 있고, 4절 유교의 상장제사에서는 장사, 목주, 사당, 제사, 제계, 조종재천 등 유교의례에 대해서 43항목으로 상세히 다루고 있으며, 5절 유교의 존사의 도에서는 공자, 공자의 묘, 입학견사지례, 공자유학지종의 8개 항목을 다루었고, 6절 유교경전에서는 경, 제자, 역경의 의미, 시경, 삼교귀일에 대해서 다루었다. 이 책은 선교목적이라기 보다 문화사적으로 유교문화의 본질을 이해한 저작으로 평가된다.

쁘레마르는 1728년 *Notitia Liguae Sinicae*(『중국 언어에 관한 지식』)을 저술하였듯이 장거정의 사서주해인『사서직해』의 문체가 "비형식적이고 단순한 문체"로 쓰였다고 평가[27]할 정도로 한문에 깊은 조예를 가졌다. 예수회원들은 교회안의 전례논쟁의 결과로 옹정제에 의한 제한된 선교 허락과 청의 새로운 정치 이념의 긴장 속에서 선교활동을 하였다. 쁘레마르가 예수회와 중국의 동료들의 비난 속에서도 신

---

26) Mungello, 앞의 책, p.326 각주 84참조.
27) Joseph Henry-Marie Prémare, *Notitia linguae Sincae* (Hong Kong, 1893) p.8. Mungello, 앞의 책, 재인용.

유가의 정주학파의 철학저작에서 적응주의의 가능성을 모색했다는
데 큰 의미를 갖고 있다. 그는 동료 색은주의자들과는 달리 폭넓게
중국 고전을 섭렵했고 적응주의의 새로운 진화를 모색하였다. 당시
청은 송대 철학자들 가운데 주자의 학문을 맹자 이후 상실한 도통을
잇는 정학으로 받아들이는 분위기였다. 이광지李光地에 의하여 1715
년에 『성리대전性理大全』의 요약본 『성리정의性理精義』가 출판된 것이
이를 증명하고 있다.

　쁘레마르는 Lettre에서 당시 자신들의 무신론을 주장하기위해 중국
문화를 남용한 유럽의 자유사상가들을 논박하면서 철학적 논쟁과 신
유학에 대한 자신의 견해를 담았다. 먼젤로는 그의 반박을 두 가지
관점으로 나누어 보았는데 첫 번째는 중국의 고유한 물리체계와 두
번째는 중국인이 그리스도교와 같은 신성한 개념을 갖고 있으므로
신유학을 단순히 스피노자적인 범신론으로 본 예수회 동료의 비난을
또한 반박하였다. 쁘레마르는 부베와는 달리 특별히 송대 철학자 주
돈이의 물리체계에 깊은 관심을 보였는데 여기에 물리체계와 형이상
학적 관점이 잘 결합되어있다고 보았다. 쁘레마르는 태극도에 대한
주자의 해석에 동의하지 않았는데 그 이유는 두 가지 관점으로 요약
할 수 있다. 첫 번째는 "무극이태극"이고 두 번째는 이기론이다. "무
극이태극"은 송대 성리학에서 형이상학적으로 중요한 논제가 되었다.
문제는 어조사 '이而'를 어떻게 해석하느냐에 달려있었다. 주자는 '이'
가 선후를 나타내는 것이 아니고 단지 '무' 가운데 '유'를 말하는 것일
뿐이었다. 그러나 쁘레마르는 '이'를 과정으로 보았으며 '무극'을 '영
원한 이성'으로, 태극을 혼돈 속에 있는 물질로 보았다. 이러한 해석
의 논거를 위하여 그는 『장자』에 나타난 태극 개념을 인용할 정도였
다.[28] 또한 리理와 기氣를 이 해석의 연장선상에서 유비적으로 이해

---

28) Mungello, 앞의 논문, pp. 389-410. 그의 논거와는 별도로 『장자』 「대종사」에
　　나온 '태극'은 주자에 해석에 상응하는 형이상학적 의미를 발견하기 힘들다.

하였다. 따라서 태극도를 리기가 오행에 스며들고 세분화되는 것으
로 이해했다. 특별히 그는 리 안에서 그리스도교의 신개념을 찾으려
하였다. 쁘레마르의 신유학이해가 단편적이었다고 할 수 있으나 태
극도설의 형이상학적인 해석을 통해 인격적인 유일신의 근거를 찾
고, 그리스도교와의 철학적 화해를 모색한 것은 보편주의적 사고로
서 새롭게 평가되어어야할 부분이다. 그는 이를 통해 태극도설 안에서
전승되어온 유교의 종교성의 의미를 새롭게 확인하였고 당대의 신유
학적 해석을 극복하고자 하였다. 여기가 그의 철학적 독창성과 한계
가 드러나는 부분이다.

  쁘레마르가 신유가의 해석에 관심을 보인 경서는 『중용』이다. 신
유가는 하늘과 사람을 연결하는 문제에 대해서 깊은 관심을 가졌는
데 이 매개자를 내재적 본성인 '성性'으로 보았다. 쁘레마르는 이러한
매개성뿐만이 아니라 신유가가 유일신교라는 그의 주장을 뒷받침하
기 위하여 이 개념을 중요하게 여겼다. 그는 이 개념이 『맹자』의 「진
심장」에 나오는 "자기의 마음을 다하는 사람은 자기의 본성을 알게
된다. 그 본성을 알게 되면 하늘을 알 수 있다. 그 마음을 잘 간직하
고 그 본성을 키우는 것이 바로 하늘을 섬기는 것"[盡其心者, 知其性也。
知其性, 則知天矣。存其心, 養其性, 所以事天也]임에 기인함을 알고 있었다. 그
에게 성은 하늘이 사람에게 하늘의 법을 인도해 주는 힘일 뿐 아니라
하늘과 조화를 이루는 법에 대한 대상이었다. 그는 또한 공자의 지성
적 고백인 '지천명'을 이와 연관시켜 이해하였다. 그는 자신의 신유학
적 유일신 개념을 이해시키기 위해 여러 신유학적 텍스트을 인용하
여 논거를 제시하였다.29)

---

29) Mungello, 앞의 논문, 404~5참조.

2) 다산의 서학수용과 『중용』의 유신론적 해석

다산은 15세에 지학志學하게 된 과정을 자찬묘지명에서 다음과 같이 고백하고 있다.[30]

> 15세(1776)에 결혼을 하자, 마침 아버지께서 다시 벼슬을 하여 호조좌랑戶曹佐郎이 되셨으므로 서울에서 셋집을 얻어 살게 되었다. 이때 서울에는 이가환李家煥공이 문학으로써 일세에 이름을 떨치고 있었고 자형인 이승훈李承薰도 또한 몸을 가다듬고 학문에 힘쓰고 있었는데, 모두가 성호星湖 이익李瀷 선생의 학문을 이어받아 펼쳐나가고 있었다. 그래서 약용도 성호 선생이 남기신 글들을 얻어 보게 되자 흔연히 학문을 해야 되겠다고 마음을 먹었다.

이는 성호학파를 중심으로 한 다산의 학문적 배경과 그가 학문적으로 본받으려고 했던 이가환과 연관하여 가학을 가늠케 하는 언급이다. 다산이 서학과 관련된 부분은 자찬묘지명보다 선중씨 묘지명에 광암曠菴 이벽李檗(1754~1885)을 통해 서학을 접하고 크게 감동하여 관심을 갖게 되었음을 잘 밝혀놓고 있다.

> 갑진년(1784) 4월 보름에 맏형수의 기제사를 마치고 나와서 나의 형제들은 이벽과 함께 배를 타고 물을 따라 내려왔다. 배 안에서 천지창조의 시원이나 신체와 영혼 또는 삶과 죽음의 이치에 관해 들으니 놀랍고 의아하여 마치 은하수가 무한한 것 같았다. 서울에 들어오자 이벽을 따라서 『천주실의』와 『칠극』 등 몇 권의 책을 보고 비로소 기뻐하여 마음이 기울어졌다.[31]

---

30) 『與猶堂全書』「自撰墓誌銘」(集中本).
31) 『與猶堂全書』「先仲氏 墓誌銘」에 天文曆象之家, 農政水利之器, 測量推驗之法에 관한 서학서를 또한 읽은 것으로 나와 있다.

이후 다산은 인품과 학식에 모범이 되는 이벽과 가까이 지내면서 정조가 내린 <중용강의조문>을 함께 논구하기에 이른다. 이 과정에서 두 사람은 천주교에 관하여 깊이 있게 논구하였으며 그 내용은 중용주석에 그대로 반영되어 있다. 이후 김범우의 명례방 모임에 참석하게 되었고 형조의 적발이후 지하 신앙운동에 참여했다가 1790년에 북경교회가 내린 제사금지로 윤지충 권상연의 진산사건(1791)이 일어나자 신앙생활을 떠나게 되었다. 이후에도 형들의 신앙 활동과 남인 벽파와 노론세력들의 지속적인 공격으로 좌천되었고, 정조이후 신유사옥이 일어나고, 황사영 백서 사건으로 심문을 받고 강진에서 18년간의 유배생활을 하기에 이른다.

진산사건은 다산에게 하나의 충격적인 사건이었음에 틀림이 없다. 조선 교회가 베이징 교구장의 뜻을 따라 제사를 금하자 윤지충 권상연이 신주를 불태운 사건은 유교문화자체를 거부하는 도발적 행위였다. 이 사건으로 많은 친서파 유학자들이 배교하게 되었다. 다산도 그 가운데 한사람이었다. 두 사람의 유학자의 순교는 자립교회로서 유교와 잘 조화를 이루면서 성장해 오던 조선천주교가 중국에서 일어난 선교회 간에 일어난 전례논쟁의 갈등의 대가를 대신해서 치룬 결과가 되었다.

짧은 기간 동안 접하였지만 서학은 다산의 삶에 지대한 영향을 미쳤으며 서학에 대응할 만한 유학의 새로운 학적 체계를 구축할 필요성을 느꼈다. 다산은 경학 연구에서 이 같은 의도가 분명하게 나타났다. 다산은 주자朱子가 정해놓은 사서의 순서인『대학』부터 경서를 탐구하지 않고『중용』에서 시작하였다. 이는 학문의 근본을 인간의 덕성으로 삼은 것이 아니라 천의 덕[天命]으로부터 삼으려는 시도였다. 인성에 내재된 천덕을 밝히는 학문이 바로『중용』임을 인식하였다. 다산에게서 주자학의 인문적인 해석으로부터 종교적인 해석으로의 전회가 일어났다. 그러나 이것은 단순한 복고가 아니라 인간 삶의 실존적인 측면을 새롭게 해석하는 시도였다. 지극히 실사實事적인 존재로서 현실을 직면하고 있는 인간의 모습과 무한하고 신비한 초월적 존재와 관계하는 종교적 인간의 의식을 통해 인간의 본질에 다가서고자 하였다. 이는 성리학이 전통적으로 보여주었던 보편적 리理에 귀속되는 인간이해의 방식이 아니었다. 인간은 지극히 경험적 현실을 지향하면서도 초월적인 궁극을 추구하지 않을 수 없다는 것이다. 주자와는 달리 다산은 실증할 수 있는 사물의 법칙과 마음의 법칙을 달리 구분하였다. 과학을 받아들일 수 있었으나 계시적으로 마음의 법칙을 가르치는 천주교를 받아들일 수 없었다. 다산이 놓인 실존적인 상황이 이를 잘 말해주고 있다. 실로 유학은 절박한 삶의 상황에서 이를 극복하기 위하여 나온 학문이다. 다산이 처한 삶의 상황 역시 절박하였다. 다산은 경전 주석에서 이러한 인간의 양면적 지향성의 이해를 통해 수사洙泗[공맹孔孟]적 인간학으로의 회귀를 모색하였다.

다산에게 "군자의 학은 부모를 섬기는 데서 시작하여 하늘을 섬기는데서 그치는 것"이므로 서학의 '천주'의 의미를 유학 안에서 '상제'를 통하여 내재적으로 발견하고 회통시킨다. 사천事天은 맹자의 가르침이며 학문의 완성이다. 학문은 궁극적으로 대동사회인 '요순의 땅'을 이루는 데서 완성된다. 그러므로 "육경사서에 대한 연구를 수기修己로 삼고 일표이서로 천하국가를 위한다."는 학문의 목표가 사천事天을 통하여 비로소 완성된다는 의미를 갖게 되는 것이다. 학문은 자신의 안위를 찾는 것이 아니라 대의를 위해 위기지학인 것이다. 다산은 의례와 도덕적 가치에 머물렀던 유교의 종교성을 실존적 차원으로 고양시켰다.

다산은 그의 중용주석에서 전통적인 천명의 철학적 의미로부터 유교의 종교성을 해석해 낸다. 그에게 유교는 천명의 학이며 천명을 살피고 듣는 종교이다. 여기서 상제는 계시적이고 세계외적인 초월적 존재가 아니라 상제의 존재성이 인간의 생명과 삶 속에서 도덕적으로 관계하는 내재적 초월성으로 나타나게 된다. 다산은 『중용자잠』
에서 다음과 같이 설명한다.

> 하늘이 생을 부여하자 이 명命이 있게 되었으며 또 살고 있는 동안에도 시시
> 각각 명은 계속되는 것이다. 하늘이 차근한 말로 타이를 수는 없다. 못하는 것이
> 아니라 하늘의 혀는 도심에 깃들어 있으니 도심이 경고하는 것은 황천이 명하신
> 경계와 다름이 없다. 남은 듣지 못해도 나만은 홀로 똑똑히 들으니 이보다 더 자
> 세할 수가 없고 이보다 더 엄할 수없는 데 가르치듯 깨우쳐 주시니 어찌 그저 차
> 근차근 타이를 따름이겠는가. 일이 착하지 못할 때 도심에 이를 후회하는 마음이
> 솟아나게 하는 것은 천명이 차근차근 타이르는 것이다. 시경에 '하늘이 백성을 개
> 도하되 질 나팔 불듯, 피리 불듯 하니라' 한 것도 이를 두고 이른 말이 아니겠는
> 가? '상제를 대하되 오직 마음속에 있을 뿐'이라 한 것도 바로 이 때문이다. 천명
> 을 도록圖錄에서 구하는 것은 허황된 이단 사술이요, 천명을 본심에서 구하는 것
> 은 성인이 상제를 밝게 섬기는 학문이다.[32]

　여기서 생명을 부여한 하늘이란 인간 생명의 자연성과 인간 사회
안에서 새로운 관계성의 부여를 의미한다. 또한 변화하는 삶의 조건
안에서 스스로 시시각각 자각해야할 존재의 의미[命]를 말한다. 다산
에게서 명은 상제의 내적 발현으로 더욱 인격적이고 도덕적이며 종
교적 의미로 발전되었다. 다산은 또한 명의 내재적 지향성과 외재적
공정성으로 나타나는 명의 인식이 성숙한 인간이 되는 조건임을 밝
힌다: "명이란 하늘이 사람에게 부여한 것이니 성이 덕을 좋아하는

---

32) 『與猶堂全書』第二集「中庸自箴」卷一, 天於賦生之初有此命, 又於生居之日時
時刻刻續有此命. 天不能諄諄然命之, 非不能也天之喉舌寄在道心, 道心之儆告
皇天之所命戒也. 人所不聞而已獨諦聽, 莫祥莫嚴如詔如誨, 奚但諄諄己乎? 事
之不善道心愧之愧怍之發, 諄諄乎天命也. 行有不善道心悔地悔恨之發, 諄諄乎
天命也. 詩云"天之牖民如塤如箎"比是之謂乎, 對越上帝之只在方寸正亦以是.
求天命於圖錄者異端荒誕之術也. 求天命於本心者聖人昭事之學也.

것이며 생사, 화복, 영욕이 또한 명이니 명을 알지 못하면 낙선안위
하지 못하니 군자가 될 수 없다."33) 우연성의 경험이라 할 수 있는 불
가항력적인 생사, 화복, 영욕을 다산은 명으로 이해한다. 그러므로
"사람의 요수壽夭는 하늘의 명이므로 명수를 명이라 한다."34)고 주석
하였다. 그리고 명을 통하여 상제가 현세적 인과성을 주재함을 알게
된다. "… 나날이 굽어보아 선한 이에게 복을 음탕한 이에게 재앙을
내리는 것이 또한 천명이다."35) 상제의 주재성에서 미해결로 남을 삶
의 조건은 남아있지 않다. 사람들이 미처 인식하지 못한 인과 관계만
있을 뿐이다. "천명이란 은미하여 자연과 같으므로 소인으로서는 알
수 없는 것이다. … 성인이 말하는 상서로움과 재앙의 경계는 반드시
시간이 흐른 다음 이를 증험할 수 있으니 소인은 이를 업신여기게 되
는 것이다."36)

　다산은 보편적 진리를 거부하지 않는다. 그러나 보편적 진리는 개
인에게서 의미화 되어야 한다. 그 의미는 사람마다 서로 다르다. 다
산에게 개인의 체험이 중요한 까닭이 여기에 있다. 여기서 개별자가
탄생한다. 종교적인 체험으로부터 그는 근대의식에 새로운 방향을
모색하였다. 세상일에 당면하여 현상의 배후를 묻는 계신공구戒身恐懼
하는 태도가 그가 말하는 유교의 종교적 경험이다. 이러한 자기 성찰
은 상제와 한 개인의 인격적 관계가 이루어지는 순간에서 이루어진
다. 매순간 도덕적으로 인식하고 판단하는 이 경험은 인식 차원의 기
의 작용이 아니다. 대상과 일은 밖에 있지만 관계는 내재적이고 자발
적이다. 따라서 지성을 넘어 의지적이라 할 수 있다. 이는 키에르케

---

33) 上同, 第二集「論語古今註」, 卷十, 三十八, 命天之所以賦於人者, 性之好德是命
　　也. 死生禍福榮辱亦有命, 不知命則不能樂善而安位, 故無以爲君子.
34) 上同, 卷二, 四十六, 人之壽夭命於天, 故年壽曰命.
35) 上同, 卷八, 三十九, 日監在玆以之, 福善禍淫亦天命.
36) 上同, 天命隱微若自然 故小人不知… 聖人所言祥殊之戒, 必久而後驗. 故小人
　　侮之.

고르가 말하듯 스스로 신 앞에 단독자로서 홀로 서있음을 발견하는 것과 유사하다. 그러나 유교적 인간상은 '부조리한' 존재로 신 앞에 서서 부조리를 넘어설 비약을 요청하는 것이 아니다. 오히려 신과의 인격적 관계의 성립은 인간을 천덕에 이르게 하는 실마리가 된다. 그러므로 인간은 중용中庸의 덕으로 비은費隱의 천덕에 참여할 수 있게 된다.

4. 쁘레마르와 다산의 상제증명과 논증의 토착신학적 의의

1) 쁘레마르 『상제실의』의 존재론적 의의

쁘레마르는 『유교실의』 5장에서 창천이 하늘이 아니고 6장에서 리가 상제가 아님을 밝힌 다음에 7장에서 상제의 참뜻에 대하여 7가지 증명을 통하여 밝히고 있다. 이는 고경이 이미 상제의 존재에 대하여 언급하고 있음을 밝히는 색은주의적인 관점을 따르고 있다. 그러나 쁘레마르는 작위적인 색은주의 관점을 넘어서 상제를 존재론적으로 증명하고 있다. 마테오 리치의 천주존재 증명과 비교해보면 쁘레마르는 고경을 근거로 논증하여 논리적 명증성보다는 문화역사적 설득력을 갖고 있다.

(원생遠生이) 묻기를 "상제의 참 뜻은 고경에 실려 있으니 의심할 바가 없습니다. 송유에 이르러 혹자가 그것이 끊어졌다고 하는데 믿을 수 있습니까?"

(순유醇儒가) 답하기를 "그렇지 않습니다. 일을 벌리기 좋아하는 사람들이 그러는 것입니다. 송대에서 지금에 이르기까지 유자들이 경을 존숭하여서 상제의 참된 뜻을 그대로 간직하고 있습니다. 그 증거가 여럿 있으나 한두 가지만 제시하도

록 하겠습니다."[37]

『역경』에 이르기를, "상제가 동방에서 나오신다[帝出乎震]"라고 하였는데, 호운봉이 해석하기를, 동방에서 나오는 것에서부터 동북에서 이루어진다고 하는 데까지는 만물이 생성하는 순서이다. 그러면 누가 이것을 낳게 하고 기르게 하겠는가? 반드시 그렇게 하는 주재자가 있으니 그것을 상제라고 일컫는 것이다." 하였으니, 이것이 첫 번째 증거입니다.[38]

이에 상응하는 존재증명을 리치는 『천주실의』에서 다음과 같이 말하고 있다. "셋째, 우리가 모든 생물이 형성形性을 낳는 바를 논한다면 어떤 것은 태에서 나오고, 어떤 것은 알에서 나오고, 어떤 것은 씨에서 나옵니다. 모두 자기로부터 만들어 진 것은 아닙니다."[39] 만물은 스스로 원인이 될 수가 없다. 모든 것은 인과의 연속과정이라 할 수 있다. 그러므로 근원적인 원인을 생각하지 않을 수 없다. 이 증명은 토마스가 능동인(ex ratione cause effitientis)을 고찰하여 신의 존재를 언급한 내용과 유사하다.[40]

『서경』에 이르기를, "꿈에 상제가 훌륭한 보필을 주셨다[夢帝賚良弼]" 하였는데, 주자가 해석하기를, "이에 의하면 진실로 (한 분 계시는) 천제가 고종에게 이르기를 '내가 그대에게 보필할 자를 줄 것이다.' 하였으니 이 같은 일이 없다고 말할 수

---

37) 馬若瑟, 『儒敎實義』, 七. 上帝實義「問: 上帝之實義, 其載古經, 不可疑也. 至於宋儒或謂其絕, 信乎? 曰: 否, 不然也, 好事者爲之也. 由宋至今, 儒者師經, 而上帝之實義存焉. 其證有多端, 請呈一二.」

38) 上同,「易曰: 帝出乎震. 胡云峰解云: 自出震, 至成言乎艮, 萬物生成之序也. 然孰生孰成之, 必有爲之主宰者, 故謂之上帝. 此一證也.」

39) 마테오 리치, 『천주실의』,「其三曰 吾論衆物所生形性, 或受諸胎, 或出諸卵, 或出乎種, 皆非由己制作也.」

40) *Summa theologiae* I, q.2, a.3.

없으며, 단지 천리天理라고 하여도 역시 옳지 않다.' 하였으니, 이것이 두 번째 증거입니다.[41)

천주는 리가 아니라 인격적 존재임을 밝히는 증명이다. 『천주실의』에 이와 같은 존재증명이 나타나지 않는다. 쁘레마르는 설화 같은 내용을 인용하여 천주가 인간사에 개입하는 인격적 존재임을 증명하고 있다.

> 『서경』에 또 이르기를, "오로지 하늘만이 백성을 낳았다."고 하였다. 『오경정의』에 해석하기를, "백성은 상천上天이 낳았으니, 형체와 정신은 하늘이 부여하였다. 백성은 기의 유행함을 받아 각자 성령性靈과 심식心識이 있게 되는 것이다. 백성에게 그 마음이 있으니 하늘이 그들을 돕는 것이다. 하늘이 한갓 사람에게 목숨만 내리는 것이 아니라 형체와 심식을 주어서 이에 다시 돕는 것이다. 백성은 마음이 있어, 언행, 시비, 득실, 의식衣食의 쓰임, 움직이고 그침의 마땅함이 하늘에서 받아 각각 떳떳한 이치가 있지 않음이 없는 것이다. 도에 맞으면 편안하고, 도를 잃으면 위험하니 그 편안하게 사는 것을 도와 항상 살게 하는 도를 있게끔 하는 것이다." 하였다. 이것이 세 번째 증거입니다.[42)

『천주실의』에서 이 증명에 해당하는 내용은 첫 번째 증명이다. 리치는 "모든 개체가 스스로 완성될 수 없으며 반드시 외재적 운동 때문에 이루어진다."[43)고 하면서 모든 존재가 이치에 맞게 움직이는 것

---

41) 馬若瑟, 『儒教實義』, 七. 上帝實義, 「書曰: 夢帝賚良弼. 朱子解云: 据此, 則是眞有个天帝與高宗對曰: 吾賚以汝弼. 不得說无此事: 說只是天理, 亦不得. 此二證也.

42) 上同, 七. 上帝實義, 「書又曰: 惟天生民. 『正義』解云: 民是上天所生, 形神天之所授. 民受氣流行, 各有性靈心識. 民有其心, 天佑助之. 非天徒賦命于人, 授以形體心識, 乃復佑助. 民有其心, 言行, 是非, 得失, 衣食之用, 動止之宜, 无不稟諸上天, 各有常理. 合道則安, 失道則危, 是助合其居, 使有常生之道. 此三證也.」

은 그렇게 하게끔 하는 작용인이 있기 때문임을 밝혔다. 토마스는 "신이 존재한다는 사실은 우리에게 알려진 작용으로부터 알 수 있다."[44]고 하였다.

『서경』에 또 이르기를, "오로지 하늘만이 총명하다."고 하였다. 『일강日講』에 해석하기를, "오로지 하늘만이 높고 높은 곳에 있어 지극히 허하고 지극히 공정하며, 지극히 신령하여 들으려 하지 않아도 귀가 밝아 들리지 않는 것이 없고, 보려고 하지 않아도 눈이 밝아 보이지 않는 것이 없다. 오직 정령政令의 득실과 민생들의 편안함과 근심[休戚]만이 아니라 어느 것도 하늘의 보살핌에서 벗어날 수 없는 것이다. 즉 암실의 옥루玉漏의 보고 들리지 않는 곳 역시 모두 밝게 관찰되어 남겨진 곳이 없다는 것이다. 하늘의 총명이란 이러하다." 하였다. 이것이 네 번째 증거입니다.[45]

『천주실의』에서 이와 유사한 언급을 찾아볼 수 있다. "천주의 지능은 몽매함이 없고 오류도 없어서 만세 이전의 과거나 만세 이후의 미래의 일이라도 그 앎에서 벗어날 수가 없어서 마치 바로 눈앞에 보고 있는 것과 같습니다."[46] 이 증명은 안셀무스의 존재론적 증명과 같이 완전한 존재를 향한 등급성을 생각나게 한다. 가장 진실하고, 가장 선하고, 가장 고귀하며 가장 (총명한) 최고의 존재가 존재한다. 그러니 완전한 존재가 알지 못하는 것이 없으며 이에 따르면 최고로

---

43) 『천주실의』, 上 1, 「其一日 凡物不能自成,必須外爲者, 以成之」.

44) *Summa Theologiae* I 2, 2c

45) 馬若瑟,, 上同, 七. 上帝實義, 「書又曰: 惟天聰明. 日講解云: 惟天高高在上, 至虛至公, 至神至靈. 不用聽而聰无不聞, 不需視而明无不見. 不惟政令之得失, 民生之休戚, 舉不能逃天之鑒. 卽暗室屋漏之中, 不睹不聞之地, 亦皆照然察无遺焉, 天之聰明如此. 此四證也.」

46) 『천주실의』, 上 1, 「其知也無昧無謬, 而已往之萬世以前, 未來之萬世以後, 無事可逃其知, 如對目也.」

불리는 것은 그 종류에 속하는 모든 것의 원인이 된다. 따라서 모든 존재자를 위해 존재의 원인이, 선함의 원인이, 완전함의 원인인 신이 존재한다.[47]

> 『서경』에 또 이르기를, "그대들이 착하면 나는 덮어 두지 않을 것이며, 죄가 내게 있으면 스스로 용서하지 않을 것이며, 잘 살피어 상제의 마음에 들도록 하겠소." 하였다. 『일기』에 해석하기를, "간簡이라는 것은 살피는 것[閱]이다. 선하고 죄 있는 것을 모두 상제의 마음에서 검열한다." 하였다. 이것이 다섯 번째 증거입니다.[48]

다섯 번째 증명은 중세 스콜라 신 존재 증명에서는 찾아보기 어려운 증명이다. 칸트의 도덕적 증명이 있지만 이는 도덕적 삶의 완성을 위해 신이 필요하기에 신을 요청(postulat)하는 것이다. 존재와 인식의 경계를 넘어서는 완전한 인식은 완전성의 단계에 의한 증명에서 파생된 것으로 볼 수 있다. 이는 전지전능한 상제를 도덕적 판단의 주체로서 받아들이는 것을 의미한다. 그러므로 상제는 매사에 자성적으로 도덕적 분별을 요구하는 계신공구의 대상이 되는 것이다.

> 『서경』에 또 이르기를, "선을 행하면 백가지 상서로운 일이 내리고, 불선을 행하면 백가지 재앙이 내린다." 하였는데, 우씨 『품자전』에서 해석하기를 "상서로움과 화를 내리는 자는 누구인가? 소위 위대하고 위대하신 상제라고 하는 분이 아닌가? 우리 사람들이 매일 살피시는 상제 아래 있으나 하늘의 위세에 놀라고 두려워 할 때를 알지 못하고, 또 감히 소지小知 사심으로 상제의 뜻을 거스르니 생각

---

47) 빌헬름 바이세델, 『철학자들의 신』, 최상욱 옮김(2003), 동문선, 276~277쪽.
48) 馬若瑟, 上同, 七. 上帝實義, 「書又曰: 你有善, 朕不敢蔽. 罪当朕躬, 不敢自赦, 惟簡在上帝之心. 日記解云: 簡者, 閱也. 有善有罪, 皆閱簡在於上帝之心. 此五證也.」

지 않음이 심하다.” 하였다. 이것이 여섯 번째 증거입니다.[49]

리치는 『천주실의』에서 사람이 도리를 닦아야 하는 까닭을 영혼이 불멸하는 까닭을 설명하는 가운데 다섯 번째 단계에서 동일한 상선벌악의 주체가 상제이기 때문임을 밝혔다. “천주의 인과응보에는 사사로움이 없습니다. 천주는 착한 사람을 반드시 상주고 악한 사람을 반드시 벌합니다.” 그러나 인과응보는 사람이 도덕적 행위를 하기 위한 근거로서 논거가 부족하다. 유가에서는 도덕적 행위는 그 자체가 가치를 가지고 있기 때문에 행하는 것이다. 또한 무고한 자의 고통을 어떻게 이해할 수 있겠는지 과제로 남게 된다. 계속된 증명에서 쁘레마르는 리치를 좇아 이에 대해 설명하고 있다.

　　『시경』에 이르기를 “나라를 안정시키려 한다면[旣克有定], 이겨내지 못할 사람이 없도다[靡人弗勝]” 하였다. 주풍성이 해석하기를, “선하면 복을 받고 음란하면 화를 받는 것이 곧 하늘의 떳떳한 이치이다. 선한 자가 아직 복을 받지 못하고, 음란한 자가 아직 화를 받지 못함은 바로 그 때가 정해지지 않은 것이다. 바야흐로 그 정해지지 않은 때는 곧 사람이 하늘을 이길 수 있으나, 이미 정해졌으면 하늘이 반드시 사람을 이기는 것이다. 그러므로 오늘 화를 받는 자가 어찌 다른 날에 복을 받지 않는다고 할 수 있으며, 오늘 복을 받는 자가 어찌 다른 날에 화를 받지 않는다고 할 수 있겠는가? 무릇 음란한 자가 화를 받는 것은 하늘이 증오하는 (바를 가지고 있는) 것과 유사하다. 그러나 음란한 자에게 화가 가해지는 것은 악을 벌하는 공정한 이치이다. 하늘이 어찌 증오함이 있겠는가? 후일의 화가 증오가 아님을 안다면 오늘 아직 화가 미치지 않음이 비호를 받고 있는 것이 아님을 알 수 있으니, 나중에는 정해지겠지만 지금은 정해지지 않은 까닭이다. 다만 어느 때에

---

49) 上同, 七. 上帝實義, 「書文曰: 作善降之百祥, 作不善降之百殃. 虞氏品字箋解云: 降祥降殃者誰, 倘所謂皇皇上帝非乎? 吾人日在監玆之下, 不知時加惊惕, 以畏天威, 且敢以小知私心與帝天角, 弗思甚矣. 此六證也.」

과연 정해질지를 알지 못하는 것이다." 이것이 일곱 번째 증거입니다.[50]

리치 역시 현세에서 일어나는 인과응보의 문제를 영혼의 불멸을 통하여 해결하려 하였다. "만일 금세의 사람 가운데 악을 행하면서도 부귀를 누리고 평안히 사려는 사람이 있으며, 선을 행하면서도 가난하고 천하게 지내며 고통과 어려움을 당하는 사람이 있다면 천주께서는 진실로 그가 일단 죽기를 기다렸다가 그 다음에 착한 영혼을 택하여 상을 주고 그 악한 영혼을 택하여 벌을 주십니다."[51] 그러나 쁘레마르는 리치와는 달리 내세를 직접 언급하지 않았다. 오히려 그 응보의 시간을 알 수 없다고 한 점에서 리치보다 합리적이라 할수 있다.

쁘레마르의 상제증명은 리치의 천주증명의 논지를 크게 벗어나지 않는다. 차이는 리치가 스콜라 철학에 입각한 신존재증명을 소개하고 있는 반면에 쁘레마르는 오로지 고경 즉, 『역경』, 『서경』, 『시경』에 의거하여 상제의 존재성을 논증하고 있다는 것이다. 이점이 적응주의의 진화과정을 잘 설명해 주고 있다. 슈라이터의 토착신학모델에 따르면 리치의 천주존재증명이 전달하려는 신학에 적용할 수 있는 적절한 토착개념을 찾는 번역모델과 사대부와 선교사들이 협력하여 적응모델의 서구문화형을 절충한 형태라면 쁘레마르의 『상제실의』는 전형적인 적응모델의 지역문화형태에 가깝다. 이러한 경향은 색

---

50) 上同, 七. 上帝實義, 「詩曰: 旣克有定, 靡人弗勝. 朱豊成解曰: 福善而禍淫, 此天之常理也. 善者未必福, 淫者未必禍, 此正其未定之時也. 方其未定, 則人可能以勝天; 及其旣定, 則天必能以勝人. 然則今日之受禍者, 安知其不爲他日之福; 而今日之受福者, 安之其不爲他日之禍乎? 夫淫者禍之, 似若天有所憎. 然禍加於淫, 罰惡之公理也, 天何憎哉. 知後日之禍非憎惡, 則知今日之未禍, 非曲庇也, 後定而今不定耳. 第不知其果何時定乎. 此七證也.」

51) 『천주실의』 상권, 3편, 如今世之人, 亦有爲惡者, 富貴安樂, 爲善者貧賤苦難, 天主固待其旣死, 然後取其善魂而賞之, 取其惡魂而罰之.

은주의 전통에 의거한 선교방식에 따른 결과이지만 여기에 신유학적인 적응주의 경향이 분명하게 나타나지 않은 점을 보아 쁘레마르의 초기 적응주의 경향을 나타내고 있다고 할 수 있다. 또한 이 모델의 한계는 진지하게 지역문화의 범주 안에서 신학체계를 다루고 있지만 신앙공동체의 신학적 입장이 전혀 고려되지 않은 이론체계라 할 수 있다. 이점이 쁘레마르의 적응주의 이론이 적응주의 진화과정에서 나타난 이론체계로서 한계이다.

2) 다산의 〈상제징험〉과 도덕적 의의

다산이 이벽과 함께 『중용』 16장에서 언급된 귀신의 덕이 바로 천덕, 즉 상제의 덕임을 광암의 논지를 원용하여 다음과 같이 징험하고 있다.

> 요컨대 은미한 것이 나타남[微顯]은 천덕이다. 앞(15)장에서 '행원증고'를 말하고 '육친은 마땅히 가까운데서 시작해야 한다.'고 하였는데 고원한 것을 말한 것은 분명 이(16)장이니 은미한 것이 훤히 나타난다는 이장의 내용은 분명 상제천의 천덕을 말한다. 이것이 첫째 징험이다.52)

첫째 징험에서는 다산은 『중용』 15장과의 문맥의 전후를 통하여 16장이 상제천의 은미함이 나타나는[微顯] 천덕에 관한 진술임을 밝혔다. 즉 앞장이 가까운 부모, 형제, 자녀를 대하는 것에 대해서 말한다면 16장은 마땅히 높고 멀리 있는 은미한 상제를 섬기는 것에 대해서 말하고 있는 것이다. 이러한 맥락에 따른 증명방식은 쁘레마르가 시도한 고경에 의거한 증명방식과 유사하다.53) 다만 다산은 『중용』에

---

52) 『中庸講義』 卷一, 總之 微顯者天德也 上章發行遠登高之義 以六親當卑邇 則其 高遠之說 必在次章 其驗一也..

나타난 내용을 중심으로 천덕을 증명하는 형식을 취하고 있으므로
더욱 논리와 의미론적으로 정합성을 갖추고 있다. 다산은 앞에서 이
미 1장의 "막현호은莫見乎隱"과 9장의 "부미지현夫微之顯" 그리고 29장의
"지미지현知微之顯"이 하나의 맥락을 이루어 모두 상제천의 덕에 관한
언급임을 밝혔다. 이 덕이 인간의 윤리적 수행과 밀접한 연관성을 이
루고 있으므로 상제가 인간의 윤리적 수행의 궁극적 대상으로 제시
되어있다.

> 상천의 주재는 내외가 없기 때문에 제사를 드림에 따라 충만하게 그 위에 계
> 시듯 하니 이것이 두 번째 징험이다.[54]

두 번째 징험에서는 공경과 제사의 대상으로서 상제를 징험하고
있다. 『중용자잠』에 더 상세한 설명이 있다. "만물은 하늘의 조화 속
에 있다. … 귀신의 체란 형체도 없고 바탕도 없으므로 지극히 미소한
물일지라도 귀신보다 더 미소한 것은 없을 것이다. 그러나 천도는 지
극히 진실하여 공과 변화에 뚜렷하게 드러나 지극히 밝고 지극히 뚜
렷하므로 비록 사람은 보려해도 보이지 않고 들으려 해도 들리지 않
으나 모두 몸과 마음을 깨끗이 하고 제사를 받들면 그 위에 계시는
듯 그 좌우에 계시는 듯, 눈에 보이는 양, 귀에 들리는 양하는 것이니,
지극히 미소한 체가 그처럼 뚜렷한 것이다."[55] 리치의 『천주실의』에

---

53) 榮振華에 따르면 쁘레마르는 『역경』과 『도덕경』과 삼위일체 교리와 비교하
   는 가운데 『도덕경』 14장에 나오는 도의 "夷, 希, 微"(yi, his, wei)를 야훼
   (Yahweh)의 음역으로 인식하여 교황청에 소환되기에 이른다. 「入華耶穌會士
   中的道教思想家」, 『明清間入華耶穌會士和中西文化交流』, 巴蜀書社, 1993, 제
   150항, 鄭安德 編輯, 『儒家實義』, '儒教實義編序'에서 재인용.

54) 『中庸講義』卷一, 上天之載 無外無內 故隨其所祭 無不洋洋如在 其驗二也.

55) 『中庸自箴』卷二, 鬼神之體。無形無質。物之至微者。無以踰於鬼神也。然天
   道至誠。其顯於功化者。至昭至著。故人雖弗見弗聞。皆齊明承祭。如在其
   上。如在其左右。如將目見。如將耳聞。則至微之體。其顯若是矣。誠則必

도 이와 유사한 내용이 나타난다. "지혜로운 사람은 지극히 은밀한 것을 추리할 수 있고, 이 천지의 높고 넓은 모양을 보고 마침내 천주가 계시어 그사이에 주재하시는 것을 알기 때문에 엄숙한 마음과 굳은 뜻으로 형체는 없으나 하늘보다 앞선 천주를 모십니다."[56] 유교의 례에서 나타나는 이러한 종교적 인식은 실증적인 증거로서가 아니라 전승된 의례 안에서 어렵지 않게 징험할 수 있는 내용이다.

> 만물의 바탕이 되어 없을 수 없으므로 도가 잠시도 떠날 수가 없다. 상천이 행하는 바는 만물을 포함하여 능히 만물의 바탕이 되는 까닭에 그 행하는 바가 미치지 않음이 없다. 이것이 세 번째 징험이다.[57]

세 번째 징험에서는 상제의 주재의 방식에 대해서 언급하고 있다. 다산은 『중용강의』의 군자지도君子之道 비이은절費而隱節에서 조화의 범주에 대하여 상세히 설명하고 있다. "비은 두 글자는 곧 도를 떠날 수 없다는 것이다. 이는 무엇 때문인가? 비란 천하의 어느 것으로도 능히 실을 수 없으리만큼 큰 것이다. 은이란 천하의 어느 것으로도 능히 쪼갤 수 없을 만큼 작아서 안이 없는 것이다. 크기로는 밖이 없고 작기로는 안이 없으므로 상천 조화의 범주가 아닌 것이 없다. 그 점이 조화를 떠날 수 없는 것이다."[58] 자연의 조화와는 달리 인간의 실제적 삶에서 조화란 간단한 문제가 아니다. 사화士禍의 당사자로서

著。有不著乎。故曰誠之不可揜如此。

56) 『천주실의』 상권 2편, 智者乃能推見至隱, 視此天地高廣之形, 而遂知有天主主宰其間, 故肅心持志, 以尊無形之先天.

57) 『中庸講義』卷一, 體物而不可遺 故道不可須臾離也. 上天之載 包含萬物 爲物體之所克 故物不能自遺 其驗三也.

58) 上同, 卷一, 費隱二字。卽道不可離之意也。何則費者。卽天下莫能載之大也。其大無外。隱者。卽天下莫能破之小也。其小無內。大而無外。小而無內。莫非上天造化之範圍局奧。則此道無可離之地也。

살아가는 다산에게 이 징험은 단순히 객관적인 논증에서 머물지 않는다. 이것은 하나의 신앙고백과 같다.

> 다음(17)장부터는 계속해서 종묘지례를 말하고 결론에 가서 교사지례는 상제께 드리는 것이고 종묘제례는 선조께 드리는 것이라고 했는데 이(16)장이 만일 천덕을 말하는 것이 아니라면 아래 글에서 어떻게 두 가지를 들어 결론을 지을 수 있겠는가. 이것이 넷째 징험이다.59)

"상제의 명을 받아 만물을 보호하는 상하신시는 왕이 제사로 받들어 보답하는 것이니 이는 하늘을 섬기는 것이 아님이 없다고 하였다. 그러므로 교사례는 궁극적으로 상제를 섬기는 것"60)이라 하였다. 다산에게 제사의 형식은 분리되어있지만 모든 제사의 궁극적인 대상은 상제일 뿐이다. 다산에게 천덕에 대해 말하는 16장은 중용 전체에서 논증의 핵심을 이루고 있다. 앞부분 에서 중용의 도를 실천하는 법에 대하여 언급하고 있다면 16장에서 귀신의 덕에 대하여 언급함으로써 수행의 목적이 상제의 덕에 일치하기 위함임을 밝히고 있다. 다산은 『자잠』에서 수행의 근거를 분명히 밝히고 있다. "몸과 마음을 깨끗이 하고 제사를 받드는 것은 교사의 예이며, 조묘祖廟를 수리하고 종기宗器를 진열하는 것은 종묘의 예이다. 이 절은 경문의 대결국이다."61)라고 하였다. 이를 볼 때 17장 이후에 나오는 종묘의 예는 단순한 의례가 아니라 상제의 덕에 일치한 효과가 드러나는 곳이라 할 수 있다. 그리고 이 의례는 천자나 대부가 아니더라도 도덕적 삶으로 누구나

---

59) 上同, 卷一, 此節之下 繼言宗廟之禮 而統結其文 日郊社之禮 所以祀上帝也 宗廟之禮 所以祀乎其先 此節若非天德 下文何以雙擧而統結之乎 其驗四也.

60) 上同, 卷一, 上下神示。皆受帝命。保佑萬物。而王者祭而報之。無非所以事天。故日郊社之禮。所以事上帝。

61) 『中庸自箴』, 卷二, 箴日齊明盛服。以承祭祀。郊社之禮也。鬼神章修其祖廟。陳其宗器。宗廟之禮也。此節於經文爲大結局。

그 예를 다할 수 있음을 밝힌 것이다.

> 아래 글(29장)에서 귀신에게 묻는 것이 지천이고, 백세 뒤의 성인을 기다림은
> 지인이라 하였다. 성인은 사람이니 귀신은 하늘이 아니고 무엇이겠는가. 이것이
> 다섯째 징험이다.[62]

종교적 인식이라고 할 수 있는 상제인식에 대한 중요한 징험이다.
이 상제징험은 맹자가 "자기 마음을 다하면 자기의 본성을 알고, 자
기의 본성을 알면 하늘을 알게 된다."고 한데 의거하고 있다. '자기 마
음을 다한다.'는 맹자의 말에서 깊은 의지적 자기성찰과 관조적 의미
를 읽을 수 있다. 그러나 인간의 의지만으로 지천을 기대할 수는 없
다. 천의 의지와 인간의 의지가 일치하는 곳에서 인간은 천을 징험하
게 된다. 마음의 궁극적 지향성은 천의 의지와 일치하려는 종교적 관
심사라고 할 수 있다. 이것이 바로 지천의 종교적 인식이다.

다산은 역시 이 뜻을 좇아 "정성스러우면 현명해진다. 그러므로
신독군자는 그의 지각이 영명하다. 무릇 정상요얼禎祥妖孼을 많은 사
람들이 익히 보고 있지만 신독군자만이 홀로 혜안을 갖추고 있으며
시구蓍龜에 길흉이 나타나 있으나 많은 사람들이 점치지 못하고 이
사람만이 사람들 앞에서 이를 사용하여 신변에 걱정거리가 없지만
보통 사람들이 이를 잘 살피지[察] 못하고 이 사람만이 때때로 맞추니
무릇 이것은 정성스러우면 현명해지기 때문이다."[63]라고 하였다. 다
산은 수행적 지천의 인식과정을 같은 곳에서 구즉징久則徵으로 설명

---

62) 『中庸講義』卷一, 下文曰質諸鬼神天知也. 百世以俊聖人知人也 聖人旣人 則鬼
    神非天乎 其驗五也.
63) 『中庸自箴』卷3, 誠則明。故愼獨之人。其知靈明。凡禎祥妖孼。衆人之所熟
    視。而此人獨具慧眼。蓍龜之有吉凶。衆人不能占。而此人能前民用。四體之
    有休咎。衆人不能察。而此人有時億中。凡如是者。誠則明之故也。

하고 있다. "하늘과 사람이 일치할 때 반드시 자신의 마음속에서 묵묵히 체험[驗]할 수 있으니 이를 징徵이라 한다. 징하게 되면 도를 믿는 마음이 돈독하게 되어 그만두려고 해도 그만둘 수 없고, 그러한 까닭에 더욱 오래되고 더욱 진실하여 유원悠遠에 이르게 되는 것이니 바로 용庸의 극치이다. 유원하게 되면 덕이 쌓이게 되므로 박후博厚하게 되고 박후하면 밝음이 밖으로 나와 고명하게 되니 이것이 이른바 성즉명誠則明이다."64) 여기서 '찰'과 '징험'은 다산이 밝힌 유교의 종교적 인식을 대변하는 개념이다.

앞에서 광암과 다산은 첫째는 덕, 둘째는 주재방식, 셋째는 주재범위, 넷째는 의례방식, 다섯째는 인식의 차원에서 상제를 징험하였다. 상제 징험의 논증은 형식상 경전의 문맥을 해석함을 통하여 유가전통에서 상제에 관한 진술이 문화적으로 계승되어 왔음을 밝힌 것이다. 내용상으로는 상제의 덕과 그 덕에 참여하고 상응해야하는 인간의 도덕적 수행에 의한 징험이다. 요약하면 직관적이고, 도덕적이며, 해석적 징험이다. 무엇보다 상제징험에서 돋보이는 것은 리치나 쁘레마르와는 달리 도덕적 논증성이다. 이것을 토착신학적 관점에서 바라보면 존재론적 증명에서 도덕적 증명65)으로의 진화라고 할 수 있다.

다산이 광암과 함께 논의한 상제 징험은 다산의 중용주석에서 그 의미를 더 분명하게 밝히고 있다. 다산의 논증에 나타난 특징은 유교 종교성에 대한 새로운 자각이다. 『중용』을 유신론적으로 해석함으로

---

64) 『中庸自箴』 卷3, 天人相與之際, 必有黙驗於自心者, 斯之謂徵也. 徵則其信道益篤慾罷不能, 故彌久彌進 而至於悠遠, 悠遠者庸之極也.

65) 송영배 교수도 『천주실의』 상권 1편 번역 각주28에서 잘 설명했듯이 여기서 말하는 '도덕'은 단순히 윤리에 국한 된 의미가 아니라 생성 변화하는 자연의 총체적 원리로서의 도와 그 안에 내재된 조화의 상태로서의 덕을 의미한다. 따라서 여기서 말하는 도덕적 증명이란 형이상학적 증명으로 칸트적인 도덕적 증명의 의미를 넘어서는 것이다.

써 성리학적 해석의 틀을 벗어났고 서학의 보유론적 해석에 머물지 않고 유교안에 내재하고 있는 종교적 인식과 대상에 대한 문화 해석을 통해 자생적인 토착신학의 길을 열어주었다고 할 수 있다.

5. 맺음말 : 유교적 그리스도교와 유신론적 유교의 화해

근대인을 고대인의 어깨 위에 올라서는 것으로 이해한다면 주자朱熹(1130~1200)를 근대인으로 보아야 할 것이다. 주자는 유교의 잃어버린 도통을 회복하고자 하였고 유교를 합리적인 철학체계로 완성하고자 하였다. 이 과정에서 그가 극복해야할 학문 상대는 불교였다. 불교는 자력종교로서 자기완성을 위하여 절대자에게 의존하지 않는다. 극단적으로 해석하면 부처와 경전마저도 완전함에 이르는 도구일 뿐이다. 마찬가지로 신유학에서도 유교를 자력종교로 해석하였다. 따라서 성왕과 같은 모범은 있으나 신개념은 등장하지 않는다. 수행은 있으나 수행의 목적이 되는 대상은 없다. 이점에서 예수회 선교사들의 유교경전의 유신론적 해석은 자력종교에서 타력종교로의 전회라고도 할 수 있다.

그런데 예수회 선교사들은 유교에서 계시종교의 근거를 찾기 위해 신유학을 극복해야 했다. 실제로 예수회 적응주의는 단순한 고경의 번역모델에서 시작하여 쁘레마르에 이르러 사서의 적응모델로 발전하여 문화적 맥락을 통한 해석에 도달한다. 이 과정에서 오히려 신유학을 극복하기보다는 신유학을 통하여 유교문화의 이해의 관점에 도달하게 되었다. 따라서 신의 유무의 문제를 다루기보다 종교적 경험과 문화에 대한 심층적인 접근을 나타냈다. 이점에서 쁘레마르의 신유학적 적응주의는 유교 종교성에 대한 심층적 이해를 가져왔다고

할 수 있다. 현대 종교학의 관점에서 바라보듯 종교적 경험의 의미를
더 이상 절대자의 체험에만 제한하지 않는다면 쁘레마르의 신유학적
적응주의는 교의적인 측면보다는 영성적인 측면에서 유교적 그리스
도교를 위한 새로운 출로를 열었다고 할 수 있다.

쁘레마르가 유학의 경서에 나타난 부정신학적 언급에 깊은 관심
을 보인 것은 교의적 적응주의에 머무르지 않고 영성적 적응주의 측
면을 깊이 고려한 것이라 할 수 있다. 실제로 쁘레마르는 중국의례와
문화에 깊은 관심을 보였고 앞선 선교사들과는 달리 그 본질적 의미
에 접근하고자 하였다. 예를 들어 목주木主는 돌아가셨을 때[死]에는
시신으로 그분을 상징하지만 장사한 후[亡]에는 목주로 조상을 상징
한다고 하였으며 목주로 후손이 끊어지지 않게 한다는 의미를 갖고
있다고 한 언급을 인용하였다.[66] 쁘레마르는 이렇듯 경서뿐만이 아
니라 생활문화에 대한 이해로 말미암아 실제적인 종교성에 다가갈
수가 있었다. 그는 주자를 비판하기보다 부분적으로 견해를 달리하
였고 주자의 의례에 대한 저작에 깊은 관심을 보였다. 이러한 문화적
관점은 실로 그리스도교가 유교문화 안에서 토착화하기 위한 전제라
고 할 수 있으며 의례적 관점에서 유교적 그리스도교로 나아가는 방
향을 분명히 하였다고 하겠다.

조선 서학에 나타난 유교경전에 대한 유신론적 해석은 내재적인
유교 종교성의 회복을 의미한다. 합리적 해석과 종교적 해석의 차이
는 경험과 인식의 경계와 대상의 차이이다. 도통道統을 회복한다는 의
미는 문화의 역사성을 회복하고 현존적 의미를 밝히는 작업이다. 동
일한 의미가 조선 서학에도 해당된다. 조선 서학은 당면하였던 조선
후기 예송논쟁에서 나타난 의례의 합리적 해석의 한계에서 윤리적
행위의 근거를 마련하기 위해 종교적 대상의 문제에 깊은 관심을 보

---

66) 馬若瑟, 『儒敎實義』, 52 木主 항목 참조.

였다고 할 수 있다.

　조선후기 예수회 선교사들의 저작을 통한 조선 유교와 그리스도교의 보유론적 만남은 이 땅에 종교 윤리적 삶에 지대한 영향을 미치게 되었다. 무엇보다 『중용』은 철학적 사유의 만남 가운데에서 형이상학과 인식론과 가치론에서 상이한 두 사유와 종교적 삶에 가교를 놓게 되었다. 광암은 『중용』에서 유신론적인 종교적 사유의 근거를 발견하고 유학자로서 천주교에 귀의하며 유학의 토착신학적 이해의 토대를 놓았으며, 다산은 광암의 영향으로 『중용』을 자신의 본원 유학적 경학사상을 꿸 실마리로 삼아 육경사서를 새롭게 주석하고 응용학을 저술하게 된다. 두 학자로부터 비롯된 유교의 새로운 종교적 이해는 전통적인 유교해석을 넘어 새로운 지평을 열어놓게 되었다. 이러한 해석은 독창적이라기보다는 서학과 밀접한 연관성을 갖고 있으며 실존적인 삶 속에서 구체화되었다는 데 큰 의미를 갖고 있다.

　유교종교성의 핵심은 귀신론에 있다고 해도 과언이 아니다. 전통적으로 귀신이 유교 의례의 대상으로 인식되어왔기 때문이다. 귀신에 대한 철학적 관심은 『논어』에 번지가 공자에게 지知에 대해서 묻자 공자가 "백성들의 도리에 힘쓰고 귀신을 공경하나 멀리하면 지혜로운 것이다."라고 한 데서 연유한다. 또한 『중용』 「귀신장」의 "귀신의 덕은 참으로 지극하다."는 언급이 중요한 철학적 주제가 되었다. 그런데 주자의 귀신론은 실제로 불교 윤회설에 대한 비판으로 제시된 것이었다. 사람이 죽으면 귀신이 되고 그 귀신이 다시 사람이 된다는 것이 주자가 파악한 불교 윤회설의 요지이다. 주자는 "지금 불교의 설은 군신지례君臣之禮를 어지럽히고 부자지친父子之親을 멸절하고 간사한 저주와 비열한 속임수로 온 세상 사람들을 꾀어 금수의 지경으로 몰아넣고 있다."[67]고 여겨 이를 바로잡지 않으면 안 된다고

---

67) 『朱子文集』, 卷七十九, 「建寧府崇安縣學田記」 況今浮屠氏之說, 亂君臣之禮, 絶父子之親 淫誣鄙詐, 以驅誘一世之人, 而納之于禽獸之域.

여겼다. 따라서 사회윤리를 회복하기 위해서 귀신의 진상을 알리는 것이 시급하였다. 주자가 논거로 삼은 텍스트가 바로 『중용』의 귀신장이다: "귀신의 덕은 참으로 지극하다! 보아도 보이지 않고 들어도 들리지 않지만, 사물의 체가 되는 데에 예외가 없다. 천하 사람들로 하여금 목욕재계하여 몸과 마음을 깨끗케 하고 단정한 옷을 입고 제사를 받게 하고, 사방에 가득하여 마치 위에 있는 듯 그 좌우에 있는 듯하다. 『시』에 이르기를 '신의 강림은 짐작할 수 없거늘 하물며 거역하리오!' 하였거니와, 이와 같이 은미한 이치는 드러나고 성誠은 은폐될 수 없는 것이다."68) 주자는 정자가 해석한 '천지의 공용功用으로서 조화의 자취'와 '이기의 양능'이라는 장재의 견해를 수용하여 이기론적으로 귀신을 해석하였다.69) 그러나 주자가 귀신을 단순히 기로 보아 음양합산과 굴신왕래만 한정해서 설명하지 않았다는 것이 '음과 양의 신령함'과 "기氣 그 자체 안에 신령스러운 무엇인가가 내재해 있다고도 말해야 할 것이다."70)라고 한데 나타나지만 이러한 생각이 그의 주된 합리적인 귀신이해는 아니었다. 이는 오히려 기의 신비한 작용이나 귀신에 대한 사람들의 종교적 심성의 발로를 염두해 둔 언급이라 할 수 있다.

　주자에게 나타나는 근대적인 형이상학적 사유는 리理라는 보편 실체이다. 리는 모든 존재의 근거이자 생성원리이다. 이점에서 리는 선험적이고 초월적이면서도 내재적이다. 리는 기를 통하여 발현된다.

---

68)『中庸章句』,「鬼神章」子曰,「鬼神之爲德, 其盛矣乎.」視之而弗見, 聽之而弗聞, 體物而不可遺. 使天下之人, 齊明盛服, 以承祭祀, 洋洋乎如在其上, 如在其左右。詩曰,「神之格思, 不可度思, 矧可射思」

69) 上同. 洪範「初一曰五行」易曰,「一陰一陽之謂道」皆推本天道言之. 陰陽五行, 氣化之實也. 鬼神卽以名其精氣, 爲品物流行之本, 故曰「體物而不可遺」, 未有能遺之以生者也. 古聖人因以祭祀事鬼神, 明乎天與人不相隔也.

70)『朱子語類』卷 3-8, 34.
　問:「鬼神便只是此氣否?」曰:「又是這氣裡面神靈相似.」燾.

따라서 사람이 죽으면 기가 흩어진다는 이치에 따라서 귀신의 작용이 나타나게 된다. 귀신은 바로 인간의 최종적인 물리적 생명현상이다. 여기서 주자는 개인의 생명현상을 이야기하는 것이 아니라 보편적 인간에 대해 말하고 있다. 주자는 리와 기의 원리적 사고에 의하여 존재현상을 파악하려 하였다. 인간에게 리와 기는 성性과 정情으로 유비적으로 존재하며 리는 도덕적 판단과 행위의 선험적 근거가 된다. 다시 말해 성에 도덕 형이상학이 자리한다.

그러나 다산의 관심은 존재의 보편적 원리에 있지 않다. 다산에게 중요한 것은 개인의 경험이다. 인간은 존재의 원리에 의해서 도덕적인 삶을 사는 것이 아니라 인간의 실존적 경험이 도덕적 삶을 이끈다. 이점에서 다산은 존재의 원리보다 실존적 경험을 우위에 둔다. 그러므로 귀신을 인간의 생명 현상으로 파악하기보다는 개인의 체험을 바탕을 둔 도덕적 판단의 근거로서 이해한다. "천지는 귀신의 공용이며 조화는 귀신이 남긴 발자취인데 오늘날 바로 발자취와 공용을 신이라 할 수 있겠는가? 이기는 음양이니 그림자는 음, 햇빛은 양이다. … 어떻게 이것에 양능이 있어 조화를 주장하고 천하의 사람들로 하여금 마음과 몸을 깨끗이 하여 제사를 받들게 할 수 있겠는가? 옛날 사람들은 진실한 마음을 가지고 하늘을 섬기고 진실한 마음을 가지고 신을 섬기면서 하나의 동정과 하나의 생각에도 돋아나는 싹이 진실한가 거짓된가, 순한가 악한가를 경계하여 '나날이 굽어보심이 여기 있다.'고 생각하였다. 홀로 삼가는 간절한 마음이 참으로 독실하여 천덕에 이를 수 있었다."[71]

---

71) 『中庸講義補』 鬼神之功用。造化者。鬼神之留跡。今直以跡與功用。謂之乎神可乎。二氣者陰陽也。日影爲陰。日光爲陽。 … 安有良能主張造化。使天下之人。齊明盛服。以承祭祀乎。古人實心事天。實心事神。一動一靜。一念之萌。或誠或僞。或善或惡。戒之曰日監在玆。故其戒愼恐懼愼獨之切眞切篤。實以達天德。

서구 문화의 유입과 더불어 동아시아 가치를 지탱해준 유교문화 전체가 흔들리는 것을 보면서 근대 유교적 지성은 개인의 유교적 신념을 더 이상 유지할 수가 없었을 것이다. 다산 역시 윤지충과 같이 목주가 신이 아님을 알고 있었다. 다산에게 목주는 단순한 나무가 아니라 효의 상징적 대상이었다. 목주를 불태우는 것은 나무를 태우는 것이 아니라 즉 사친의 근거이자 사천의 시작인 문화적 상징을 폐기하는 일대 혁명적 사건이었다. 그러나 문화의 혁명이 유학의 근본정신이 아니듯이 다산은 점진적인 개혁을 추구하는 온건한 지성이었다. 다산에게 천주교의 신앙은 유교와의 조화 안에서 가능하였다. 그러나 그러한 조화가 불가능할 때 다산은 천주교를 떠날 수밖에 없었다. 선교회의 전례논쟁 후에 일어난 천주교의 의례적 경직성이 불러온 화는 유교문화를 말살하려는 시도로 비쳐졌다. 다산은 이미 유교 안에서 의례의 경직성으로 인한 사화를 경험하였기에 천주교의 교리와 의례가 추구하는 배타적 입장을 받아들일 수 없었다. 사인私人으로 천주교를 믿을 수 있지만 공인公人으로서 천주교를 배교하고 배타적인 외래종교로부터 온건하고 수용적으로 유교문화를 수호하고 재건해야 할 과제를 스스로 안고 있었던 것이다.

이러한 관점에서 쁘레마르와 다산에게서 나타나는 유교 종교성의 회복에 대한 관심은 바로 오늘날 그리스도교 토착신학에 시사하는 바가 크다고 할 수 있다. 한국에서 연구되는 현대 신학의 사조는 전통적인 토착신학의 바탕위에 서 있지 않다. 번역된 철학과 마찬가지로 번역된 신학이 주를 이루고 있다. 이러한 연구는 모든 문화를 초월하는 보편성을 전제로 한 연구라고 할 수 있다. 그러나 신학이 공동체의 종교적 체험과 현실적인 삶을 바탕으로 하지 않을 때 공동체 안에서 실질적인 영향력을 발휘하기 힘들다. 이는 문화를 상실한 담론이 되기 때문이다.

이러한 자기 폐쇄성을 극복하는데 쁘레마르와 다산은 큰 의미를 갖고 있다. 쁘레마르는 외래적으로, 다산은 내재적으로 유교문화에 대한 종교적 의미를 심층적으로 다루었다. 토착신학은 이 두 관점을 모두 필요로 하고 있다. 앞에서 슈라이터가 언급한 가장 이상적인 토착신학의 형태가 맥락모델이라고 하였다. 맥락모델에 따르면 그리스도교가 뿌리내려 성장한 문화의 맥락을 토대로 신학적 성찰을 시작한다고 하였다. 그리스도교 뿌리내려 성장한 문화맥락을 이해하기 위해서 필요한 것이 바로 쁘레마르의 유교적 그리스도교와 다산의 유신론적 유교해석이다. 쁘레마르의 유교적 그리스도교는 적응주의의 귀결이고, 다산의 유신론적 유교해석은 천주교에 대한 대응으로 나타난 주체적 해석이다. 유교의 종교성에 기반한 토착신학의 길은 이 두 해석을 변증법적으로 종합하는 데서 열릴 것을 기대할 수 있다. 예를 들어 사회적으로 생명경시 현상을 접하며 그리스도교 안에서 생명에 대한 특별한 관심을 가지고 윤리신학적 접근을 진행하고 있다. 신앙인 누구나 생명의 존엄성은 인식하고 있지만 문화배경이 없는 순수한 이론적 접근은 공동체 안에서 어떤 해석이나 영향력을 끌어내기 어렵다. 오히려 유교문화적 배경 안에서 생명의 의미를 파악하고 여기에 근거하거 토착적인 윤리신학의 입장을 도출할 수 있다면 훨씬 설득력이 있는 이론 체계가 될 것이다. 이것이 우리에게 토착신학이 필요한 까닭이다. 이러한 토착신학적 차원에서 쁘레마르와 다산의 유교해석은 새롭게 평가 받아야 할 중요한 지성사적 유산이다.

참고문헌

『中庸』, 『道德經』,

利瑪竇, 『天主實義』

朴趾源, 『燕巖集』

愼後耼, 『遯窩西學辨』

李　瀷, 『星湖僿說』

丁若鏞, 『與猶堂全書』

朱　熹 『朱子語類』

艾儒略, 『萬物眞原』

馬若瑟, 『儒家實義』鄭安德 編輯, 北京大學宗敎硏究所, 北京, 2000.

李祖白, 『天學傳槪』

Thomas Aqunas(1981), *Summa theologica*, trans. by Father of the English
　　Dominican Province, Benzinger Brothers, Inc.

David E. Mungello(1989), *Curious Land*, University of Hawaii Press.

강재언 외(1990), 『茶山學의 探究』, 민음사.

로버트 슈라이터, 『신학의 토착화』, 황애경 옮김(1985), 가톨릭출판사.

빌헬름 바이세델, 『철학자들의 신』, 최상욱 옮김(2003), 동문선.

마테오 리치, 『천주실의』, 송영배 외 옮김(2007(1999)), 서울대학교.

徐宗澤(1958), 『明淸間耶蘇會士譯著提要』, 中華書局, 臺灣.

李新德(2005), 『從西僧到西儒』, 上海師範大學學報.

김기협(1994), 「예수회 선교의 적응주의 노선과 중국·일본의 서학」, 『역사비평』
　　여름호.

심백섭(2004), 「알렉산드로 발리냐노와 적응주의 선교방침」, 『종교와 문화』.

유승상(2011), 「예수회 중국 활동의 선구적 성과인 『천주성교실록』에 대한 초
　　보적 연구」, 『신학과 철학』 18호.

Knud Lundbaek(1979), "This first Translation from a Confucian Classic in
　　Europe", *China Mission Studies* (1550-1800) Bulletin1.

Otto Franke(1937), "Li Tschi und Matteo Ricci," *Abhandlungen der preussischen
　　Akademie der Wissenschaften* (Berlin) philosophisch-historische Klasse nr. 10,

吳昶興, 明末福建宣敎的開山鼻祖-艾儒略(Giulio Aleni, 1582-1649) 及其傳敎
　　策略之硏究, http://120.102.246.2/bulletin2005/1-3.pdf.

David E. Mungello(1976), "The Reconciliation of Neo-Confucianism with
　　Christianity in the writings of Joseph de Prémare, S.J.", *Philosophy East &
　　West* 26.

라이프니츠의 신,
정약용의 상제

김 선 희 | 이화여자대학교 인문과학원 HK연구교수

1. 동서양의 보편학자

학문적 관심의 범위와 집필한 원고의 양만으로 본다면 '보편학자 (Universalgelehrte)'라는 별칭은 라이프니츠Gottfried Wilhelm Leibniz(1646~1716)에 게뿐 아니라 다산 정약용丁若鏞(1762~1836)에게도 어울린다. 라이프니츠 는 철학과 수학뿐만 아니라 평생에 정치, 종교, 법률, 경제, 수학, 의 학, 언어학, 지리학 등 수많은 범위에 관심을 두고 연구한 박학博學의 학자였고 수많은 사람들과 학술 서신을 교환한 열정적인 학자였다.[1] 학문의 양과 범위로 본다면 다산도 라이프니츠 못지않다. 다산 역시 전통적인 경학과 경세학뿐 아니라 경제, 법률, 예술, 의학 등 수많은 분야를 연구했다. 그가 남긴 오백 여권의 저술들은 말할 것도 없고 서간들과 증언첩 등은 다산이 가능한 학술 교류를 통해 목소리를 줄 이지 않았던 열정적 학자였음을 증거한다.

라이프니츠와 다산은 다른 시대에 살았고, 다른 학문적 배경에서 각자의 문제의식에 따라 나름의 철학적 주제를 연구했다. 그러므로 멀리 있는 이들을 한자리에 놓고 바라보려는 시도는 멀고 먼 우회의 길이거나 희미한 궤적의 길이 될 가능성이 있다. 그러나 이들은 낯선 외래의 사유에 능동적으로 반응했고, 이 외래의 사유와 세계관을 자 기 철학의 핵심적인 문제와 연결하는 창조적 변용을 시도했다는 점 에 중요한 공통분모가 있다. 그들은 자기 지적 전통에 깊이 뿌리내리 고 그 위에서 독특한 철학적 문제와 씨름했지만 낯선 '타자'를 진지

---

1) 라이프니츠의 경우 라이프니츠 문서보관소(Leibniz Archiv)에는 현재 200,000 여 장의 필사본이 보관되어 있다고 하며 여전히 공개되지 않은 편지 역시 천여 통이 넘는다고 한다.

한 태도로 바라보면서 이를 자기 철학에 끌어들이는 모험을 시도했
던 것이다. 이 논문은 이러한 두 사람의 시도를 여러 참조점을 통해
조망하고 고찰해 보고자 하는 것이다.

지금까지 이들의 타자에 대한 도전과 변용은 다양한 각도와 태도
로 연구되어 왔다. 라이프니츠와 중국 철학과의 관계는 라이프니츠
연구의 전체 맥락에서 볼 때는 지엽적으로 다루어질 뿐이지만2) 여러
연구자들이 참여한 독립적인 연구 주제이기도 하다.3) 현재까지 이런
일련의 연구들을 통해 라이프니츠의 신유학 이해를 비롯해 다양한
중국 관련 연구가 공개되고 평가되고 왔다.

그런데 흥미로운 것은 이런 연구들 가운데 일정한 경향으로 라이
프니츠 철학, 특히 『모나드론』과 『형이상학 논고』 등 만년의 사상에
대한 중국 철학의 영향을 부정하는 연구들이 나온다는 점이다.4) 여

---

2) 일반적인 라이프니츠 연구서나 철학적 평전들은 중국 철학과의 관계 문제를
   다루지 않는다.
3) 먼젤로는 라이프니츠와 중국 철학의 관계를 다룬 저술을 출판했고 다수의
   관련 논문을 내놓았다. David E. Mungello(1977), *Leibniz and Confucianism:the
   search for accord*, Honolulu, University Press of Hawaii. (1971), "Leibniz's
   interpretation of Neo-Confucianism", *Philosophy East and West*, Vol.21. (1980),
   "Malebranche and Chinese Philosophy", *Journal of the History of Ideas*, Vol.41,
   1980. 중국에 관련된 라이프니츠의 저술 역시 두 종류로 영역되었다.
   Williard G., Ching, Julia & Oxtoby. tras(1992), *Moral Enlightenment. Leibniz and
   Wolff on China*, Steyler Verlag.(1994), Gottfried Wilhelm Leibniz, Daniel J. Cook
   and Henry Rosemont, Jr. tras. *Writings on China*, Open Court. 그 밖의 연구자들
   이 라이프니츠와 중국 철학에 관한 연구를 내놓았다. Donald F. Lach(1945),
   "Leibniz and China", *Journal of the History of Ideas*, Vol.6 등. 유럽에 대한 중국
   사상의 영향을 다루는 연구들에서도 라이프니츠와 중국 철학의 관계를 기
   본적으로 다룬다. Mungello, David E(1985), *Curious Land: Jesuit Accommodation
   and the Origins of Sinology*, Stuttgart. GmbH. 주겸지(2003), 『중국이 만든 유럽
   의 근대』, 전홍석 역, 청계.
4) 가장 대표적인 것이 중국 관련 저술들을 영역한 쿡과 로즈몽이다. 쿡과 로즈
   몽은 라이프니츠 철학이 신유학의 영향을 받았다는 학자들의 주장을 검토하
   면서 이를 부정하고자 한다. Daniel J. Cook and Henry Rosemont, Jr(1981), "The

러 연구들이 라이프니츠와 화엄 철학, 신유학의 이기론理氣論 간의 상
당한 유사성을 발견하고도 이를 모종의 '영향'으로 읽지 않고자 주의
를 기울이고 있다. 대단히 유사하기는 하지만 '영향을 받을 정도로
중국 철학에 대해 상세하게 알지 못했다.'[5]는 것이다. 라이프니츠와

Pre-Established Harmony between Leibniz and Chinese Thought", *Journal of the
History of Ideas*, Vol.42, No. 2. 국내에도 라이프니츠가 중국 철학의 영향을 받
았다는 주장을 비판적으로 검토하는 연구가 있다. 안종수(2006), 「라이프니
츠와 유학」, 『철학연구』 97집. 라이프니츠의 철학을 '유기체 철학(philisophy
of organism)'으로 포착하고 이를 신유학과의 연관 관계 속에서 설명하고자
하는 니담의 주장은 많은 연구자들의 동의를 얻기도 했지만 그만큼 많이 거
부되기도 했다. 쿡과 로즈몽은 라이프니츠가 '중국에 대해 지속적으로 관심
을 가졌고 그의 형이상학에 서양에 있어서 새로운 내용들이 다수 포함되어
있었으며, 그의 형이상학의 적소들에 신유학의 사변 철학과의 공통점이 포
함되어 있음'을 인정하면서도 후기 철학에 신유학의 영향이 없었다고 주장
한다. 이들은 신유학이 라이프니츠 만년의 철학적 체계의 발전에 영향을 끼
쳤다는 직접적인 증거가 없다는 점을 강조하며 모나드론에 신유학의 영향이
있다는 니담의 주장이 단지 정황적 증거(circumstantial evidence)'에 기초할 뿐
이라고 일축한다. Daniel J. Cook and Henry Rosemont, Jr. Ibid. p.255. 이들은 또
한 연대의 문제를 들기도 한다. 중국에 관한 언급이 나오는 초기에 그의 관
심사는 형이상학이 아니었으며 의학이나 보편문자에 관한 것이었다는 것이
다. 중국에 관해 많은 정보를 얻었을 것으로 추정되는 파리 체류 시기
(1672~1676)에 라이프니츠가 이를 지지할 어떤 문헌적 증거도 남기지 않았
다는 식이다. 그들은 결론적으로 이 두 체계의 유사성이 일종의 예정 조화
로, 실질적 연관 관계 없이 나온 것이라고 주장한다. 중국의 사유가 양적으
로 질적으로 라이프니츠에게 관심을 끌었고 인상을 남겼지만 그의 후기 철
학적 체계에 영향을 미쳤다는 직접적인 증거는 없다고 결론짓는다(p.256).
그러나 이런 주장에는 일정한 한계가 있다. 예를 들어 라이프니츠가 모나드
론을 쓰기 전에는 신유학에 대해 몰랐거나 관심이 없었다는 주장도 납득하
기 어렵다. 라이프니츠는 대단히 오랜 세월에 걸쳐 중국에 관한 정보를 수집
하면서 선별적으로 관심을 이동시켰지만 특정 시기에 특정 이론에 관심 있
다 해서 오직 그 정보만 수용한다고 보기 어렵다. 또한 사상가에게 있어 접
촉의 시기와 표출의 시기가 언제나 일치하는 것은 아니다. 표출의 방식이 영
향 관계를 결정하는 것은 더더욱 아니다. 바로 이 점에서 라이프니츠에 대한
연구 풍토는 다산에게 그대로 겹쳐진다.

5) 안종수, 앞의 논문, 125쪽.

중국 철학을 분리하고자 하는 이런 연구가 하나의 경향으로 나타난 다는 점은 여전히 유럽의 시각에서 중국 철학이 어떻게 비추어 지고, 어떤 거리로 파악되는지 잘 드러내준다고 생각된다. 다산에 있어서 도 동일한 상황이 재현된다.

다산 역시 서학의 '영향'에 관한 지루한 논쟁이 반복되는 문제의 철학자다. 수많은 연구자가 '서학과의 연관성'을 검토했지만 대체적 인 주장은 그 영향은 젊은 시절의 호기심에 불과하며, 유사한 점도 있으나 더 중요한 것은 유학 내의 전통에서 얼마든지 그러한 사유의 연원을 추적할 수 있다는 것이다.[6] 두 철학자 안에서 분명하게 확인 가능한 진지한 탐구와 스스로 표출한 유사성을 왜 '영향'이라는 말로 읽을 수 없는 것일까? 이 저항과 거부가 단순히 학문적 문제인지 혹 은 모종의 심리적 저항의 학문적 표출인지 판가름하기 애매하다. 그 럼에도 이러한 제한적 평가는 연구자들에게 두 세계의 철학을 외부 사유와의 소통이나 영향 없이 독자적으로 발생하고 유지되어 온 독 립적 체계로 보며 각각의 순수성을 지키려는 경향이 있음을 암묵적 으로 보여준다고 생각한다. 그러나 사실 어떤 연구자들이 확정적으 로 인정하거나 혹은 부정하려는 '영향'은 철저히 물리적인 성격이거 나 혹은 자기 고백과 같은 선언적 사건 이후에나 결정될 수 있는 것 인지도 모른다.

사상 안에서의 '영향'이란 화학적인 변용의 결과이며 자기 사유를 통한 조명의 결과이지 결코 외래 사유가 이들에게 없는 것을 '형성' 해내는 과정일 리 없다. 외래 사유의 영향을 제한하고자 하는 이런 식의 관점은 '영향'을 복제나 이식 정도의 강한 개념으로 받아들일 때 가능한 논지일 것이다. 사실 라이프니츠에 대한 중국 철학의 '영

---

6) 가장 많이 논의되는 것이 다산의 상제관이다. 서학의 영향이 섞인 바가 있지 만 조선 유학의 전통 내에 이미 그런 경향이 있었다는 것이 여러 연구자들 이 동의하는 바이다.

향'은 이미 그의 관심 단계에 성립하는 사건이다. 이는 다산도 마찬가지다. 철학자로서 자기 사유에 도움이 되지 않는다면 왜 낯선 외래의, 그것도 여전히 관계가 모호한 이교도의 사유에 관심을 두는가? 자신의 사상적 발전에 어떤 계발을 줄 수 없다면 평생에 걸쳐 다양한 방면으로 연구하는 것이 가능할까? '영향'이 하나의 사유를 복제하거나 그대로 이식하는 것을 의미하지 않는 한 그들이 이미 관심을 가졌다는 사실 자체만으로도 '영향'은 그 어떤 문헌 증거나 연대기적 추적을 넘어서는 강력한 증거가 될 수 있다.7)

사상과 철학에 있어서의 '영향'은 생각보다 더 복잡하고 모호한 현상이다. '관심'은 '강도'의 문제지 객관적으로 분류되거나 개별 단위로 분석할 수 없다. 철학자들은 여러 철학적 전통과 담론들을 검토하면서 이를 의식적으로 계승하고 비판하기도 하지만 의식적으로 또 무의식적으로 자기 철학 안으로 들여와 변용하기도 한다. 이 변용의 과정을 분명하고 표면적인 증거만을 요구하는 '영향' 문제로 포착하고자 하는 시도는 학문 간의 소통을 처음부터 제한하고 각자 자기 전통의 순수성을 지키고자 하는 강박적 태도의 산물일 수 있다.

물론 라이프니츠도 다산도 외래 사유를 그대로 자기 철학에 이식하지 않았다. 적극적인 태도로 세부적 이론까지 검토했고 어떤 부분을 내면화했으며 어떤 부분을 의식적으로 조작했을 것이다. 이 복잡

---

7) 외래 사유를 그대로 전달하거나 표현하기보다 자기 철학적 전통 내에서 검증하고 정당화하려는 태도는 대단히 자연스럽다. 이는 라이프니츠도 다산도 마찬가지다. 이들은 모호하거나 미완성인 자기 사유를 발전시키는 과정에서 낯선 사유에 자극을 받았고 이를 자기 전통에 비추어 보았을 것이다. 직접적 영향을 준 것도 아니겠지만 그런 전통이 본래 내부에 있었다는 것도 답이 될 수 없다. 왜 하필 그 때, 그 맥락에서 이미 지나간 그 사유를 다시 끌어내는지 설명할 수 없기 때문이다. 이들이 상호 참조의 과정을 '영향'이라는 지나치게 고밀도의 단어를 통해 검증하고 구별해내려는 시도는 두 세계의 소통 가능성과 미래로 열린 대화 가능성을 제한할 수 있다는 점에 유의해야 할 것이다.

하고 미묘한 사상적 전개의 과정을 문헌 연구나 분석만으로 포착하
는 것은 대단히 어려운 문제다. 이들은 자기 사상의 뿌리에서 이미
모종의 싹과 가능성을 키워나가고 있었을 것이고 이를 더욱 발전시
키는 과정에서 외래의 사유로부터 어떤 지적 계발과 자극을 받았다
고 보아야 한다. 이 지적 '계발'과 '자극'을 영향으로 부르지 못할 이
유가 없다. 마치 두 세계가 닫힌 것처럼 서로에서 타자의 그림자를
억지로 지우거나 혹은 이들의 의도와 의식적으로 표출한 결론을 넘
어서 과잉적으로 연결하려는 태도는 학문 간의 소통과 대화를 막을
수 있다. 각자 자기 철학의 전통의 내적 완결성을 확보하기 위해 외
래 사유와 소통하고자 했던, 그러나 진지하게 검토하고 창조적으로
변용했던 이들의 의지와 개방적 태도를 애써 감추거나 지우려는 것
은 아닌지 반성이 필요한 지점이다.

2. 라이프니츠의 신과 세계

1) 자연 신학을 위하여

예수회의 중국 활동에 따른 보고[8]가 유럽에 전해졌을 때 중국의
철학과 종교에 대한 유럽의 일반적인 반응은 '세계의 통치자인 기독
교의 신 관념에 대응할 만한 것을 발견할 수 없는 유물론이자 무신

---

8) 중국에 다녀갔던 예수회원 쿠플레(Phillipe Couplet)가 1687년에 유럽에서 편
집하여 출판한 『중국의 철학자 공자(*Confucius Sinarum Philosophus*)』(1687)는
중국의 학문적 전통을 유럽에 소개하는 역할을 했다. 이 책은 고대 유학부터
송대 신유학까지 정리되어 있기 때문에 당대 유럽 학자들의 큰 주목을 받았
다. 또한 롱고바르디는 1703년에 『중국인의 종교(*Traitè sur quelques points de
la religion des chinois*)』를 출판했으며 생트 마리는 1701년에 『중국의 선교
(*Traitè sur quelques points importans de la mission de la chine*)』를 출판했다.

론 또는 우상숭배'9)라는 것이었다. 당시 유럽 지식인들에게 중국은 자신들이 부딪친 종교적, 철학적 문제 앞에 나타난, 희망과 불안이 투영된 일종의 거울이자 또 다른 자아였을 것이다.10) 라이프니츠나 크리스찬 볼프Christian Wolff(1679~1754), 케네Francois Quesnay(1694~1774)나 볼테르Voltaire(1694~1778) 같은 계몽주의자들이 중국으로부터 희망을 보았다면 이들을 반대하고 검열하며 비판했던 이들은 불안을 보았을 것이다.

'다른 동시대 서구 철학자들과 달리, 말브랑슈Nicolas Malebranche(1638~1715), 라이프니츠, 볼프는 중국 사상을 "철학"으로 중국 사상가들을 "철학자"로 부르기를 주저하지 않았다.'11) 라이프니츠, 볼프, 말브랑슈 등 유럽에 전해진 제한된 중국 철학의 정보만으로 중국 철학과의 대화를 시도한 이들은 사실상 중국 철학 자체를 연구하고자 했던 것이 아니라 자신들의 철학적 관심을 외래의 사유에 투영한 것이라고 할 수 있다. 이처럼 두 세계의 대화 가능성을 믿고 이론적으로 이를 규명하려는 시도 가운데 라이프니츠만큼 균형 잡힌 시각과 태도를 보여준 이가 없다는 점은 모두 동의할 것이다.12) 중국 사회와 학문에

---

9) Albert Ribas "Leibniz' "Discourse on the Natural Theology of the Chinese" and the Leibniz−Clarke Controversy", *Philosophy East and West*, Vol.53, No.1, p.66.

10) 예수회가 전달한 중국 철학은 당시 유럽 사회에 상당한 관심을 불러 일으켰다. 이 과정에서 타자에 대한 시선 차이는 일종의 논쟁으로 나타난다. 이 논쟁은 사실 타자를 어떻게 이해할 것인가의 문제라기보다는 유럽 내부의 사상적 균열들이 타자의 등장으로 표현화된 것으로 보아야 한다. 예를 들어 상제를 기독교적 신과 동일한 것으로 보면 기독교적 계시가 무의미해질 것이다. 또한 중국 사회가 무신론적이었음에도 정치적, 도덕적 성숙을 이루었다는 평가는 종교로부터 벗어나고자 하는 프랑스의 자유주의자들이나 영국의 이신론자들에게 좋은 근거 역할을 할 것이다.

11) Young Ahn Kang(2009), 「European Philosophers of the 17th and 18th Centuries on Chinese Natural Theology :A Case of Philosophical Dialogue」, 『철학논집』 19집, 9쪽.

12) 라이프니츠는 중국 이론에 대한 일방적 해석의 한계를 다음과 같이 지적한다. "우리가 가장 오래된 중국 이론을 우리와 친숙한 스콜라적 개념들과 일

대한 그의 태도는 단순한 애호 차원이 아니라 열정에 가까웠고 그 열
정은 화해와 조화라는 그의 사상적 목표를 위해 쓰였다.

중국과 중국철학에 대한 그의 연구는 보편문자(characteristica universalis)
에 관심을 가졌던 십대 시절부터 죽기 직전까지 평생 지속될 만큼 핵
심적인 문제였다.13) 이는 중국 철학의 이해가 특별하거나 예외적인
것이 아니라 그의 철학 안에서 중요한 주제라는 점을 보여준다. 라이
프니츠는 그의 철학 전체를 관통하는 한 축으로 중국과 중국 철학에
대한 관심을 세워두었던 것이다. 잘 알려져 있듯 그는 보편적 이성을
믿었고 기계론적 세계관이 붕괴시킬 수도 있는 자연 신학의 가치와
의의를 믿었으며 이성에 기초한 온 세계의 일치와 조화를 믿는 화해
의 철학자였다.14)

그는 동시대 다른 학자들과 달리 보편적 이성에 중국적 사유를 포
함시켰고 기계론과 다른 유기체 철학의 가능성과 자연 신학의 의의
를 신유학에서 발견하였으며 이를 자기 철학 안에 통합시켜 동시대
유럽인들을 설득시키고자 했다. 이는 누구도 시도한 적 없는 거대한
철학적 기획이었다. 제한된 정보를 통해 접한 중국을 찬양하거나 비
판하는 것은 당대 지식인들의 일반적인 모습이지만15) 자신의 전체

치하지 않는 것처럼 보인다는 단 한 가지 이유만으로 정죄하고자 한다면,
그것은 대단히 경솔하고도 오만한 태도라 할 수 있습니다. 그리고 하늘이
무너지지 않는 한 (중국 고전의) 교설은 결코 사라지지 않을 것입니다. 그
러므로 이 교설에 대해 적절한 의미를 부여할 수 있는지를 따져보는 것이
합리적입니다." 라이프니츠, 이동희 역(2003), 『라이프니츠가 만난 중국』 이
학사, 89쪽.

13) 먼젤로는 중국에 대한 라이프니츠의 관심을 네 단계로 나눈다. David E.
Mungello(1977), *Leibniz and Confucianism*, University Press of Hawaii, p.41. 그의
사상에서 중국과 중국 철학에 대한 관심은 평생에 걸쳐 보편문자부터 중국
의학, 신유학에 이르기까지 다양한 궤적으로 나타났다.

14) 먼젤로는 라이프니츠와 유학에 관한 자신의 저서에 'the search for accord'라는
부제를 붙인다. 동서 문명의 조화와 일치를 그의 중국 연구의 핵심적 목표로
보는 것이다.

철학의 이념과 맞추어 이론적으로 심화했던 학자는 라이프니츠 한 사람뿐이었다.

중국이라는 타자의 등장은 이들에게 유럽의 지적 전통이 축적해 온 내적 균열과 분화의 실질적 의미와 양상을 확인시켜주는 계기가 되었다. 그런 맥락에서 중국 철학은 유럽인들의 '문제의식'에 연결되어 있다고 할 수 있다. 라이프니츠 역시 마찬가지다. '중국'은 라이프니츠가 자신의 철학적 이념을 일관되게 펼쳐나가는 과정에서 만난 새로운 사상적 세계였을 것이다. 자기 철학의 정당성과 의의를 지원하고 확인시켜 줄 외부의 근거라고도 말할 수 있을 것이다. 「중국인의 자연신학론」 역시 라이프니츠가 형성해 온 문제의식 중 하나와 직접적으로 연결되어 있다. 바로 '자연 신학'에 관한 문제다.

「중국인의 자연신학론(Discourse on the Natural Theology of the Chinese)」은 '중국 문제에 관해 수십 년간 그가 기울여온 관심의 정점(culmination)'[16]으로 평가받는다. 이 저술의 목적은 중국에 기독교의 자연 종교 또는 자연 신학과 비교될 만한 교리와 자연 신학이 존재한다는 점을 증명하는 것이었다. 라이프니츠가 「중국인의 자연신학론」 즉 르몽Nicholas de Remond에게 보내는 편지를 썼던 시기[17]는 클라크Clarke와 편지를 교환하며 논쟁했던 시기(1715~1716)와 겹친다.[18] 이 편지 작성과 교환은

---

15) 볼테르, 말브랑슈, 베일 그리고 라이프니츠의 제자였던 볼프가 중국 철학을 논한 바 있고 이들로 인해 여러 사람들이 관련 주제에 관심을 갖게 되었지만 이들의 중국 철학에 대한 접근은 일회적이거나 특별한 경우에 해당한다. 대부분의 사람들은 유럽에서 벌어지고 있는 전례논쟁과 예수회에 대한 옹호와 공격에 대한 호기심 정도였을 것으로 보인다.

16) Albert Ribas "Leibniz' "Discourse on the Natural Theology of the Chinese" and the Leibniz-Clarke Controversy", *Philosophy East and West*, Vol. 53, No. 1., p.66.

17) 「중국인의 자연신학론」은 1715년 11월부터 1716년 3월 사이에 완성된 것으로 추정된다. Ibid., p.64.

18) Ibid. p.64. 빌헬름 라이프니츠, 배선복 역(2005), 『라이프니츠와 클라크의 편지』, 철학과 현실사, 37쪽.

1716년 11월 라이프니츠가 사망하기 직전까지 이루어졌다. 따라서 라이프니츠는 자기 생의 마지막 몇 달간 클라크와의 논쟁을 통해 뉴턴주의자들의 기계론을 거부하는 문제와 「중국인의 자연신학론」을 통해 중국 철학에 대한 긍정적 이해를 세우는 문제에 몰두했다고 할 수 있다.

라이프니츠의 이 마지막 논쟁들을 관통하는 공통적인 주제가 바로 '자연 종교-자연 신학' 문제다. 이 편지 논쟁 자체는 '18세기 뉴턴의 수학 철학과 라이프니츠의 형이상학적 철학의 최종 결투'19)라고 평가받는다. 이 편지들은 미적분이나 공간 논쟁과 관련된 수학-과학적 논쟁을 담고 있지만 그 출발의 배경과 철학적 목표는 첫 편지에 명확하다. 클라크와의 논쟁에서 라이프니츠는 서두부터 '자연 종교 자체의 몰락(Natural religion itself, seems to decay very much)'20)을 염려한다. 라이프니츠는 뉴턴으로 대표되는 기계론적 세계관에 거리를 두고 이로부터 자연 종교-자연 신학을 구해내고자 했던 것이다.21)

뉴턴에 따르면 세계는 시계와 같아서 전능한 신이 수시로 시계를 감아야 하는, 신의 간섭에 의해 유지되는 세계다.

> 이 신사들(뉴턴과 그 후계자들)에 따르면 신이 창조한 기계는 아주 불완전합니다. 그래서 시계 제조업자가 자기의 제작품을 고치듯, 이따금 비범한 간섭에 의해 그것을 수선하고 개선해야 한다는 것입니다.22)

그러나 시계 수리공으로 세계에 개입하는 신을 라이프니츠는 인

---

19) 빌헬름 라이프니츠, 앞의 책, 36쪽.
20) Ibid. p.64.
21) 「중국인의 자연신학론」은 클라크와의 토론에서 모종의 역할을 한 것으로 여겨진다. Ibid. p.64.
22) 빌헬름 라이프니츠, 37쪽.

정할 수 없었다. 라이프니츠는 이런 식으로 제작자가 세계의 불완전을 개선하고 조정하기를 강요받는다면 그 강요가 반복될수록 제작자는 결국 기계와 같이 점점 재주가 모자란 장인이 될 것이라고 비판한다.[23] 이와 달리 라이프니츠는 예정 조화로 움직이는 영구적인 세계를 제안한다. 세계는 항상 동일한 힘과 활동이 있으며 이들은 자연의 법칙에 일치하게 아름다운 예정 조화의 질서에 따라 움직인다.[24] 라이프니츠가 꿈꾸는 세계는 예정조화에 따라 모든 것이 유기적으로 작동하면서 영구적인 질서와 화해가 이루어지는 곳이었다.

　라이프니츠에게 자연 종교-자연 신학은 이런 예정 조화의 세계를 구축하는 데 반드시 필수적으로 요청되는 종교와 철학의 중요한 토대였다. 그리고 그는 이 자연 종교-자연 신학의 가능성을 낯선 타자에게서 발견한다. 라이프니츠는 신과 피조물 사이의 적정한 거리와 관계를 회복하기 위해 뉴턴주의자들 논파하는 한편 중국에서 자연 신학의 가능성을 모색하고자 한다. 라이프니츠는 기계론 등의 등장으로 인한 자연 신학의 약화를 걱정하며 자연 신학의 가능성과 의의를 멀리 있는 타자의 사유와 세계관을 통해 간접적으로 재구성하고자 했던 것으로 보인다.[25] 자연 신학의 가능성과 의의를 보편적 차원에서 추구하고자 했기 때문일 것이다. 중국의 자연 신학에 대한 강조는 당시의 학적 분위기와 사조에 대한 라이프니츠의 적극적인 개입이자 새로운 통합의 노력 중 일부라고 할 수 있다.

---

23) 앞의 책, 50쪽.
24) 앞의 책, 50쪽.
25) 라이프니츠는 「중국인의 자연신학론」의 앞부분에서 '세계에 있어서의 신의 역할(the conception of God's role in the World)'에 관한 문제를 다룬다.

2) 라이프니츠의 리理와 신神

잘 알려진 대로 라이프니츠가 「중국인의 자연신학론」을 저술하기 위해 중국 철학에 관한 정보를 얻는 것은 예수회 소속의 롱고바르디 Niccolo Longobardi(1556~1654)[26]의 책[27]과 프란치스코회 소속의 생트 마리 Antonio de Sainte-Marie de Caballero(1602~1669)[28]의 책[29]이었다. 마테오 리치와 함께 중국에서 활동했다 귀국한 롱고바르디는 자신의 보고서에서 중국인의 말을 다음과 같이 전한다. "당신들의 신이 우리의 상제라면 상제가 어떠한 존재인가를 우리에게 설명할 필요가 없습니다. 상제가 어떠한가는 당신들보다 우리가 더 잘 알고 있기 때문입니다."[30] 이 말은 중국에서 예수회가 부딪힌 전교 어려움을 잘 보여준다.

롱고바르디는 마테오 리치가 제안한 것처럼 기독교의 신 데우스

---

26) 롱고바르디는 이탈리아 출신 예수회 신부로 중국 이름은 용화민(龍華民)이다. 그는 1597년 마카오에 도착한 이후 소주(韶洲) 등지에서 전교 활동을 했으며 마테오 리치와 달리 대중적인 방법으로 수백 여 명의 개종자를 얻었다고 한다. 1610년 리치가 죽자 그를 이어 중국 관구장의 직책을 맡았다. 方豪(1988), 『中國天主敎史人物傳』 1권, 중화서국, pp.96~98.

27) 1703년에 출판된 『중국인의 종교(Traité sur quelques points de la religion des chinois)』다.

28) 생트 마리 카발레로는 프란치스코회 소속으로 1633년 중국에 들어왔으며 중국명은 리안당(利安當)이다. 그는 1664년에 『정학유석(正學鏐石)』을 출판함으로써, 마테오 리치와 예수회의 적응주의적 전략을 적극적으로 비판했던 전례 논쟁의 핵심 인물 중 하나였다. 또한 그는 예수회 소속 알레니과 같은 복건 지역에서 활동했는데 알레니의 전교 활동에 대해서도 비판적이었다고 한다. 『천유인(天儒印)』 등의 저서를 남겼다. 「天儒印解題」, 『明末淸初耶蘇會思想史彙編』 제2권, p.111. 참조.

29) 1701년에 출판된 『중국의 선교(Traité sur quelques points importans de la mission de la chine)』다.

30) Nicolo Longobardi "Traité surquelques points de la Religion des Chinois," 福島仁 譯(1988), 「『中国人の宗教の諸問題』訳注」(上), 『名古屋大学文学部研究論集』 CII, 哲学34, 14쪽.

Deus를 중국 고유의 존재인 '상제'로 불러서는 안 된다고 주장한 것으로 유명하다. 그는 "중국인들이 그들의 상제를 인격적이고 유일하며 전지전능한 창조자로 받아들이지 않으며 대신 우주 만물에 질서와 생명을 부여하는 무명의 힘으로 이해한다."[31]고 결론내린다. 롱고바르디는 상제가 아니라 태극−리로 세계를 이해한다는 사실을 다음과 같이 전한다.

> (중국 고대 경전에는) 상제라는 하나의 지고의 왕이 하늘의 궁전에서 세계를 지배하고 선한 사람을 상주고 악인을 벌한다고 한다. 그러나 이 부분을 서술하는 데 있어 주석가들(신유학자)은 상제를 모두 천天 또는 리理라고 부르는 우주의 실체와 본성으로 돌리고 있다. (중략) 이 교도(신유학)의 학설에 따르면 상제는 천 그 자체이거나 천의 덕 또는 천의 능력이고 따라서 천보다 먼저 존재하는 것이 아니라 단지 천이 존재한 것과 동시에 또는 천이 존재하게 된 후에 존재할 수 있는 것이라고 단언한다.[32]

롱고바르디는 당대의 중국인들이 의인화된 존재인 상제가 아니라 리−태극으로 세계를 이해한다는 사실과 리의 본질이 무엇인지 비교적 정확하게 파악한다. 그는 '(신유학에서는) 다른 모든 사물 보다 앞서 타자의 원리가 되는 기원인 하나의 원리가 존재해야 할 필요가 있다고 확신해 왔다. 중국인은 그 원리를 리理 즉 "도리 또는 전 자연의 근거"라고 이름 붙였다. 그들은 그 원리가 무한하고 불변하며 시작도 끝도 없는 하나의 실체라고 이해해 왔다.'[33]고 전한다. 롱고바르디의 이러한 설명은 '인격성'을 제외하고는 기독교 신의 본질과 거의 일치하는 것이었다. 그럼에도 그는 리에서 신의 속성을 보고자 하지 않는

---

31) J. Gernet, 앞의 책, p.30.
32) 福島仁 譯, 앞의 논문, 11~15쪽.
33) 福島仁 譯, 앞의 논문, 19쪽.

다. 그의 최종적인 결론은 '태극이 유출하는 리라는 제1 질료는 "공空", "허虛", "도道", "무無", "무극無極"이라고도 불리며 고요히 멈추어 있고 본래 눈에 보이지 않아 감각하기 어렵고 지각도 활동도 없는 결국 모종의 순수한 능력'[34]이라는 것이다.[35]

사실 태극을 제1 질료로 파악한 것은 마테오 리치가 먼저였다.

> 태극 이론은 새로운 것으로 50년 전에 만들어진 것입니다.[36] 그것을 주의 깊게 검토해보면 어떤 점에 있어서는 신에 관해서 보다 정확한 개념을 가지고 있었던 중국 고대의 현자들과 모순됩니다. 그들의 말에 따르면 태극은 우리 철학자들이 제일 질료(prime matter)라고 부르는 것에 지나지 않습니다. 이것은 결코 실재(entity)가 아니기 때문입니다. 그들은 더욱이 그것이 하나가 아니며 동시에 모든 것의 일부로서 존재한다고 말합니다. 그것은 영혼이 아니며 오성을 갖추고 있지 않다고 말합니다. 또한 어떤 이는 사물의 도리라고 말합니다만, 그 도리라는 것은 실체적이거나 지적인 것이 아닙니다.[37]

이 편지에서 마테오 리치는 태극을 제1 질료라고 단언한다. 그러나 이어지는 문장을 보면 마테오 리치가 태극을 제1 질료로만 볼 수

---

34) 福島仁 譯, 앞의 논문, 21쪽.

35) 롱고바르디는 리가 만물의 근원이 된다는 사실을 설명하면서도 결국 리를 제1 질료라고 규정하며 이 제1 질료에서 자연히 또는 우연히 다섯 개의 발출과 변화를 통해 기가 생긴다고 설명한다. 福島仁 譯, 앞의 논문, 20쪽. 이들이 이런 결론에 이른 것은 '태극'을 '완전함, 내지는 완성의 최고 단계에 이른 것'으로 해석하면서도 태극의 속성으로 부과된 '혼돈' '혼륜'의 이미지를 확대 해석하기 때문이다.

36) J. Gernet는 50년이라는 숫자를 명백히 의도된 것으로 이해한다. J. Gernet, 앞의 책, p.253. 그러나 보고서의 다른 부분에서 성리학이 500여 년 전에 시작되었음을 밝히고 있기 때문에(*The Journal of Mattew Ricci*, p.95) 단순한 오기로 보아야 할 것으로 보인다.

37) Douglas Lancashire& Hu Kuo-chen SJ(1985), *The True Meaning of the Lord of Heaven*, Taipei, The Ricci Institute, pp.462~463.

없음을 자각하고 있음을 알 수 있다.

> 사실상 그들의 주장에는 부조리한 것들이 많기 때문에 그들 사이에서도 해석
> 이 다양합니다. 따라서 우리는 이 책(『천주실의』)에서 그들의 주장을 공격하기보다
> 는 신의 개념에 일치하도록 하는 편이 바람직하다고 판단했습니다. (중략) 만약 마
> 침내 그들이 태극이 제일의 실체적 원리(first substantial principle)이고 지적이고 또한
> 무한함을 이해한다면 그것이야말로 신이라는 것에 동의할 수 있을 것입니다.[38]

마테오 리치는 태극에 제일 원리이자 지성적 존재의 성격을 부여
함으로써 기독교적 신과 유비하고 있다. 일종의 절충적 태도를 보이
는 것이다. 그러나 마테오 리치를 계승한 예수회원들은 태극을 제1
질료로 못박는다.[39] 예를 들어 마테오 리치의 후임이었던 아담 샬은
'만일 원질原質이라면(예를 들면 태극이 그러하다.) 사원소[原行]보다 약한
데다, 어리석고 비루하며 아무런 능력도 없다. 결코 형상[模像]이 없으
며 오로지 순응함으로써 다른 사물을 이롭게 할 뿐이다. 이것을 일러
그 혼연히 자족하며 능히 스스로 지지한다고 말한다면 오류가 아니
겠는가.'[40]라고 보며 태극을 '열등하고 무능한 것[頑陋無能]'으로 깎아
내린다.

그러나 보다 강하게 태극을 '질료'로 못 박은 것은 앞서 살펴본 프

---

38) Ibid. pp.462~463.
39) 예를 들어 알레니는 다음과 같이 주장한다. '유자들이 말하기를 사물마다 각
각 하나의 태극을 갖추고 있다고 합니다. 그렇다면 곧 태극은 사물의 원질
(原質, prime matter)이니 (태극은) 사물과 몸[體]을 함께하는 것이 아니겠습
니까? 이미 사물이 하나의 몸을 함께하는 것이라면 (태극은) 물에 갇혀 있
는 것이니 천지의 주가 될 수 없습니다.(儒者亦云, 物物各具一太極, 則太極豈
非物之原質, 與物同體者乎. 旣與物同體, 則囿於物, 而不得爲天地主矣)'.『삼산
론학기』.
40) 若夫原質(如太極是), 方之原行更弱, 頑陋無能, 并無模像, 全乎順應以益他物.
謂之渾全自足, 能自主持, 不亦謬乎.『주제군징』上.

란치스코회 소속의 선교사 샌트 마리였다. 그는 '유학에서 논하는 태
극은 형질이 이미 갖추어진 것에 불과하니 지음을 받을 수 있는 능력
은 있어도 지을 수 있는 능력은 없다. 형체와 소리가 없는 것은 정미
하고 우월하며, 형질이 있는 것은 조야하고 열등하다.'41)고 말한다.42)
이들은 거의 견강부회에 가까울 정도로 태극을 물질로 끌어내리고자
한다. 이들이 이토록 '태극'을 폄하하고자 한 것은 그만큼 태극의 이
론이 자신들의 전교에 위협적이라고 느꼈기 때문일 것이다.

중국인들은 오랫동안 '태극'을 통해 세계의 산출을 이해해 왔었다.
태극은 중국에서 기독교 신이 했던 것과 마찬가지로 세계의 산출과
올바른 진행, 그리고 도덕적이고 질서 있는 세계의 구조와 운행의 토
대였다. 마테오 리치와 후임자들은 이를 신에 대한 강력한 도전으로
받아들였다. 신유학에서 태극은 일종의 창조 원리였지만 예수회원들
이 보기에 비인격적이며 비초월적이었기 때문에 태극의 존재는 인격
적이며 초월적인 신을 이해시키는데 장애가 될 수 있었다. 실제로 많
은 중국인들은 예수회원들이 전한 '신'에서 태극을 떠올리는 경우가
많았다.43) 중국에서의 태극 공략 과정에서 태극이 제1 질료라는 견해

---

41) 儒學論太極不過形質已具, 則是有受造之能, 而無創造之能也. 夫無形聲者精也
上也, 有形質者粗也下也. 「釋天主太極之辯」, 『정학유석』.

42) 예수회원들의 견해는 중국에서 상당한 비판을 받았고 예수회원들의 중국 철
학에 대한 무지함을 증거하는 것으로 받아들여졌지만 예수회원들은 이러한
견해를 취소하지 않았다. 자세한 것은 다음을 참조. 김선희(2012), 『마테오
리치, 주자 그리고 정약용』, 심산, 247~250쪽.

43) 예를 들어 반천주교론자였던 종시성(鍾始聲)같은 인물은 아예 천주가 태극
과 같은 것이라고 말한다. '그들은 천주가 최초로 하늘과 땅과 신과 사람과
사물을 낳은 하나의 위대한 주재자라고 한다. 또한 묻겠다. 저 위대한 주재
자는 형질이 있는가 없는가? 만약 형질이 있다면 다시 어디서 생겨난 것인
가? 또한 천지가 있기 이전에 어디에 머물렀는가? 만약 형질이 없다면 우리
유가에서 말하는 태극과 같다. 태극(太極)은 본래 무극(無極)이기 때문이다.'
彼云天主卽當初生天生地生神生人生物的一大主宰, 且問彼大主宰, 有形質耶,
無形質耶. 若有形質, 復從何生. 且未有天地時, 住止何處. 若無形質則, 吾儒所

는 롱고바르디와 생트 마리에 의해 보다 강화되었고 유럽에 전해짐
으로써 유럽 내에서 신유학을 '무신론'으로 확정하는데 결정적 역할
을 한다.[44]

이 '확정'에 의문을 제기한 것이 바로 라이프니츠다. 라이프니츠는
리가 제1 질료라는 롱고바르디와 생트 마리의 견해에 동조하지 않는
다.「중국인의 자연신학론」에서 라이프니츠는 리를 제1 질료로, 중국
의 철학을 무신론으로 규정하는 롱고바르디와 생트 마리에 맞서 '중
국의 자연 신학'의 가능성을 확인하고자 한다. 먼저 그는 사신과 다
른 의견을 보이는 롱고바르디의 의견을 소개한다.

> 저는 누군가 리 혹은 태극을 우리의 신과 같은 것으로 여길 수도 있다고 생각
> 합니다. 사람들(중국인들)이 신만이 가지는 그런 성질들과 완전성들을 리에 부여하
> 고 있습니다. 그러나 이 특별한 이름에 현혹되어서는 안 됩니다. (중략) 당신은 리
> 가 우리의 제1 질료(Matiere premiere)와 다르지 않다는 사실을 발견하게 될 것입니다.
> 그들(중국인들)이 한편으로는 대단한 완전성을 리에 부여하면서도 다른 한편으로
> 는 우리의 철학자들이 제1 질료에 대해 그러는 것처럼 커다란 불완전성들을 리에
> 부여하고 있다는 것이 그 증거입니다.[45]

생트 마리 역시 "불완전성은 중국인들이 리, 태극, 상제에 대해 신
에게만 속하는 고귀하고 아름다운 것들을 부여하면서도 다른 한편으
로 의식적 존재라는 점을 부인하는 데서 오는 것"[46]이라고 본다. 결

謂太極也, 太極本無極. 鍾始聲「天學初徵」『辟邪集』.

44) 말브랑슈 역시 롱고바르디의 견해를 통해 중국 철학을 이해하고 그 결과로
   1708년에 『신의 존재와 그 본질에 관한 기독교 철학자와 중국 철학자의 대
   화(Entretien d'un philosophe chrbtien et d'un philosophe chinois sur l'existence et la
   nature de Dieu)』을 내놓았던 것이다.

45) 라이프니츠, 앞의 책, 95쪽.

46) 라이프니츠, 앞의 책, 97쪽.

과적으로 롱고바르디와 생트 마리는 리가 신에 가까운 것이 아니라 제1 질료일 뿐이라고 단정짓는다. 이런 견해에 따르면 신유학의 세계 이해는 결국 유물론적인 것이 되며, 결과적으로 중국인들은 무신론 자일 뿐이다. 그러나 라이프니츠는 리를 기계적 유물론으로 파악하 지도, 리를 제1 질료로 보지도 않았다.

스콜라 철학을 계승한 라이프니츠는 모든 실체에 내재하는 작용 의 원리로서 영혼 또는 실체적 형상을 근원적 능동적 힘(primitive active force)라고 부르며, 작용을 받고 저항하는 힘을 근원적 수동적 힘 (primitive passive force)라 부른다.47) 이 근원적 수동적 힘은 스콜라 철학자 들이 제1 질료라고 부르는 것이다. 제1 질료는 실체의 변화의 바탕에 있는 아직 규정되지 않은 순수 질료로 형상 없이 존재할 수도, 형상 보다 먼저 존재할 수도 없다. '제2 질료는 형상을 개별화하는 원리로 양적으로 한정된 질료지만 제1 질료는 규정되지 않은 질료이므로 개 별화하는 원리가 될 수 없다.'48)

따라서 롱고바르디나 생트 마리의 주장에 따르면 이기론은 형상 을 제공할 원리 없이 오직 제1 질료로서의 리와 제2 질료로서의 기로 만 구성되게 된다. 제1 질료를 분화시킬 아무런 능동적 힘이나 원리 도 없는 상태에서 제1 질료로부터 제2 질료가 분화되는 것은 불가능 하다.49) 분화가 되었다 하더라도 이는 언제나 우연적이고 자연적인 수준에 머물며50) 그 어떤 형상도 질서도 갖지 못하게 된다. 롱고바르

---

47) 김성환(2005), 「라이프니츠의 물질론」, 『과학철학』 8집, 37~38쪽.
48) 김성환, 앞의 논문, 39쪽.
49) 라이프니츠는 이 문제를 정확하게 파악하고 있었다. '리 그 자체로는 아무런 활동도 하지 않지만 자신의 기를 산출해 낸 뒤에 활동하기 시작한다고 합니 다. 우리는 훌륭한 신부가 부지불식간에 모순을 범한 것이라고 생각하고 너 그럽게 봐주어야 합니다. 리가 그 자체로는 그리고 기 없이는 아무런 행위도 하지 않는다면 어떻게 기를 산출할 수 있겠습니까? 어떠한 행위도 하지 않 고 어떤 것을 산출해낼 수 있을까요?' 라이프니츠, 앞의 책, 111쪽.

디나 생트 마리의 주장대로라면 중국 사회는 무규정적이고 무질서한 질료들의 우연적 전개에 따른 '자연성'만의 세계가 되어야 한다. 그러나 라이프니츠는 신유학에서 우연적이고 무질서한 자연의 세계 뿐 아니라 질서 있고 아름다운 도덕의 왕국의 모습도 발견한다. 그것은 세계의 운행과 질서에 리가 관여하기 때문에 가능한 일이다.

> 중국인들은 리 혹은 태극을 일자—者요, 완전무결한 순수성의 선이요, 완전히 단일한 존재이자 완전히 선한 존재요, 하늘과 땅을 형성해낸 원리요, 최상의 진리이자 힘 그 자체로 봅니다. 그러나 리 혹은 태극은 자신에 국한하지 않고, 그 자신을 드러내기 위해 만물을 창조해 냈습니다. 그것은 순수함과 덕, 그리고 사랑의 원천입니다. 만물의 창조는 그것의 고유한 과학[51]이며, 모든 완전성은 그것의 본질과 본성으로부터 나옵니다. 이 원리는 (그 자신의 내적인) 이성의 법칙 및 (외적인) 이성의 법칙과 모든 방법을 포괄하며, 끊임없이 창조하고 행위하면서 만물을 이런 법칙과 방법에 따라 시간 속에 배열합니다. 리, 태극 혹은 상제는 모든 것을 보고, 모든 것을 알며, 모든 것을 할 수 있는 지성적 본성이라고 할 수 있습니다.[52]

라이프니츠는 면밀한 검토 끝에 리를 제1 질료라기보다는 도리어 '신'에 가까운 지성적인 본성을 가진 것으로 이해하며 '영원하며 모든 완전한 가능성을 구비하고' 있는 '리를 우리의 신으로 간주할 수 있

---

50) 실제로 롱고바르디는 제1 질료에서 자연히 또는 우연히 다섯[五行]의 발출과 변화를 통해 기가 생긴다고 설명한다. 福島仁 譯, 앞의 논문, 20쪽. 그가 이런 결론에 이른 것은 '태극'을 '완전함, 내지는 완성의 최고 단계에 이른 것'으로 해석하면서도 태극의 속성으로 부과된 '혼돈' '혼륜'의 이미지를 확대해석하기 때문이다.
51) 라이프니츠는 신의 세계를 '과학'으로 불렀다고 한다. 라이프니츠, 앞의 책, 242쪽.
52) 라이프니츠, 앞의 책, 97쪽.

다.'53)고 결론 내린다. 사실 롱고바르디가 견강부회적으로 리를 제1
질료로 제한한 것은 어떻게든 리를 지워내고 그 위에 기독교의 신을
세워두고자 했기 때문일 것이다. 이러한 주장은 신의 위상을 확보해
야 할 중국에서는 하나의 공격적 논리가 되었을지라도 유럽의 전통
에 따르면 매우 비논리적인 억지 해석이 된다. 그들은 라이프니츠가
그들이 제공한 정보만으로도 뒤틀려 있는 결론을 조정할 만큼 리에
대해 잘 알았으면서도 중국인들이 무신론자라는 결론을 위해 자신의
이해를 조작적으로 다룬다. 라이프니츠는 이를 정확히 간파했던 것
이다.

　라이프니츠는 그들이 지우거나 비틀어 놓은 것을 복원하고 교정
하여 리에 제일 원리로서의 자격을 부여한다. '실제로 리는 우리의
철학자가 말하는 제1 질료와 동일한 것이 아닙니다. 리를 제일 형식,
다시 말해 세계 영혼으로 파악하고, 개별적 영혼들은 그것의 변형일
뿐이라고 생각할 수도 있습니다.'54) 그 결과 라이프니츠는 롱고바르
디나 생트 마리는 물론 마테오 리치보다도 우호적으로 동쪽을 향한
다. 이는 자연 신학의 보편적 가치, 그리고 도덕적 세계의 신적 기원
을 설명하고자 했던 라이프니츠에게 자연스러운 선택이라고 할 수
있다. 그리고 이 철학적 방향의 토대에 '모나드론'이 있다.

3) 모나드와 예정조화로서의 리

　라이프니츠의 실체는 잘 알려진 대로 분할 불가능하다는 의미에
서 단순하며, 그 어떤 것도 동일한 것이 없다는 의미에서 개별자며,
이미 자신에 내재되어 있는 지각을 스스로 변화시키는 내적 활동성

---

53) 라이프니츠, 앞의 책, 118쪽.
54) 라이프니츠, 앞의 책, 109쪽.

또는 힘이다.55) 라이프니츠는 이러한 자신의 실체를 '모나드'라 부른
다. 또 실체는 '영혼'이라고 부를 수도 있는데, 이는 자신 안에 내재된
무수히 많은 지각들을 현실적 지각으로 바꾸는 '욕구'라는 내적 활동
력을 가지고 있기 때문이다.56) 결국 라이프니츠는 스피노자 등과 구
별되는 자신만의 실체 개념을 모나드라 부르며 이를 통해 세계와 인
간의 구조와 특성을 설명하고자 한다.

예를 들어 정신과 육체라는 인간적 특성 역시 탁월한 모나드인 영
혼과 열등한 모나드들의 집합인 육체의 결합으로 설명된다. 영혼과
육체의 결합 역시 모나드간의 문제이기 때문에 실질적인 상호 작용
은 이루어지지 않는다. 지각이 이루어질 때 정신과 육체 간에 상호
작용이 이루어지는 것처럼 보이는 것은 신이 이미 모든 것을 예견하
고 배열했기 때문이다.57) 정신과 육체뿐 아니라 모든 모나드들이 서
로 최상의 상호 작용을 하는 것처럼 보이는 것은 이처럼 모든 관념을
담고 있는 신이 모나드 안에 모든 것을 예정하고 조화에 따라 배열했
기 때문이다. 신이 이미 미래에 일어날 모든 지각까지 예견하고 조화
를 이루도록 배열한 결과 모나드간의 조화는 현재뿐 아니라 미래에
전개될 지각 간에도 유지된다. 이른바 '예정조화(pre-established harmony)'

---

55) '모나드들은 어떠한 부분도 가지고 있지 않으며 생성될 수도 파괴될 수도 없
다.(중략) 한 모나드는 단지, 그의 지각들(즉 단순한 것 안에 있는 복합적인
것 또는 그의 외부에 존재하는 것들의 표현들)과 변화의 원리인 그의 욕구
(즉 한 지각으로부터 다른 지각으로 이행하려는 노력들)외에 다른 것 안에
는 존재할 수 없는 그의 내적 특성들과 활동들을 통해서만 다른 모나드들로
부터 구별될 수 있다.' 빌헬름 라이프니츠, 윤선구 역(2010), 「자연과 은총의
이성적 원리」 §.2, 『형이상학논고』, 아카넷, 227~228쪽.

56) '라이프니츠의 실체는 연장되지 않은 비물질적 존재이고, 지각인 내적 상태
를 가지고 있으며, 이 내적 상태를 변화시키는 힘인 욕구를 가지고 있다는
점에서 대체로 영혼과 유사하다.' 윤선구(2007), 「라이프니츠의 신과 실체」,
『기독교철학』 8호, 39쪽.

57) 정신과 육체 간의 배열과 조화는 더욱 긴밀하고 유기적인 관계를 이루기 때
문에 우리는 마치 정신과 육체가 서로 상호작용하는 것처럼 여기게 된다.

란 이런 신의 예견과 배열을 말한다. 바로 이 점에서 라이프니츠는 리를 모나드로 투영해 본다. 그에 따르면 리는 예정 조화의 능력이기도 하다.

> 리理는 사물들에게 예정 조화된 질서를 포함한 능력을 부여하는데 이때부터 만물은 그 자신의 자연적 성향에 의해 계속 앞으로 나아갑니다. 따라서 신은 자연물을 창조한 뒤에 자신의 평상의 진로를 따라 앞으로 나가기만 하면 됩니다.[58]

라이프니츠는 자신의 모나드론에 따라 "존재하는 사물들은 그들의 자연적 성향에 의해 그리고 이미 예정된 조화에 의해 창조된 것이라는 중국인의 생각은 칭찬받을 만한 것"[59]이라고 주장한다. 리를 '예정 조화'의 능력을 포함하는 신과 같은 차원이라고 보는 것이다. 사실상 라이프니츠 안에서 '예정 조화'로 설명되는 신은 신유학의 태극-리와 많이 닮아 있다. 예정 조화의 실질적 구현이 도덕의 왕국이라는 점도 그렇다. 만물의 구조적 원리[所以然]임과 동시에 당위적 원리[所當然]로서의 리도 신과 유사하게 세계에 도덕적 질서를 예비하고 예정하는 역할을 하기 때문이다. 인간을 비롯해 만물이 활동 과정에서 자연스럽게 지향하는 가치와 질서는 리의 차원에서 이미 주어진 것이다. 사실상 모나드는 물질적 원리이면서 동시에 영혼으로서의 정신적 요소이자 도덕적 원리의 성격까지 함께 지니고 있기 때문에 리에 대한 라이프니츠의 이해는 신유학적 관점과 유사하다고 말할 수 있다. 라이프니츠가 도덕적 원리이자 가치이기도 한 리에서 제일 원리로서의 자격을 보았을 것이다. 라이프니츠는 리를 통해 우주적 원리가 곧 도덕적 원라는 그의 신념을 확인했던 것으로 보인다. 리

---

58) 라이프니츠, 앞의 책, 113쪽.
59) 라이프니츠, 앞의 책, 106쪽.

가 우주적 원리이면서 곧 도덕적 원리라면 이는 곧 그의 철학에서 모 나드가 차지하는 위상과 같아진다는 것을 의미한다.

예정 조화 외에도 태극-리와 모나드는 여러 면에서 닮아 있다. 창이 없는 모나드로서 영혼은 외부 사물을 지각할 수 없다. 대신 모든 지각이 잠재적으로 모나드 안에 내재되어 있다가 욕구에 의해 현실화된다. 마치 만물의 모든 이치인 태극이 내 안에 내재해 있다고 말하는 신유학에서의 인식이 결국 외부 사물에 대한 객관적 인식의 양적 축적이 아니라 내재된 리의 조명에 가깝다는 점과 비교될 만하다. 격물치지格物致知라는 일종의 과학적 인식을 넘어선 이른바 활연관통 豁然貫通은 지식의 양적 축적에 따른 달관의 경지가 아니라, 자기 안에 내재한 근원적 태극-리의 본질 체험과 통찰을 의미하기 때문에 라이프니츠가 상상한 모나드의 지각과 유사하다고 할 수 있다.

더 나아가 태극이 모든 개별적 존재에 동일하게 내재되어 있듯 모든 것을 모나드로 보는 라이프니츠 역시 모든 사물에 완전한 일자가 내재해 있기 때문에 신이 모든 사물 속에 존재한다고 말한다.

> 모든 사물은 (동일한 신에서) 생겨난 것이기 때문에 하나입니다. 왜냐하면 사물들은 신의 직접적인 결과이기 때문입니다. 다시 말해 이 일자는 모든 사물에 내재해 있으며 (사물들의) 완전성 속에서 자신을 드러냅니다. (중략) 신은 모든 것을 채우고, 모든 사물 속에 존재하며, 따라서 모든 것은 신 안에 존재한다.[60]

만일 동아시아의 지식인들이 이 구절을 읽었다면 이 구절의 주어가 '태극'이 아닌지 의심했을 것이다. 태극 역시 만물에 내재한 완전자이기 때문이다. 만물이 이 태극을 동일하게 부여받았다는 점에서 신유학자들은 만물의 근원적 동일성을 믿었다. 이치는 하나지만 나

---

60) 라이프니츠, 앞의 책, 109쪽.

누어진 바는 여럿이며[理—分殊] 이 다수성들의 세계에서는 만물 하나
하나가 태극을 분유받았기 때문에 '만물은 하나[萬物—體]'다.

라이프니츠는 한발 더 나아간다. 리에서 모종의 능동적이고 자발
적인 능력을 보는 것이다. 라이프니츠는 리에 대한 유럽의 오해 중 하
나가 리에서 '자발적 행위(action volontaire)'를 배제한 것이라고 본다. 그는
"리가 자신의 완전한 본성에 의해 몇몇 가능성들 중에서 가장 적합한
것을 선택해 산출해 왔고, 자신 이외의 나머지 모든 것을 생겨나게 하
는 자연적 성향 때문에 이러한 방식으로 기 또는 질료를 산출해 왔
다."61)고 믿게 되었다고 말한다. 라이프니츠의 이런 설명은 리에 자발
적 활력과 능동성을 부여하고자 했던 퇴계를 떠올리게 한다.

리가 활동력일 수 있는 것은 리가 존재의 구조를 결정할 뿐 아니
라 작동 원리 역할을 하기 때문이다. 리는 어떤 일이 일어나도록 만
드는 원리이기 때문에 그 자체 가치적이지도 실제 활동하지도 않지
만 기를 활동하게 만든다. 눈에 보이는 활력은 기 차원의 문제지 리
의 활동력은 눈에 보이지 않는다. 그럼에도 불구하고 리는 '스스로'
활동한다. 언제나 리의 예비에 따라 모든 활동이 이루어질 뿐 아니라
리를 작동시킬 외부의 존재도 필요하지 않는다. 태극-리는 기독교의
신처럼 모든 관념을 이미 그 안에 보유하고 있기 때문에 설계 원리를
구상할 지성적 초월자 역할을 하며 리와 기의 결합은 일종의 자동기
계처럼 운영되기 때문에 기계 장치의 스위치를 누를 인격적 손을 필
요로 하지 않는다.

이것이 퇴계가 과잉적 수사라는 혐의를 받으면서도 리의 활동력
을 강조하고자 했던 근거일 것이다. 퇴계가 강조한 리발理發, 리동理動
이라는 명제에서 발이나 동은 물리적인 공간 이동을 의미하는 것이
아니다. 이 명제들은 활동력으로 묘사된 영향력을 강조하기 위한 장

---

61) 라이프니츠, 앞의 책, 105~106쪽.

치로 보아야 할 것이다. 이때 활동력이란 실질적인 활동을 만들어내는 '능력'에 대한 동적 묘사일 뿐 그 자체의 물리적 힘도, 물리적 운동도 아니다. 퇴계는 리의 이미지가 약해지고 추상화되면 도덕적 실천의 역동적 힘까지 약해질 것이라고 경계했기 때문에[62] 오해를 불러일으킬 수 있음에도 리에 활동적이고 역동적인 이미지를 부여하는 것을 포기하지 않았던 것이다. 라이프니츠는 신유학에 담긴 이와 같은 도덕적 세계에 대한 지향에서 자신이 생각한 자연 신학의 가능성을 확인했을 것이다.

라이프니츠의 신은 만물의 내재적 원인으로, 만물을 '창조'하지 않은 스피노자의 신[63]과는 다르다. 라이프니츠의 신은 초월적인 무한자로서 자기 밖의 세계를 '창조'했으며 자신의 의지와 지성을 통해 피조물들과 사랑과 최고의 선으로 관계를 맺는다. 라이프니츠의 신 이해는 전통적인 인격신의 관념에서 멀어지는 경향을 보이는 다른 합리론자들과 달리 여전히 초월적 인격신에 가깝다. 그러나 결국 신유학에서 자연 신학을 포착함으로써 그리고 태극-리를 신과 겹침으로써 라이프니츠의 신은 세계 내로 들어올 여지가 생긴다. 「중국인의 자연신학론」에서 라이프니츠가 자신의 신을 신유학의 내재적 리와 겹쳐볼 때 그 신은 개체 안의 완전성으로 들어올 수 있다. 결국 그는 신유학을 경유하면서 덜 초월적이고, 덜 인격적인 신이 가능하다는 것을 즉 자연신학적 신이 도덕적 세계에서 어떤 역할을 할 수 있는지

---

62) 김형찬은 '리발, 리동, 리자도설은 모두 그가 주자학의 취약점이라고 여겼던 '실천성' 보완을 위한 이론적 작업의 성과라고 볼 수 있다'고 평가한다. 김형찬(2010), 「조선 유학의 리 개념에 나타난 종교적 성격 연구: 퇴계의 리발에서 다산의 상제까지」, 『철학연구』 39집, 75쪽.

63) 초월적 원인이 아닌 내재적 원인으로 나타나는 스피노자의 신은 세계 밖에서 세계를 의지하지 않으며 따라서 사물들 역시 초월적 원인을 향한 목적론적 도상에서 내려온다. 이 때문에 신은 만물과 수평적인 위상으로 내려오며, 피조물과의 관계 역시 수직적인 위계가 사라진다. 사람들은 이런 생각으로부터 범신론을 읽는다.

를 규명한 셈이다.

그런 의미에서 최고의 모나드로 포착된 라이프니츠의 신은 동시에 철학적 신이다. 라이프니츠가 생각하는 신은 완전성의 원리를 택하는 존재다. 신은 모든 것을 이성적으로 판단하고 가능한 모든 경우 가운데 최상의 것을 선택한다. '완전성의 원리에 따라 세계를 창조하는 신은, 마치 가장 적은 수의 보조선을 그어 문제를 해결하는 탁월한 기하학자, 또는 동일한 비용으로 가장 아름답고 규모 있는 건물을 짓는 건축가, 가장 간단한 방법으로 원하는 기능을 산출하도록 하는 기계제작사, 가능한 한 작은 공간에 최대한의 많은 이야기를 서술할 수 있는 작가와 같다.'[64] '군주이자 아버지'(「모나드론」§84), 또는 '건축가'로서의 신(「모나드론」§89)은 완전성에 따라 최선의 세계를 선택하는 수학적 신이기도 하다. 건축가이자 군주, 아버지로서의 신은 결국 이 세계를 도덕의 세계로 만든 주체다. 기계론이 확보하기 어려운 '도덕성'을 세계에 예정 조화를 제공한 신 안에 정초시키고자 하는 것이다.

라이프니츠가 꿈꾸는 세계는 '물리적인 자연의 왕국과 도덕적인 은총의 왕국, 즉 우주 기계의 기술자로서의 신과 정신들로 이루어진 신적인 국가의 군주로서의 신 사이에 존재하는 또 다른 조화(「모나드론」§89)'로 이루어져 있다. 라이프니츠에게 신의 세계란 도덕적 질서가 구현된 진리의 세계였고, 신유학의 이기론理氣論은 그런 세계의 가능성을 보여주었다. 그는 자연 이성을 바탕으로 우주 전체에서 질서와 도덕적 가치를 발견하고 이를 현실에서 실현하고자 노력하는 신유학의 도덕 형이상학을 높이 평가한다. 라이프니츠의 세계 역시 신유학의 세계만큼이나 우주의 조화와 질서가 구현된 도덕적 인간 세계였고 이를 위해 자연 신학은 포기할 수 없는 토대였다. 자연 신학

---

64) 윤선구, 앞의 논문, 50쪽.

으로서의 신유학은 자신의 철학적 구상의 정당성과 보편성을 확인시
켜줄 유력한 증거였을 것이다.[65]

3. 다산의 상제와 도덕적 세계

1) 다산의 선택과 지향

정치가로서, 30년 전쟁 같은 수많은 국제적 분쟁, 300여개 이상으
로 갈린 독일 국내의 분열 등을 겪은 인물로서 라이프니츠는 누구보
다 분열과 갈등에 민감했을 것이다. 이 점은 당파적 분열을 포함해
다양한 갈등과 균열로 개인적 삶조차 불안했던 조선 후기의 다산도
마찬가지일 것이다. 이들은 이 갈등과 분열에 대한 민감성을 철학적
사변으로 표출하고 새로운 세계 구상을 통해 모종의 활력과 실천으
로 전환하고자 한 철학자였다. 또한 이들은 형이상학을 토대로 이
위에 사회와 국가를 위한 구상들을 얹어 세계 변화를 도모하고자 한
기획자이자 개혁가들이기도 했다.

물론 이들은 다른 세계, 다른 시대, 다른 사상적 전통 위에서 활동
했지만 이들은 모두 공감과 동조의 태도로 외래 사유에 접근한다. 물
론 외교관이자 정치가, 사서로 많은 사람들을 만나고 철학적 문제 뿐
아니라 다양한 분야에서 영향력을 펼쳤던 라이프니츠와는 달리 다산
의 삶은 이 공감과 동조에 따른 핍박으로 오로지 책으로만 세계 개혁

---

65) 라이프니츠는 중국인들이 내재해 있는 이성의 빛을 하늘의 계율이자 법이라
고 부른다고 말하면서 다음과 같이 평가한다. '하늘을 거스르는 것은 이성을
거스르는 행위요, 하늘에 용서를 구하는 것은 그 스스로를 고치는 것입니다.
바로 이 이성의 법칙에 순종해서 (하늘에 구하는 용서를) 말이나 행동으로
나타내는 것이 진실한 회개입니다. 저는 이 모든 것이 대단히 탁월하며 자연
신학과 꽤 일치한다고 봅니다.' 라이프니츠, 앞의 책, 120쪽.

의 구상을 펼칠 수 있었다.

그러나 세계 개혁의 기획자로서 다산은 자신을 중심에서 탈락한 비판자의 자리에 세우지 않았다. 그는 자신이 조선 개혁의 중심임을 잊지 않았다. 그의 몸은 땅 끝에 있었지만 학문 안에서 그는 월경자가 아니라 중심 자체였다. 자신을 외부의 비판자가 아니라 내부[66]의 능동적 개혁자로 설정한 다산에게 자기 검열은 훨씬 복잡하고 도전적인 문제였을 것이다. 돌아갈 것을 기대하지 않는 외부의 비판자라면 훨씬 자유롭고 도발적일 수 있었겠지만 내부의 개혁자라는 위상을 포기한 적 없는 다산에게, 자신의 발목을 잡고 형제를 죽음으로 몰아넣은 외래의 사유는 가장 먼저 검열되고 배제될 위험 인자였을 것이다.

그럼에도 불구하고 다산 안에는 분명 서학의 언설과 이론들이 남아 있다. 이는 이 이론들이 혹독한 자기 검열에도 살아남을 만큼 그 자신에게 중요하고 핵심적인 문제였음을 의미한다. 이미 이 이론과 언설들이 자신에게 내면화되었고 그만큼 중요했으며, 누구에게 보여도 자신 있었다는 말이다. 다산이 처음 읽었던 당시 『천주실의』는 밀교의 비전秘傳이 아니라 당대 지식인들의 논쟁의 대상이었다.[67] 다산

---

66) 일표이서로 대표되는 그의 장대한 국가 개혁의 기획뿐 아니라 예학에 대한 다산의 집중에서 그가 지향한 세계와 자신의 위상을 읽을 수 있을 것이다. 전통적으로 예학은 국가 체제 내부의 가장 토대적인 학문으로, 가장 안쪽에, 가장 중심에 서서 국가적 책임을 자임하는 학자가 아니라면 다루지 않았을 영역이다. 더구나 예학을 통해 그가 구상한 세계-국가는 전혀 파괴적이지도 혁명적이지도 않다.

67) 성호 이익의 고제였던 안정복은 서학서에 대한 사람들의 관심을 다음과 같은 말로 경계한 일이 있다. '서양의 글이 선조(宣祖) 말년부터 이미 우리나라에 들어와서 명경 석유(名卿碩儒)들이 보지 않은 사람이 없었으나 제자(諸子)나 도가 또는 불가의 글 정도로 여겨서 서실(書室)의 구색으로 갖추었으며, 거기서 취택하는 것은 단지 상위(象緯)와 구고(句股)의 기술에 관한 것뿐이었다. 연래에 어떤 사인(士人)이 사행을 따라 연경에 갔다가 서학서를 얻어 가지고 왔는데, 계묘년과 갑진년에 젊은이들 가운데 재기있는 자들

이 『천주실의』에서 끌어낸 표현들을 보았다면[68] 곧바로 『천주실의』를 떠올릴 지식인들이 상당히 많았을 것이다.

그렇다면 서학의 이론들은 다산이 숨긴 것도 아니고 어쩌다 들어간 것[69]도 아니며 철저한 기획과 의도에 따라 신념과 그리고 더 나아가 학문적 자신감에 따라 배치되고 연결된 것이라고 보아야 한다. 이제까지 이런 다산의 의도를 지나치게 수동적이고 제한적으로 읽으려고 했던 것은 아닌지 생각해볼 여지가 있다. 본인의 의도보다 더 강력한 억제의 방식으로 다산에게 들어온 외래 사유를 읽으려는 태도에 어떤 두려움과 거부감이 있는지 따지지 않는다면 다산은 온전히 드러나지 못할 수도 있다.

2) 상제지학을 향하여

다산 역시 라이프니츠처럼 그리고 모든 유학자들처럼 세계와 국가에 대한 구상을 형이상학적 토대 위에, 그리고 그로부터 연원한 인격으로부터 세우고자 한다. 따라서 이기론, 상제관 등은 그의 다른 사상과 구상의 토대 역할을 한다. 문제는 다산이 고대의 상제를 복잡

이 천학(天學)에 관한 설을 제창하였다(西洋書, 自宣廟末年, 已來于東, 名卿碩儒, 無人不見. 視之如諸子道佛之屬, 以備書室之玩, 而所取者, 只象緯句股之術而已. 年來有士人隨使行赴燕京, 得其書而來, 自癸卯甲辰年間. 少輩之有才氣者, 倡爲天學之說).'『順菴先生文集』「天學考」 당시 학자들에게 서학서가 하나의 유행이었음을 짐작할 수 있는 대목이다.

68) 예를 들어 기가 자립자이며 리가 의뢰자라 말을 보고 사람들은 쉽게 이 구절이 『천주실의』로부터 온 것임을 알 것이다. 리에 관한 마테오 리치의 전면적 도전이 다산의 눈에만 비쳤을 리는 없다.

69) 유초하는 서학의 '잔재'를 다산의 명석한 기억력의 문제로 돌린다. 유초하, 「정약용철학의 상제 개념에 관한 이견들과 그에 담긴 오해들」, 『한국철학논집』 제20집, 210쪽. 그러나 명석했기 때문이라도 위험한 일을 더욱 하지 않았을 것이다.

한 경로로 복원한다는 데 있다. 이는 연구자들이 다룬 다산학의 핵심
적 주제 중 하나다. 다산의 상제관을 다룬 연구 중에 가장 일반적인
경향은 퇴계 학맥과의 연관성 속에서 규명하려는 연구들이다.[70] 이
런 연구들은 상제를 복원하려는 다산의 시도가 조선 성리학의 내적
발전 경로의 산물이라는 전제에서 출발한다.[71] 이런 주장은 연구자
들 사이에 상당한 공감을 얻고 있는 것으로 보인다. 실제로 다산은
퇴계를 흠모하고 사숙했기 때문에 이런 연관성은 충분히 정황적 증
거를 가진다.

　그러나 이 연구들은 다산이 상제의 특징으로 설명하는 담론들이

---

70) 이동환, 이광호, 유초하, 김형찬 등의 연구자가 다산의 인격적 상제의 도입을
　　퇴계 이황–백호 윤휴–다산 정약용으로 이어지는 조선 유학의 내적 경로에
　　서 찾고자 한다. 이광호(1996), 「이퇴계의 철학사상이 정다산의 경학사상 형
　　성에 미친 영향에 관한 고찰」, 『퇴계학보』, 90집; (2003), 「상제관을 중심으
　　로 본 유학과 기독교의 만남」, 『유교사상연구』 19집; 이동환(1990), 「다산 사
　　상에서의 상제 도입 경로에 관한 서설적 고찰」, 『벽사 이우성 교수 정년 퇴
　　직 기념논총』; (1996), 「다산 사상에 있어서의 상제 문제」, 『민족문화』 19집;
　　유초하, 앞의 논문, 김형찬, 앞의 논문.

71) 논조는 대략 비슷하다. 다산의 이론이 서학과 유사한 부분이 있지만 그러나
　　그런 경향은 조선 유학의 학통에 먼저 있었거나 다산의 전체 목표에 비추어
　　상관성을 찾기가 어렵다는 것이다. 예를 들어 리와 기를 자립자와 의뢰자로
　　본 것은 『천주실의』와 흡사하나 '이 저작에서 "천"의 해석을 "상제"로 하게
　　된 발단 계기를 <(천주)실의>에서 구하는 것은 (중략) 다산의 치경 방향에
　　의거해 보아 무의미한 일임을 알 수 있으며 '다산에게 이어지는 학통에 이미
　　<중용>의 천을 인격적 성향으로 해석한 선례가 있다'고 강조하는 것이다. 이
　　동환(1996), 「다산 사상에 있어서의 상제 문제」, 『민족문화』 19집, 13쪽. 다른
　　연구들도 출발 지점만 다를 뿐 대략 비슷한 결론에 도달한다. 그러나 '이미'
　　그런 경향이 있었다는 사실 만으로는 다산의 선택과 지향을 모두 설명할 수
　　없다. 이는 라이프니츠도 마찬가지다. 다산의 경우와 마찬가지로 라이프니
　　츠의 유기체 철학이 신유학의 영향이 아니라 서구의 지적 전통의 소산이라
　　면 라이프니츠는 자기 전통과 더 많이 대면하고 이를 언급하며 내적으로 토
　　론했어야 한다. 본래 그런 담론과 전통이 존재했다는 사실은 다산이나 라
　　이프니츠가 외래 사유의 영향을 받은 것이 아님을 증명하는 근거가 될 수
　　없다.

퇴계나 윤휴의 사상으로부터 내적으로 외적으로, 긴밀하게 연결되지 않는다는 점에서 일정한 제약이 있다. 일련의 연구들은 퇴계와 윤휴가 이미 '상제'에 관해 주목했으며 다산의 지적 경향이 이로부터 연원한다고 평가한다.[72] 그러나 이는 하나의 추정일 뿐 실제로 다산의 철학 체계 안에서 실질적으로 어떻게 계승되거나 발전되는지는 설득력있게 드러내지 못하고 있다. 누군가를 존숭한다는 사실과 그의 사상 전체를 계승한다는 것은 다른 문제다. 더 나아가 연원을 확정하려면 적어도 다산의 저작 안에서 그들의 언어와 담론이 충분히 발견되어야 할 것이다.

사실 다산의 전략은 놀랍게도 리의 위상을 깎아내는 것이었다. 만일 리의 위상이 달라진다면 리발, 리자도 등 퇴계의 핵심 논의들이 애초부터 성립하기 어려울 것이다. 더 나아가 상제에 관한 서술에서도 퇴계나 윤휴의 주장을 계승하거나 중요하게 검토한 흔적이 분명히 드러나지 않는다. 따라서 상제를 강조했다는 점을 제외하고는 다산의 상제관의 연원을 조선 유학 내부 문제로만 귀착시키는 것은 설득력이 약하다.

물론 다산은 분명 상제의 인격성을 인간의 도덕적 확보의 차원에서 강조하는 분위기 속에서 성장했고 또 그런 전향에 동조했을 것이다. 그런 점에서 다산의 상제관은 조선 유학의 특정 학맥이나 전통에서 유래했다는 점은 부정할 수 없다. 그러나 실제로 다산이 자신의 상제설에 더욱 유용하게 활용하는 사상적 자원은 서학西學이었다. 이

---

72) 앞의 연구들이 이런 관점에서 퇴계, 윤휴, 다산을 검토하지만 이 연구들은 퇴계로부터 다산에 이어지는 적극적이고 내재적 계승을 확인하는 것이라기보다는 조선 유학의 한 경향을 확인하는 선에 그친다. 따라서 다산이 이들에게 직접적 영향을 받았다는 증거는 충분히 제출되지 않았다. 만약 다산이 퇴계의 방법에 주목하고 그 안에 머물고자 했다면 리를 제거한 채 상제만을 높이는 방법을 사용하지 않았을 것이다. 퇴계에게서 상제는 리를 배제하고 존재할 수 없기 때문이다.

는 다산이 천주교를 수용하고 신앙했다는 문제와 관련이 없다.[73] 철저한 유학자로서 다산은 자기 전통의 모든 담론과 이론들을 활용했다. 그러나 동시에 그는 다양한 경로를 통해 자기 사상에 필요한 자원들을 확보하고 검토하여 자기 전통의 언어와 담론으로 재구성한다. 이 학문적 개방성과 유연한 변용의 태도를 읽지 못하고 서학의 영향을 축소하는 것도, 종교나 신앙의 문제로 제한하는 것도 모두 경계해야 한다. 그는 다양한 담론에 귀를 기울였고 무엇이든 도움이 되는 자원들을 사용하는 데 주저하지 않았다.

따라서 상제 문제 역시 서학의 사상에서 지적 계발을 받은 다산이 자기 전통 내부에 있는 상제를, 그리고 선대 철학자들이 주목했던 인격적 상제에 대한 관념을 서학의 사상으로 비추어보고 절충적으로 계승했다고 보는 편이 타당할 것이다. 그런 맥락에서 '다산이 원시유학의 전적에서 인격신적 신의 관념을 유출해냈다기보다, 인격신적 믿음을 바탕으로 "원시유학을 재구성"해냈다는 편이 진실에 더 가까울[74] 것이라는 주장에 동의한다. 이런 방향성은 다산을 이해하는 데 중요한 전제가 된다. 그는 과거로 돌아가지만 그를 그대로 재현하는 데 관심이 없는 듯 보인다. 먼저 다산은 물질적인 천에 경배하는 태도를 비판한다.

---

73) 다산은 현대적 의미에서의 '개종'이나 '신앙'이 불가능한 시대에 살았으므로 그에게 종교나 신앙의 그림자를 얹는 것은 현대의 눈으로 다산을 왜곡하는 길일 수 있다. 다산의 목표와 지향이 기독교 신학의 도입이나 종교 영역의 확보가 아니었다는 점을 동의할 수 있다면 하나의 가능성을 제한하기 위해 다른 가능성들 전체를 폐기하지 않아도 될 것이다. 논자는 이를 하나의 문제 상황으로 보고 기존의 연구를 통해 다산의 사상 안에서 나타나는 종교적 경향들이 천주교 그 자체가 아니라 그들에게 보편적이었던 일종의 천학이자 현대 용어로 유교적 유신론에서 도출된 것으로 파악하고 이러한 절충적 개념을 통해서 다산을 보아야 다산을 한쪽에 가두는 한계를 벗어날 수 있다고 주장해 왔다. 김선희, 앞의 책 참조.

74) 한형조(2004), 「리뷰:하버드에서의 다산학 국제학술대회」, 『다산학』 5호, 295쪽.

시경에서 문왕이 삼가고 조심하시는 것을 밝게 상제를 섬긴다[昭事上帝]'고 하지, 태양을 섬긴다[昭事太陽]라고 하는 것은 들어 보지 못했다. 제帝를 천天이라 하는 것은 마치 왕을 '국國'이라고 하는 것과 같다. 저 푸르고 푸른 하늘을 가리켜 '제帝'라고 하지 않는다. 오늘날 천은 무위無爲한 것이라 하고 모두 태양을 주인으로 삼으니, 천하의 모든 백성들이 모두 영靈이 없는 사물[物]에 머리를 조아리고 허리를 굽히니 이것이 어찌 선왕의 법이겠는가?[75]

다산이 이렇게 볼 수 있는 것은 세계의 주재가 반드시 인격적이며 지성적이어야 한다고 믿기 때문이다.

대개 천하에 영명하지 않은 것은 주재자가 될 수 없다. 그러므로 한 집 안의 어른이 어둡고 우매하여 지혜롭지 못하면 집안 만사가 다스려지지 않을 것이고 한 고을 어른이 어둡고 우매하여 지혜롭지 못하면 그 고을 또한 만사가 다스려지지 않을 것이다. 하물며 아득하게 텅 비어 있는 태허太虛한 하나의 리理로 천지만물을 주재하는 근본으로 삼는다면 천지간의 일들이 이루어질 수 있을 것인가?[76]

다산은 조선 유학이 계승한 최대의 지적 자산이었던 이기론을 넘어선다. 태극 역시 '유형의 시초이며, 이를 일러 무형의 이치라고 한다면 감히 반성하여 잘못을 깨닫지 못한 것[但所謂太極者, 是有形之始, 其謂之無形之理者, 所未敢省悟也]'[77]이라며 그 위상을 낮춘다. 물론 이런 전략은 마테오 리치로부터 배워온 것일 것이다. 그는 실체와 형상이라는

---

75) 詩云維此文王. 小心翼翼. 昭事上帝. 未聞其昭事太陽也. 謂帝爲天者. 猶謂王爲國. 非以彼蒼蒼者天. 指之爲帝也. 今也謂天無爲. 見集說以日爲主. 擧天下黔首之民. 而稽首屈躬於無靈之物. 豈先王之法哉. 『春秋考徵』 권1:13b.

76) 凡天下無靈之物, 不能爲主宰. 故一家之長, 昏愚不慧, 則家中萬事不理. 一縣之長, 昏愚不慧, 則縣中萬事不理. 況以空蕩蕩之太虛一理, 爲天下萬物主宰根本. 天地間事, 其有濟乎. 『孟子要義』 권2:38b.

77) 『易學緖言』 권3:1b.

스콜라 철학의 관념을 덧씌워 리와 기를 자립자와 의뢰자로 나누었던 『천주실의』를 따라, '대개 기는 스스로 존재하는 것이고 리는 의존적인 것입니다. 의존적인 것은 반드시 스스로 존재하는 것에 의존해야 합니다[蓋氣是自有之物, 理是依附之品, 而依附者必依於自有者][78]라고 주장한다. 다산에서 세계의 산출과 질서 있는 운용의 토대였던 리가 사라졌다. 그렇다면 세계는 무엇을 근거로 시작되고 운영되며 질서를 유지할 수 있을까? 인간은 어디에 도덕적 정초를 세울 것인가? 다산은 리를 비운 자리에 상제를 내세운다.

> 상제란 무엇인가. 상제는 천지와 귀신과 인간 밖의 존재로 천지와 귀신과 인간과 만물을 창조[造化]했고 주재[宰制]하며 안양安養하는 존재이다. 천에 있어서 제라 하는 것은 나라에 있어서 왕이라 하는 것과 같으니 저 푸르고 푸른 형체 있는 하늘을 가리켜 상제라고 해서는 안 된다.[79]

『천주실의』의 편명을 변용한 이 문장을 통해 다산은 자신이 내세우는 상제에 어떤 연원들이 연결되어 있는지 제시한다. 다산은 아마 '상제를 밝게 섬기는 학문[昭事上帝之學]이 오랫동안 무너져 있다[昭事上帝之學, 久已陵夷]'[80]는 마테오 리치의 진단에 공감했는지도 모른다. 다산은 이 소사상제의 학문을 자기 전통의 누구보다, 동시대의 누구보다 더 구체적이고 실질적으로 읽는다.

사실 상제는 신유학에서 리의 주재성을 부각시키기 위한 일종의 개념 장치였다. 세계를 산출하고 흐르게 하는 원리를 태극이나 리라고 부르지만 세계를 형성하고 규제하는 힘을 강조하려면 무극이나

---

78) 『중용강의보』 권1:65a.
79) 上帝者何, 是於天地神人之外, 造化天地神人萬物之類, 而宰制安養之者也. 謂帝爲天, 猶謂王爲國, 非以彼蒼蒼有形之天指之爲上帝也. 「春秋考徵」 권4:34a.
80) 『천주실의』 권8.

태극, 리 같은 비인격적 개념들은 힘이 약하다. 그래서 이정과 주희
는 주재의 측면을 강조하기 위해서 고대 경전에서 '상제'를 도입한다.
이정二程 형제는 그 제자들과 인격적 특성을 갖는 상제上帝와 법칙으
로서의 리理 또는 천리天理의 관계를 어떻게 설정할 것인지에 대해서
논의한 일이 있다.

> 동지에 하늘에 교제郊祭를 지낼 때 점을 칩니까? 동지에는 하늘에 제사를 드
> 리고 하지에는 땅에 제사를 지낸다. 어찌 점괘를 기다리겠는가? 천과 상제의 관
> 계는 어떠합니까? 형체의 측면에서는 천天이라 하고, 주재의 측면에서는 제帝라
> 하며, 공용의 측면에서는 귀신鬼神이라 하고, 묘용의 측면에서 말하면 신神이라 하
> 며, 성정의 측면에서는 건乾이라 한다.[81]

이정 형제는 주재의 능력을 연상시키는 인격적 표현, 상제를 객관
적 원리로서의 천리天理 의 다른 국면으로 제시한다. 이는 리理로 우
주 전체를 설명하고자 했던 이들의 철학적 목표 아래서는 당연한 시
도였다. 이들의 목표는 제사의 대상으로서의 상제와 만물의 포괄자
로서의 천, 그리고 이치의 차원을 종합하는 것이었다. 그들은 먼저
천과 상제가 하나라고 선언한다. '교제로 천과 짝하고 종묘로 상제와
짝하니 하늘과 상제는 하나이다[郊祀配天, 宗廟配上帝, 天與上帝一也].'[82] 제
사의 대상으로서 천과 상제는 결국 같은 것일 뿐이다. 결국 이들은
리에 상제나 천지지심 등 같은 인격적 술어를 사용할 뿐 실제 인격적
존재를 내세웠던 것은 아니다. 퇴계 역시 이와 같은 입장이다.

---

81) 又問郊天冬至當卜邪. 曰冬至祭天, 夏至祭地, 此何待卜邪. 又曰天與上帝之說如
何. 曰以形體言之謂之天, 以主宰言之謂之帝, 以功用言之謂之鬼神, 以妙用言之
謂之神, 以性情言之謂之乾. 『이정유서』 권22上:53.

82) 『이정유서』 권15:172.

> 귀신, 천지, 상제는 이름이 비록 다르나 실제로는 같은 것입니까? 무릇 하늘은
> 전체로서 말하면 도다. 형체로 말하면 천이라 하고 성정으로 말하면 건이라 하고
> 주재로 말하면 제라 하며 공용으로 말하면 귀신이라 하고 묘용으로 말하면 신이
> 라 한다.[83]

고경의 상제가 곧 서양의 천주라는 주장을 비판하려는 안정복의 대답은 상제와 리의 관계가 서학과 유학에서 각각 어떻게 읽히고 이용될 수 있는지를 잘 보여준다. 안정복은 '주재하는 바가 있다는 측면에서 말하면 상제上帝라고 하고, 감각할 수 없다는[無聲無臭] 측면에서 말하면 태극이라 하고 리理라 하니, 상제와 태극이라는 리理를 둘로 나누어 말할 수 있겠는가.[84]'라며 상제가 실제의 인격적 존재가 아님을 강조한다. 이처럼 상제가 리와 동격, 또는 리의 다면성 중 일부라는 것은 유학자들에게 하나의 자명한 명제였다. 그럼에도 불구하고 이들은 상제를 완전히 소멸시키거나 리 안에 포섭시키지 않고 모종의 이유에서 '강조'한다. 사실 진짜 리와 상제가 같다면 두 가지 말이 필요 없었을 것이다. 유학자들에게 상제는 리의 다면적 측면 중하나라는 전제였지만 동시에 특별한 목적에서 강조되던 것이기도 했다. 성호 이익의 다음 문장이 그 목적을 잘 보여준다.

> 『시경』에 이르기를 '하늘이 밝으시어 그대가 나가는 데에도 미치시며, 하늘이
> 훤하시어 그대가 노니는 데에도 미치신다.' 하였다. 한 번 나가고 한 번 노니는 데
> 에도 상제가 엄연히 임臨해 있다고 여기는 것은 마음이 잡고 있는 법칙이 된다.

---

83) 鬼神天地上帝, 名雖異而實則同歟(중략) 夫天, 專言之則道也. 以形體言謂之天,
   以性情謂之乾, 以主宰謂之帝, 以功用謂之鬼神, 以妙用謂之神.「答喬姪問目」『퇴
   계집』 권40:14a.
84) 以有主宰而言之則曰上帝, 以無聲無臭而言之則曰太極曰理, 上帝與太極之理,
   其可貳而言之乎.『순암집』 권17:22a.

그렇지 않으면, 충신과 독경을 비록 얻더라도 반드시 잃을 것이다. 충신과 독경이란, 성性 가운데에 있는 것에 지나지 않는 것이다. 성은 하늘에서 나오고 하늘의 주재主宰를 상제上帝라 한다.[85]

성호는 상제가 임해 있다는 사실을 자각함으로써 외부에 휩쓸리지 말고 마음을 수렴하라고 권한다. 그는 세계 – 밖이 아니라 인간 – 안을 위한 상제를 호명하는 것이다. 물론 이런 경향은 퇴계에서도 나타난다.

(하늘이 임금인 나를 이렇게 사랑한다는 사실을 안다면) 반드시 천명이 쉽게 오는 것이 아님을 알 수 있을 것이며, 반드시 드높은 위에서 날마다 여기를 내려다보고 감시한다는 말이 조금도 거짓이 아님을 알 수 있을 것입니다. 능히 이와 같다면 평소에도 반드시 마음을 잡고 몸을 삼가여 경과 성으로써 상제를 밝게 받듦을 극진하지 않을 수 없을 것이며, 재앙을 만났을 때는 반드시 허물을 반성하고 정사政事를 바로잡아 삼감과 진실함으로 하늘의 뜻을 감격시킴에 더욱 마음을 다하게 될 것입니다.[86]

퇴계는 천심을 모르고 덕을 삼가지 않는 자에게 '상제가 진노하여 화패禍敗를 내리는 것이니, 이는 하늘이 부득이해서 그런 것[故帝乃震怒, 而降之禍敗, 非天之所得已也]'[87]이라며 인격적인 상제를 강조하는 것처럼

85) 詩云皇天日明, 及爾出往, 皇天日朝, 及爾遊衍, 一往一衍, 昭昭儼臨, 是持心之軌則也. 不然, 彼忠信篤敬, 雖得之必失之. 忠信篤敬者, 不過性分內事, 性出於天, 天之主宰曰上帝. 「人事門」『星湖僿說』권14:49a.
86) 其必能知天命之不易矣, 其必能知高高在上, 而日監于茲, 不容有毫髮之可欺矣. 能如此則其在平日, 必有以秉心飭躬, 克敬克誠, 以昭受上帝者, 無不盡其道矣. 其遇災譴, 必有以省愆修政, 克慎克實, 以感格天意者, 益能盡其心矣. 「戊辰六條疏」『퇴계집』권6:54b.
87) 「戊辰六條疏」『퇴계집』권6:54b.

말한다. 상제를 인격적 존재로 표현하며 도덕적 각성의 토대로서 두
려움을 강조하는 것이다. 그러나 이는 상제가 실제로 인격적 활동을
한다는 것이 아니라 자연 현상이나 일의 진행이 진노와 화패로 나타
난다는 의미에서 해석해야 한다. 인간은 자연계의 변화나 일의 추이
를 통해 상제를 간접적으로 인식할 수 있다. 우리는 이를 일종의 인
격적 활동인 것처럼 상상함[88]으로써 자기반성의 계기로 삼아야 한
다. 중요한 것은 이들이 언제나 상제의 인격성을 제한적으로만 파악
하고자 했다는 것이다. 다음의 문장이 이를 잘 보여준다.

> 태극에 동정이 있는 것은 태극이 저절로 동정하는 것이다. 천명이 유행하는
> 것은 천명이 저절로 유행하는 것이다. 어찌 다시 그렇게 하도록 시키는 자가 있겠
> 는가? 다만 무극에서 이오二五가 나와 묘합하여 응결함으로써 만물이 생겨나는
> 곳으로 나아가서 본다면 마치 주재하고 운용하는 자가 있어 이와 같이 시킨 것처
> 럼 보일 뿐이다. 『서경』에 '위대한 상제께서 아래 백성들에게 치우침 없는 덕을
> 내려주셨다.'고 했는데 정자가 이른바 주재를 일러 제라고 말한 것이 바로 이것이
> 다. (중략) 천명이 유행하는 곳에 별도로 그렇게 하도록 시킨 자[使之者]가 있다고
> 말해서는 안 된다.[89]

퇴계는 스스로 인격적 존재가 원리를 작동시킨다고 상상해 본다.
그러나 퇴계는 자신이 가설한 이 발상에 대해 스스로 답변을 내리며

---

88) 흥미롭게도 라이프니츠 역시 상제를 이런 방식으로 파악한다. '고대 중국의
   현자는 보통 사람들에게는 자신들의 상상력에 걸맞는 제사의 대상이 필요하
   다고 보고 이런 숭배의 대상으로 (추상적인) 리 혹은 태극이 아닌 (구체적
   인) 상제, 하늘의 정신(천신)을 제안했던 것입니다.' 「중국인의 자연신학론」
   §31. 라이프니츠, 앞의 책, 120쪽.
89) 太極之有動靜, 太極自動靜也. 天命之流行, 天命之自流行也. 豈復有使之者歟?
   但就無極二五妙合而凝, 化生萬物處看, 若有主宰運用而使其如此者, 卽書所謂
   惟皇上帝, 降衷于下民, 程子所謂以主宰謂之帝, 是也. (중략) 不可謂天命流行
   處亦別有使之者也. 「答李達李天機」 『퇴계집』 권13:17a.

가능성을 끊는다. '그렇게 시킨 자는 없다.'는 것이다. 퇴계에게도 상
제는 목적에 따라 인격적으로 표상된 존재일 뿐 결코 인격적 존재가
아니다. 퇴계는 주희만큼이나 '그렇게 하도록 시킨 자가 없다[使之者]'
고 강조한다. 이정이 제한했듯, 주희가 선을 넘지 못하도록 이중적으
로 표현했듯[90] 이들 역시 그렇게 시키는 자는 없으며, '마치 그렇게
주재하고 운용하는 듯' 여겨야 할 뿐이라고 강조한다. 퇴계는 상제를
인격적으로 상상하는 것이 도덕적 실천에 도움이 된다는 입장이다.
성호나 퇴계에게 인격화된 상제는 '인격적' 존재가 아니라 내면의 경
건성을 확보하기 위한 장치였던 것이다. 다산 역시 이런 유사한 경향
을 보인다. 그럼에도 다산은 이들과 다른 경로로 향한다.

3) 하늘의 명령자와 그의 천명

　숨겨져 있고 은미하다는 것은 상천上天의 일이다. '보아도 보이지 않고 들어도
들리지 않으니'(귀신장) 어찌 숨겨져 있지 않겠는가. '작을 것을 말하면 천하의 어
떤 것도 깨뜨릴 수 없다.'(비은장費隱章)고 하니 어찌 은미하지 않은가. '천하 사람들
로 하여금 마음을 가지런히 하고 깨끗이 하여 제사를 받들게 하니 충만히 위에
계신 듯하고 좌우에 계신 듯하다.'(귀신장鬼神章)고 하니 숨겨져 있는 것보다 더 잘
드러나는 것이 없다. 만물을 길러 솔개는 하늘에서 날게 하고 물고기는 연못에서
뛰어놀게 하여 그 조화의 자취를 드러낸다(비은장費隱章)고 하니, 은미한 것보다 더
잘 드러나는 것이 없다.[91]

---

90) 주희는 천지의 마음(天地之心)이 천지의 이치(天地之理)인가라고 묻는 제자
　　의 질문에 생성 능력으로서의 천지를 '마음'에 비유하여 인격화하면서도 다
　　른 곳에서 하늘의 주재를 인격적인 것으로 파악하지 않도록 강조한다(今說
　　天有箇人在那裏判判罪惡, 固不可). 자세한 것은 김선희, 앞의 책, 235~241쪽.
91) 隱微者, 上天之載也. 視之而弗見, 聽之而弗聞, 豈非隱乎.(鬼神章) 語其小則天
　　下莫能破焉, 豈非微乎.(費隱章) 使普天之下, 齊明承祭, 洋洋乎如在其上, 如在
　　其左右, 莫見乎隱也.(鬼神章) 發育萬物, 使鳶飛戾天, 魚躍于淵, 以顯其造化之

주희는 '막견호은莫見乎隱'에서의 은을 어두운 곳[暗處]로, '막현호미
莫顯乎微'에서의 미를 미세한 일[細事]로 풀이한다. 이때 은과 미는 잠시
라도 떠날 수 없다는 도[道也者, 不可須臾離也.『중용』]의 세계에 대한 묘사
이겠지만 궁극적으로는 인간이 선악이 혼재된 외부 세계와 접촉할
때의 마음의 세밀하고 은미한 계기를 가리킨다. 퇴계 역시 이를 '존
양'과 '성찰'이라는 공부의 문제와 연결한다. 다음은 『성학십도』 중
마지막인 「숙흥야매잠」에 붙인 퇴계의 말이다.

> 도의 일상에서 유행하여 어디든 편재하지 않음이 없으므로 한 곳이라도 리가
> 없는 곳이 없다. 어느 곳에서 공부를 멈출 수 있겠는가. 한시도 멈춘 적이 없으므
> 로 한 순간도 리가 없는 때가 없었다. 어느 때인들 공부를 하지 않겠는가. 그러므
> 로 자사는 '도란 잠시라도 떠날 수 없는 것이니 떠날 수 있다면 도가 아니다.' 그
> 러므로 '군자는 보이지 않는 바에서 삼가고, 들리지 않는 바에서 두려워한다.'고
> 하였다. 또 말하기를 '숨은 것보다 더 드러난 것이 없고 은미한 것보다 더 나타난
> 것이 없으니 홀로 있을 때에 삼가는 것이다.' 이것이 한번 움직이고 한번 고요함
> 에 모든 장소와 모든 시간에서 존양과 성찰을 번갈아 공부하는 방법이다.[92]

퇴계는 『중용』의 구절을 인용하여 도의 흐름이 모든 시간, 모든
공간에 편재하며 이에 대해 끊임없이 자각하며 두려워하는 마음으로
존양과 성찰의 두 공부를 이어가야 한다고 강조한다. 도가 영원히 이
일상의 세계에 유행하고 있다는 사실 앞에서 인간은 그 숨겨지고 은
미한 계기들을 삼가고 두려워하는 태도로 살피며 더 나아가 모든 순

跡, 莫顯乎微也.(費隱章)「中庸自箴」『퇴계집』권1:5b.
92) 夫道之流行於日用之間, 無所適而不在, 故無一席無理之地, 何地而可輟工夫, 無
頃刻之或停. 故無一息無理之時, 何時而不用工夫. 故子思子曰, 道也者, 不可須
臾離也, 可離, 非道也. 是故, 君子戒愼乎其所不睹, 恐懼乎其所不聞. 又曰莫見
乎隱, 莫顯乎微, 故君子, 愼其獨也. 此一靜一動, 隨處隨時, 存養省察, 交致其功
之法也.『퇴계집』권7:35b.

간에 모든 장소에서 존양하고 성찰하는 수양의 태도를 유지해야 한
다. 퇴계에게 숨겨져 있고 은미한 세계는 끊임없는 성찰의 자세로 접
근해야 할 내면의 영역이 된다.

여기서 다산은 주희나 퇴계와 갈라진다. 다산은 은과 미를 곧바로
상천의 일로, 다시 말해 상제의 일로 선언한다. 이 세계 밖에 거하는
상제의 일을 사람이 구체적으로 경험하고 감각하기 어렵다는 의미가
된다. 그러나 이 구절에서 더욱 중요한 것은 『중용』 원문에 대한 다
산의 변용이다. 이 대목에서 다산은 '중과 화가 지극한 경지에서 천
지가 올바른 자리에 편안하고 만물이 잘 자라게 된다[致中和, 天地位焉
萬物育焉.『중용』]'는 『중용』의 원문을 바꾸어 (상천이) '만물을 길러[發育
萬物]' '솔개를 하늘에서 날게 하고 물고기를 연못에서 뛰어놀게 한다
[使鳶飛戾天, 魚躍于淵]'고 표현한다. 우주의 올바른 운행이 가져오는 자
연스러운 결과로서의 만물의 성장과 이 우주적 활력의 유비적 표현
인 연비어약을 '그렇게 하도록 만든[使]' 결과로 바꾼 것이다.

신유학의 전통에서 연비어약은 우주의 자발적 생명력에 대한 유
비로써 누가 그렇게 만들거나 조작적으로 안배할 수 없는 것이다. 그
러나 다산은 이에 대해 '그렇게 하도록[使]'이라는 말을 붙인다. 누구
도 시도하지 않았던 변용이다. 다산은 하늘이 만물을 발육시켜 솔개
를 하늘에서 날게 하고 물고기를 연못에서 뛰어놀게 한다고 보며, 이
로부터 조화의 자취가 드러나고 이 자연의 생명력과 활력에서 인간
은 가장 은미한 세계를 가장 분명하게 확인할 수 있다고 생각한다.
이때 상천은 그리고 상천에 거하는 상제는 세계의 성장과 변화의 힘
이자 능동적 근원으로 나타난다.

퇴계는 이와 다르다. '솔개가 날고 물고기 뛰는 것은 반드시 리와
기가 그렇게 시키는 것이다. 소주小註에서 주자가 말하기를 날개하고
뛰게 하는 것은 리이고 (중략) 나는 것, 뛰는 것은 본래 기'[93]라고 말
한다. 퇴계가 연비어약을 리와 기의 결합의 결과로만 파악하는 것과

달리 다산은 연비어약과 같은 우주적 활력의 근거를 상천 다시 말해 상제에 둔다. 오래된 경전으로서의『중용』의 세계관과 문맥을 읽는 방법에서 다산과 퇴계는 같은 듯 다른 경로를 갔던 것이다. 이런 맥락에서 다산은 천명도 다른 방식으로 설명한다.

다산은 '주자가 성을 리라고 여기기 때문에 결국 천명을 리로 여긴 것[朱子以性爲理, 故遂以天命爲理也]'94)이라며 천명에 대한 주희의 해석과 선을 긋는다. 그리고 '심성에 부여되어 그로 하여금 선을 향하고 악을 피하게 하는 것은 본래 천명이다. 날마다 굽어보심이 여기에 있어서[日監在玆] 선한 자를 복주고 음란한 자에게 화를 주는 것 역시 천명'95)이라며 천명을 보다 구체적이고 현실적으로 이해한다. 천명은 대단히 구체적으로 내 삶에 개입한다. 양심에 들리는 소리이기 때문이다.

가령 한 순간에 갑자기 사람을 상하게 하고 사물을 해치려고 하는 뜻이 싹터 나올 때, 한편에서 온화한 말로 그치게 하면서 '허물은 모두 너로부터 말미암은 것이니 어찌 저 사람을 원망하는가? 만약 네가 풀어버린다면 너의 덕이 아니겠는가?'라고 한다. 정녕 잘 살펴 듣는다면 희미한 바가 없으므로 이것이 곧 밝게 빛나는 천명임을 알아야 한다. 이 천명을 따르면 선이 되고 복이 되며, 게을리 하여 어기면 악이 되고 재앙이 된다.96)

---

93) 鳶飛魚躍, 必理與氣之使然也. 而小註朱子曰, 所以飛所以躍者, 理也. (중략) 其飛其躍, 固是氣也. 而所以飛所以躍者, 乃是理也.「答喬姪問目」『퇴계집』권 40:13a.

94)『논어고금주』권8:39a.

95) 雖然賦於心性, 使之向善違惡, 固天命也, 日監在玆, 以之福善禍淫, 亦天命也.『논어고금주』권8:39a.

96) 假如一刻驀有傷人害物之志, 萌動出來時, 覺得一邊有溫言以止之者曰咎皆由汝, 何可怨彼, 汝若釋然, 豈非汝德. 丁寧諦聽, 無所熹微, 須知此言, 乃是赫赫之天命, 循而順之則爲善爲祥, 慢而違之則爲惡爲殃.『中庸自箴』권1:5b.

천명이 양심에 들리는, 도심에 따르는 것97)이라면 천명은 태어날 때 한번 주어지는 일회적인 것일 수 없다.

> 천명은 단지 처음에 생명이 부여되었을 때 이 성性을 주는 것만이 아니다. 원래 무형한 체와 묘용한 용이 같은 류로 서로 들어가고 더불어 서로 감응한다. 그러므로 하늘이 경고를 하는 것 역시 유형의 이목에서 말미암지 않고 매번 무형하고 묘용한 도심을 따라 타이르고 깨우치도록 하는 것이다. 이것이 이른바 '하늘이 그 마음을 깨우치게 한다.'고 하는 것이다. 그 깨우침에 순응해서 따르면 천명을 받드는 것이요, 깨우쳐 주는 바에 게으르면 천명을 거스르는 것이다.98)

이 천명을 통해 매 순간 나를 깨워야 하기 때문에 바로 그런 이유로 상제가 거기 있다. 인간은 언제나 매 순간 나를 내려다보는 상제, 인격적이며 양심에 말을 걸어오는 상제를 직감한다. '밤중에 산 속을 가는 사람이 두려워하지 않으려 해도 저절로 두려워 지는 것은 거기에는 범과 표범이 있음을 알기 때문이다. 군자가 어두운 방에 있을 때에도 두려움에 떨면서 감히 악을 행하지 못하는 것은 상제가 그에게 임하였음을 알기 때문이다[夜行山林者, 不期懼而自懼, 知其有虎豹也. 君子處暗室之中, 戰戰栗栗, 不敢爲惡, 知其有上帝臨女也].'99) 이 직감은 완전성이나 도덕성 그 자체로서의 리를 마음에서 지운 인간이 천명으로 주어진 본성적인 선의 기호를 믿고 운용할 수 있는 강력한 동기 역할을 한다.

---

97) 다산은 도심과 천명을 두 개의 분리된 것으로 보아서는 안 된다고 주장한다. '도심과 천명은 양으로 나누어 보아서는 안 된다(道心與天命, 不可分作兩段看)'『中庸自箴』권1:5b.

98) 天命不但於賦生之初, 畀以此性, 原來無形之體妙用之神, 以類相入, 與之相感也. 故天之儆告, 亦不由有形之耳目, 而每從無形, 妙用之道心, 誘之誨之. 此所謂天誘其衷也, 順其誘而從之, 奉天命者也. 慢其誘而違之, 逆天命也.『中庸自箴』권1:5b.

99)『中庸自箴』권1:5a.

다산의 전략은 간단하다. 세계의 형이상학적, 도덕적 원리였던 리의 위상을 조정하고 상제라는 인격적 존재를 세워 리가 내려온 만큼의 간극을 메우는 것이다. 그러나 다산의 상제는 사변적인 정교화를 요구하는 형이상학적 모델이 아니다. 신학의 신은 더더욱 아니다. 다산은 상제의 실재를 형이상학적 맥락에서 사변화하는 방식을 택하지 않으며[100] 국가적 맥락에서 논의되던 천과 제사에 관한 전통적 언설들을 검토하거나 혹은 구체적인 비유를 통해 전통과 단단히 연결하는 한편 삶의 자리 가까이로 근접시킨다.

상제에 대한 다산의 접근과 강조는 현대 연구자들이 인정할 수 있는 최대치 즉 '요청된 존재'[101]의 수준을 넘는 것처럼 보인다. 그러나

---

[100] 다산의 상제가 기독교적 신과 다르다는 근거로 다산에게 신 존재 증명이 나오지 않는다고 주장하는 경우도 있다. 그러나 이런 주장은 다산의 상제관을 파악하는데 그다지 큰 도움이 되지 못한다. 신이 존재한다는 사실을 '논증'해야 하는 것은 신의 존재를 무화시킬 수 있는 이론들과 경쟁해야 했던 유럽의 문제의식일 뿐이다. 동아시아에서 상제건 신이건 귀신이건 그 어떤 경우도 그 실재를 '논증'하는 전통이 없다. 다산이 마테오 리치가 주의를 기울였던 신 존재 증명에 주목하지 않았던 것도 이런 맥락에서 파악해야 할 문제이기 때문에 신존재 증명이 없다는 사실이 기독교 신과 다르기 때문이라는 결론의 근거 역할을 하기는 어렵다.

[101] 정순우는 다산의 상제가 수서학과 서학의 상제관을 종합하여 도덕적이고 윤리적인 차원에서 도덕적이고 윤리적인 존재로 요청된 것이라고 결론짓는다. 정순우(2006), 「다산에 있어서의 천과 상제」 『다산학』 제9호. 성태용 역시 다산의 상제 개념을 일종의 요청으로 이해한다. 성태용이나 마이클 칼튼 역시 다산의 상제에 대해 일종의 요청적(Requesting) 성격이 강하다고 파악한다. 성태용(2004), 「다산 철학에 있어서 계시 없는 상제」, 『다산학』 5. Michael C .Kalton(2004), "Chong Tasan and Mencius", *Journal of Tasan Studies*, Vol 5. 이에 비해 유초하는 다산의 상제를 요청적 존재로 보는 입장에 반대한다. 유초하는 '상제를 도덕적 근거로만 인정하는 논리는 실제로는 상제의 존재론적 실재성을 부정하는 것이라기보다는 그 상제가 기독교적 천주와 다르다는 것을 주장하는 데 불과한 것'이라고 주장한다. 유초하, 앞의 논문, 210쪽. 존재로서 요청한 것인가 가치로서 요청한 것인가 혹은 요청이 아니라 일종의 실재인가 하는 점은 연구자들마다 보는 각도와 평가가 다르다.

이로부터 다산이 단 한 번도 벗어나지 않았던 유학을 넘어서는 결론을 내리는 것은 지나치다. 당연한 말이지만 다산에게 계시 신학적 세계관을 찾을 수 없다. 그러나 상제의 주재성을 도입하고 상제와의 소통을 통해 인간의 이성적, 도덕적 능력을 강조하는 방식에서 라이프니츠 식으로 말하면 일종의 자연 종교-자연 신학을 찾아볼 수 있다. 다산 안에서는 신도, 계시 신학은 없지만 상제와 그 상제를 통해 도덕적으로 자각하는 인간은 존재한다. 그것은 다산이 계시 신학적 내용이 거의 담겨 있지 않은 마테오 리치의 약화된 신관과 유학, 신유학에 고유한, 멀리서 라이프니츠도 발견했던, 그리고 그의 표현을 빌자면 '자연 신학'적[102) 요소를 통합했기 때문일 것이다.

　그러나 다산은 다시 한 번 우리에게 주의를 요구한다. 그가 결코 신격으로 향한 경배로 흐르지 않기 때문이다. 상제를 하늘을 가깝게 들여오는 것은 오로지 인격과 인륜의 문제일 뿐이다. '하늘이 사람의 선악을 살피는 것은 항상 인륜에 달려 있다. 그러므로 사람이 몸을 닦고 하늘을 섬기는 바 역시 오직 인륜에 힘쓰는 데 있을 뿐이다.'[103) 다산은 자신이 강조하는 소사상제의 학문이 결코 초월적 외부 세계나 형이상학적 근원에 대한 경배로 향하는 것으로 오해하지 않도록 충분히 주의를 기울였다. 다산의 이 문장 하나만으로도 우리는 그의 답을 들을 수 있다.

　다산에게 '상제를 밝게 섬기는 학문[中庸之戒愼恐懼, 豈非昭事之學乎]'[104) 이라는 전통적인 정의는 진부한 관용어를 넘어선다. 다산은 상제를

---

102) 한형조는 퇴계가 이미 주자학의 신학적 성격에 주목했고 다산이 이를 토대로 주자학적 전통과 기독교적 전통을 창조적으로 종합했다고 평가한다. 한형조(2001), 「다산과 서학:조선 주자학의 연속과 단절」, 『다산학』 제2호; (2004), 「주자신학논고」, 『한국실학연구』 8집.

103) 天之所以察人善惡, 恒在人倫. 故人之所以修身事天, 亦以人倫致力. 『中庸自箴』 권1:3a.

104) 『중용강의보』 권1:23a.

밝게 섬기는 학문이라는 말에서 일종의 방향 전환을 시도한다. 내적
인 공부의 일이 아니라 상천의, 그리고 연비어약이라는 형이상학적
세계상에 대한 상향적 경험이 된다. 그럼에도 불구하고 결코 이 과정
은 일종의 신적 존재에 대한 신앙이나 신격화로 이어지지 않는다. 다
산에 있어서 그 어떤 경우에도 이 과정은 인간의 일을 넘어서지 않는
다[中庸一書, 雖本之天命, 而其道則皆人道也].105) 다산은 상제를 경배하지 않
으며 오직 '본심에서 천명을 구하는 것이 성인의 상제를 밝게 섬기는
학문[求天命於本心者,聖人昭事之學]'106)이라고 말한다. 자기에게 주어진 천
명을 찾고 구하고 실천하는 노력 외에 별도로 소사지학이 존재하지
않는다. 그래서 '무서워하고 두려워하며 삼가고 경계하여 상제를 밝
게 섬긴다면 인이 될 수 있지만 헛되이 태극을 높이고 리를 천으로
여기면 인이 될 수 없고 (물리적) 하늘을 섬기는 데로 귀결될 뿐이다
[然恐懼戒愼,昭事上帝則可以爲仁,虛尊太極,以理爲天則不可以爲仁,歸事天而已].107)

　　다산의 전략은 상제를 인간의 마음속으로 끌어들이는 것이다. 이
상제는 세계에 주권을 행사하는 초월적 존재가 아니라 인간이 '두려
움'으로 만나는 존재다. 이 정서적 반응이 없다면 다산은 상제를 자
기 철학에 들여오지 않았을 것이다. 그러므로 상제는 높이 있지 않다.
오직 홀로 앉은 어두운 방의 문밖에 있을 뿐이다. 더 나아가 다산의
상제는 고대 유학에 있지 않으며 언제나 현재에 그리고 미래에 있다.
다산은 고대 유학으로 '돌아간' 것이 아니라 고대 유학의 자산들을
담고 미래로 발을 옮겼다. 다산에게 '근대적'이라는 표지를 붙일 수
있다면 실제의 주장과 개념 차원이 아니라 바로 이 지향과 목표에서
그 근거를 찾아야 할 것이다.

　　다산은 전통적인 리-천명-성, 심-성의 모델을 전환해서 상제-천

---

105)『중용강의보』권1:60b.
106)『中庸自箴』권1:4a.
107)『퇴계집』「自撰墓誌銘」(集中本) 17b.

명-영명, 신-형, 기호-자주지권의 모델로 바꾸어 놓는다. 그러나 이 세계는 여전히 유가적 가치를 실천하기 위해 인간과 사회와 국가를 한 축에 두는 철저한 유교적 세계다. 다산은 이 축을 조금도 월경하지 않는다. 외래의 사유를 들여오고도 이를 철저히 자기 전통 안에서 재구성하는 이 창의적 종합의 능력 때문에 현대의 연구자들은 다산을 자기 관심과 관점 안에서 다른 모습으로 구성할 수 있었다. 이는 충돌하는 논점, 하나에 의해 다른 하나가 제거되어야 하는 대결의 논점이 아니라 다산'들'을 만나고 만들 수 있는 가능성으로 연결된다. 이 가능성 때문에 다산은 여전히 그리고 앞으로도 읽히고 재구성되면서 늘 새로워질 수 있을 것이다.

4. 맺음말

비율과 비중이 달랐지만, 그리고 한 쪽의 용어로 양자를 포섭하는 것이 부담스럽지만 거칠게 말하자면 이들은 자기 철학과 세계 내에서 일종의 자연 신학의 역할과 위상에 대해 고민한 것으로 볼 수 있다. 이런 고민에 이들은 각각 타자의 사유로부터 받은 지적 계발을 활용한다. 이 태도의 유사성 때문에 이토록 멀리 있는 두 사람을 함께 논할 모종의 분모를 확보할 수 있었다. 이들은 자기 사유에 기반해서 외래 사유를 비추어보는 전략을 구사했기 때문에 서로 강도가 달랐지만 공통적으로 계시 신학과 스콜라 철학, 유학과 신유학을 넘나드는 독특한 발상을 할 수 있었던 것으로 보인다. 이들은 모두 목적을 위해 어떤 사상적 자원도 편견 없이 사용하며 결정적으로 자기 철학 안에서 완전히 소화하는 강력하고 밀도 높은 통찰력의 소유자들이다.

사실 만물을 설계할 모든 관념과 가능성을 담고 있는 초월적 신,

자신의 설계대로 만물을 창조한 신이 여러 가능성 가운데 최선의 가능성으로 이 세계를 설계하고, 창조하고, 창조된 세계의 경배를 받는 계시신학의 전통에서 본다면 신유학의 도덕 형이상학은 무신론에 가까웠을 것이다. 반대로 신유학의 관점에서 바라본다면 초월적 인격신을 세우는 계시 종교는 세계의 구성과 원리 그리고 작동에 불필요한 단계를 하나 더 얹어 사람들을 호도하는 것으로 보였을 가능성이 높다.

이런 관점이 차이에도 불구하고 이들은 우주의 질서에 인간이 도덕적 실천을 통해 참여할 수 있으며 그래야 한다고 믿은 도덕 형이상학자들이었다. 이를 위해 인격신을 믿던 라이프니츠는 비인격적 원리인 태극과 신에 가까이 갔고, 비인격적 원리의 세계에 있던 다산은 상제라는 인격적 존재를 다시 끌어낼 수 있었다. 이 방향의 전환을 통해 두 사람은 강도와 초점은 달랐지만 인간의 도덕성에 우주적 연원이 있다는 믿음을 다시 확인할 수 있었고 자연과 도덕이 일치되는 조화의 세계가 가능하다는 것을 확신할 수 있었을 것이다.

라이프니츠는 초월신 없는 이런 세계를 '자연 신학'이라고 불렀지만 다산이 꿈꾼 세계를 어떻게 부르건 관계없이 이들이 이 세계를 자연적, 기계적으로만 바라보기 원치 않았다는 점은 분명하다. 이 복잡하고 때로 폭압적인 이 세계의 균열상 앞에서 이들은 세계 밖에, 그러나 세계 가까이에 인간이 지향할 경로를 설정하고자 했던 것이다. 이들이 세운 신이나 상제는 결국 신학의 대상이 아니라 인간의 도덕적 각성의 다른 이름이 될 것이다.

참고문헌

1. 1차 자료 및 단행본

안정복(2005), 『순암집順菴集』, 한국문집총간.

이황(2005), 『퇴계집退溪集』, 한국문집총간.

정약용(2005), 『여유당전서與猶堂全書』 7집, 한국문집총간.

라이프니츠, 이동희 역(2003), 『라이프니츠가 만난 중국』, 이학사.

_____, 배선복 역(2005), 『라이프니츠와 클라크의 편지』, 철학과 현실사.

_____, 윤선구 역(2010), 『형이상학논고』, 아카넷.

Douglas Lancashire& Hu Kuo-chen S.J(1985), The True Meaning of the Lord of Heaven, Taipei, The Ricci Institute.

Gottfried Wilhelm Leibniz, Daniel J. Cook and Henry Rosemont, Jr. tras(1994), Writings on China Open Court.

Nicolo Longobardi "Traité surquelques points de la Religion des Chinois," 福島仁 譯(1988), 「『中国人の宗教の諸問題』訳注」(上) 『名古屋大学文学部研究論集』 CII, 哲学34.

Williard G., Ching, Julia & Oxtoby. tras(1992), Moral Enlightenment. Leibniz and Wolff on China, Steyler Verlag.

김선희(2012), 『마테오 리치, 주희 그리고 정약용』, 심산.

주겸지, 전홍석 역(2003), 『중국이 만든 유럽의 근대』, 전홍석 역, 청계.

2. 논문류

김선희(2009), 「영명으로서의 인간: 『성학추술』을 통해 본 정약용의 인간론」,

『동양철학연구』 60집.

_____(2009), 「천학의 지평과 지향」, 『시대와 철학』 20권 4호.

_____(2010), 「천, 상제, 리: 조선 유학과 『천주실의』」, 『한국실학연구』 20호.

김성환(2005), 「라이프니츠의 물질론」, 『과학철학』 8집.

김형찬(2010), 「조선 유학의 리 개념에 나타난 종교적 성격 연구:퇴계의 리발에서 다산의 상제까지」, 『철학연구』 39집.

성태용(2004), 「다산 철학에 있어서 계시 없는 상제」, 『다산학』 5.

안종수(2006), 「라이프니츠와 유학」, 『철학연구』 97집.

유초하, 「정약용 철학의 상제 개념에 관한 이견들과 그에 담긴 오해들」, 『한국철학논집』 제20집.

윤선구(2007), 「라이프니츠의 신과 실체」, 『기독교철학』 8호.

이광호(1996), 「이퇴계의 철학사상이 정다산의 경학사상 형성에 미친 영향에 관한 고찰」, 『퇴계학보』 90집.

_____(2003), 「상제관을 중심으로 본 유학과 기독교의 만남」, 『유교사상연구』 19집.

이동환(1990), 「다산 사상에서의 상제 도입 경로에 관한 서설적 고찰」, 『벽사 이우성 교수 정년 퇴직 기념논총』.

_____(1996), 「다산 사상에 있어서의 상제 문제」, 『민족문화』 19집.

정순우(2006), 「다산에 있어서의 천과 상제」, 『다산학』 제9호.

한형조(2004), 「리뷰:하버드에서의 다산학 국제학술대회」, 『다산학』 5호.

_____(2001), 「다산과 서학:조선 주자학의 연속과 단절」, 『다산학』 제2호.

_____(2004), 「주자신학논고」, 『한국실학연구』 8집.

Young Ahn Kang(2009), 「European Philosophers of the 17th and 18th Centuries on Chinese Natural Theology :A Case of Philosophical Dialogue」, 『철학논집』 19집.

3. 국외자료

Albert Ribas "Leibniz' "Discourse on the Natural Theology of the Chinese" and the Leibniz–Clarke Controversy" *Philosophy East and West*, Vol. 53, No. 1.

Daniel J. Cook and Henry Rosemont, Jr. "The Pre–Established Harmony between Leibniz and Chinese Thought", *Journal of the History of Ideas*, Vol.42, No. 2, 1981.

David E. Mungello(1985), *Curious Land: Jesuit Accommodation and the Origins of Sinology.* Stuttgart. GmbH.

_____(1977), *Leibniz and Confucianism: the search for accord*, Honolulu, University Press of Hawaii.

_____(1971), "Leibniz's interpretation of Neo–Confucianism", *Philosophy East and West*, Vol.21.

_____(1980), "Malebranche and Chinese Philosophy", *Journal of the History of Ideas*, Vol.41.

Donald F. Lach(1945), "Leibniz and China", *Journal of the History of Ideas*, Vol.6.

Michael C .Kalton(2004), "Chong Tasan and Mencius", *Journal of Tasan Studies*, Vol 5.

서학 수용의 두 가지 반응
: 신후담과 정약용
- 마테오 리치의 『천주실의』 수용을 중심으로

이동희 | 한국학중앙연구원 책임연구원

1. 머리말

이 글은 마테오 리치의 『천주실의天主實義』 수용과 관련 하빈河濱 신후담愼後聃(1702~1761)과 다산茶山 정약용丁若鏞(1762~1836)의 상반적 반응을 비교하면서, 두 사람의 윤리적 입장을 추적해 보고자 한다. 또한 이 추적 과정에서 다산이 하빈과 달리 『천주실의』를 배척하지 않고 수용한 윤리적 입장이 어떠한 것인가를 밝혀 보고자 한다.

시대적 차이는 있지만, 정약용과 신후담 두 사람 모두 성호학파의 영향을 받은 조선 시대의 성리학자이면서도 서학 수용에 대해서는 상반되는 입장을 보였다. 23세의 젊은 신후담은 처음으로 성호星湖 이익李瀷을 만나 그를 스승으로 모셨다. 정약용은 나이 차 때문에 성호를 직접 만날 수는 없었지만, 16세 쯤 이미 성호 이익의 유저를 통해 그 영향을 받았고, 주변의 녹암계鹿菴系 인물들과 교유하며 성호의 학문을 사숙했다. 34세 때는 성호의 유고인 『가례질서家禮疾書』를 교정하고 강학회를 열기도 했다. 이처럼 두 사람은 같은 성호학파 계열이라고 할 수 있지만, 마테오 리치의 『천주실의』를 수용하는 과정에서는 커다란 상이한 태도를 보여준다. 신후담은 1724년에 23세의 젊은 나이에 『서학변西學辨』을 지어 서학에 대해 전반적으로 비판을 가했다. 그 비판 중심에 『천주실의』가 있었다.[1] 그는 『천주실의』의 주장을 많

---

* 이 논문은 2012년 실학박물관에서 개최한 세계기념인물 선정 기념 학술 심포지움 '다산사상과 서학'에 발표하고 2013년 「정신문화연구」 봄 호에 게재했던 논문이다.
1) 여기서 신후담을 선택한 이유는, 그가 『천주실의』를 포함 서학에 대한 본격적인 비판을 최초로 행하고, 또한 그러한 비판을 할 때 그가 대변한 전통적 성리학적 입장의 태도 때문이다. 천주실의에 대한 비판은 부분적이기는 하

은 부분 불교의 영향을 받은 것으로, 그리고 허황된 것으로 배격하고
있다.

　　첫머리에 이마두利瑪竇의 머리말이 있어 그가 지은 책이 불교를 물리친다는
뜻을 말하고 스스로 그 책이 요순과 주공 공자의 도와 어긋남이 없다고 말한다.
또 명나라 사람인 이지조李之藻, 풍응경馮應京의 무리가 쓴 서문이 있어 그의 말에
따라 추어올리고 탄복하며 그 학문이 정말 우리 유학과 다름이 없고 불교와는 같
지 않다고 말한다. 얼마나 터무니없는 말인가? 저 천당과 지옥이 있고 영혼이 꺼
지지 않는다는 가르침은 분명히 불교의 가르침이고, 일찍이 우리 유학의 책에서
는 찾아 볼 수 없다.2)

　　신후담은 마테오 리치의 『천주실의』를 불교의 가르침을 받은 것
으로 잘못 비판하고 있다. 그러나 신후담의 비판에서 주목해야 할 것
은 그가 마테오 리치의 『천주실의』를 비판할 때 취한 윤리적 입장이
다. 마태오 리치는 기독교 윤리가 유교의 윤리와 상충하지 않고 본질
적으로 같다는 주장을 폈다. 그러한 근거를 '상제' 개념에서 찾았다.
신후담은 마테오 리치가 『천주실의』에서 기독교적으로 해석한 유교
의 상제 개념을 비판했다. 그에 따르면, 유교에서 말하는 상제란 인
격적 신이 아니라 '만물을 주재하는 원리'이다. 따라서 상제는 인간의
행위에 대해 일일이 화복을 내려 주는 존재도 아니며, 죽은 뒤에 심

나, 이수광이 『지봉유설(芝峰類設)』에서 『천주실의』와 그 저자에 대해 소개
한 뒤, 유몽인(어우당, 1559~1623)이 『어우야담』 「서교」에서 천당지옥설과
성직자들의 불사혼취(不事婚娶) 그리고 내세에 대해 비판하였고, 안정복도
비슷한 관점에서 비판을 행했다.
2) 신후담, 『서학변』, 『하빈선생전집』권7, 아세아문화사, 70쪽, 앞으로 이 책은
『서학변』으로 약호한다. 앞의 구절에 대한 번역 인용은 최동희(1988), 『서학
에 대한 한국실학의 반응』, 고려대학교 민족문화연구소, 238쪽. 앞으로 『서
학변』 번역 인용문 출처는 괄호로(최동희, 238쪽) 약호한다. 번역 인용문 중
에 필자가 수정한 부분이나 보완은 [ ]로 표시해 두었다.

판자 역할을 하는 도덕적 존재도 아니다. 신후담은 전통적 성리학의 윤리학적 입장에서 마테오 리치가 주장하는 기독교적 '신' 개념에 기초한 기독교적 윤리를 비판한다. 그에 따르면, 사후에 신의 화복을 기대하고 행위하는 것은 그 동기가 이기심에서 비롯한 것으로 도덕적 행위가 될 수 없다고 본다. 도덕적 행위라는 것은 복이나 벌과는 상관없이 마땅한 일이기에, 즉 만물의 당연한 원리인 '이理'이기 때문에 해야만 하는 것이다. 신후담의 이 입장은 서양 윤리학사로 볼 때 칸트의 자율적 의무론적 윤리의 입장과 유사하다. 칸트의 의무론적 윤리 입장은 행위의 결과보다는 그것이 도덕적이기에 그 자체로 행해야만 하는 순수한 동기가 중요하다. 칸트는 이 입장에 서서 행위의 결과가 특정한 목적 달성, 즉 신의 목적에 도움이 되는가 아니면 그렇지 않은가를 평가의 기준으로 삼는 아리스토텔레스에 기초한 중세의 목적론적 윤리관을 비판했다.

신후담과 달리 다산 정약용은 1784년 그의 나이 23세 때 고향 마제에 내려가 큰 형수의 제사를 지내고 돌아오는 길에 이벽에게서 천주교 교리에 담긴 전통적 성리학에서 들을 수 없었던 이치를 듣고 큰 감동과 충격을 받고, 또한 『천주실의』와 『칠극七克』 등 책을 구해 읽으면서 그 영향을 크게 받았다고 고백하고 있다.

갑진년(1784년) 4월 보름날 맏형수의 기일에 제사를 지내고 나서 우리 형제와 이벽은 같은 배를 타고 물길을 따라 내려갔는데, 배 안에서 천지가 창조되는 시초나 육신과 정신이 죽고 사는 이치를 들으니, 황홀하고 놀라워 마치 은하수가 끝이 없는 것 같았다. 한양에 와서 또 이벽을 좇아 『천주실의』와 『칠극』 등 몇 권의 책을 보고 비로소 혼연하게 그에 마음을 기울였다.[3]

---

3) 『全書』I-15 "甲辰四月之望 旣祭丘수之忌 余兄弟與李德操同舟順流 舟中聞天地造化之始 形神生死之理 惝怳驚疑 若何漢之無極 入京又從德操 見實義七極等數卷 始欣然傾嚮."<先仲氏墓誌銘>.

앞의 글을 토대로 해서 보면, 정약용이 1784년에 처음으로 천주교 교리와 서학을 접한 것처럼 보인다. 그러나 사실 정약용은 16세쯤 이미 성호 이익의 유저를 통해, 또한 녹암계 사람들인 중형 정약전, 이벽 등 주변 인물들을 통해 서학 및 서양의 과학·기술 등을 이미 알고 있었다.[4] 정약용은 서학에 대해 알고 있었지만, 그에 대해서는 종교적 관점에서 본격적인 관심을 기울이지 않았던 것 같다. 그가 종교적 관심을 가지고 천주교 교리에 대해 깨닫고 새롭게 인식한 것은 1784년 이벽을 통해서인 것으로 보인다. 그는 천주교 교리에 대한 깨달음을 기반으로 해서 이벽과 함께 『천주실의』와 『칠극』 등을 읽으면서 서학에 심취할 정도로 영향을 받았다. 정약용은 신후담처럼 전통적 성리학의 입장에서 비판적으로 『천주실의』를 보지 않았다. 정약용은 천주교 교리가 유교 경전의 가르침과 모순된다고 보지 않고 오히려 천주교 교리의 빛으로 비추어 보면 유교 경전의 원래 참다운 모습을 드러낼 수 있다고 본 것 같다. 잘 알다시피, 정약용은 인격적 의지적 존재로서의 천天 및 상제의 개념을 적극 수용해 자신의 실천 철학의 근거로 삼았다.[5] 다산이 인격적 의지적 천의 존재를 『천주실의』를

---

4) 나중에 정약용이 정조에게 제출한, 천주교와의 관련사항을 스스로 해명한 자명소를 보면, 정약용은 젊을 적 자신이 『천주실의』를 포함 천주교 교리를 담은 책들을 보며 마음으로 기뻐하고 사모할 정도로 좋아했다고 고백한다. "저는 이른바 서양의 사설에 관해 일찍이 그 책을 읽었습니다. (…) 일찍이 마음으로 좋아하여 기뻐하고 사모하였으며 일찍이 드러내고 남들에게 자랑하였습니다. (…) 신이 이 책을 얻어 본 것은 대개 약관 초기였으며, 이때에는 본래 일종의 풍조가 있었으니, 천문, 역상曆象의 학문과 농정·수리의 기계와 측량, 추험(推驗) 의 방법에 대해 잘 설명하는 이가 있으면 세상에 서로 전하면서 그를 가리켜 해박하다고 했습니다. 신은 어렸을 때에 이를 곁눈질해 보고 몰래 혼자서 흠모하였습니다."(辨謗辭同副承旨疏)

5) 백민정은 『천주실의』와 관련해서 정약용의 저서들을 종합적으로 분석해 보면, 다산에게 천주교 교리 그 자체 보다는 『천주실의』에 실린 아리스토텔레스의 철학, 즉 그의 존재론과 윤리학이 다산에게 철학적 영향을 미쳤을 것이라고 주장한다. 백민정(2007), 『정약용의 철학』, 이학사, 19쪽 참조.

통해서 받았던지, 아니면 원시 유교의 경전 속에서 재발견했던 간에 공통적인 것은 그러한 신적 존재를 자신의 실천 철학의 근거로 삼고 있다는 점이다. 다산에게서 천 또는 상제는 양심의 근거이자 도덕을 촉진시키는 엄한 감시자이다. 서양 윤리학사의 흐름으로 보면, '신' 개념에 기초한 다산의 윤리적 입장은 고대 또는 중세의 목적론적 윤리관으로 후퇴한 것처럼 보인다. 바로 신후담과 칸트가 비판했던 신 개념에 기초한 중세 목적론적 윤리관과 비슷하기 때문이다.

이렇게 정약용과 신후담은 서학의 대표적 저작인 『천주실의』의 수용에서 윤리적 관점과 관련해 커다란 입장 차이를 보여 주고 있다. 신후담은 『서학변』에서 상제가 일일이 사람들에게 화복을 내려주며, 사후에 상벌을 준다고 하는 점을 비판하면서 서학은 "삶을 탐내고 죽음을 싫어하는 이기적인 마음"에서 나왔다고 비판했다. 그 반면에 다산은 마테오 리치가 『천주실의』에서 주장하는 인격적 의지적 천주의 존재를 수용하며, 그런 존재가 인간을 일일이 감시하고 있다는 점을 적극적으로 수용하는 모습을 보여준다. 이에 반해 신후담은 『천주실의』에서 말하는 '천주'는 원시 유교의 상제와 같다는 점은 동의하지만, 그것은 인격적 의지적 존재로서의 '천'이 아니라고 주장한다. 성리학자인 그가 볼 때, 천은 사물의 주재 원리인 '이理'나 '도'를 뜻하는 것인데 그것을 인격적으로 파악한다는 것은 아직 유교 원리의 참 뜻을 모르거나 미발전한 사고이다. 만약 인간이 인격적 의지적 존재로서의 천과 천에 의한 심판 내지 상벌에 근거해 행위한다면, 그것은 자발적이지도 않고, 순수하지도 않다. 따라서 인격적 의지적 존재의 천은 도덕적 행위의 근거가 될 수 없다. 신후담이 이렇게 『천주실의』를 포함한 서학에 대해 전통적 성리학자의 입장에서 비판을 하고 있는 반면, 다산은 『천주실의』 등 서학이 성리학적 세계관에 대한 비판적 계기를 제공한다고 여긴 것 같다. 그렇다면 신후담의 비판적 입장과 다르게, 다산이 인간의 도덕적 실천 행위와 관련해 인격적이고 의

지적인 천 및 상제의 개념을 적극 수용한 까닭은 무엇인가?

2. 『천주실의』에 나타난 마테오 리치의 윤리적 입장

마테오 리치가 중국에 온 목적은 당연히 중국을 선교하기 위한 것
이었다. 그는 적응주의적 선교전략을 채택했다. 적응주의적 선교전략
은 그 문화를 깊이 이해하고, 그 문화 속에서 기독교와 공통점을 찾
아내 기독교의 진리를 효과적으로 전파하려는 전략이었다. 리치의
이 적응주의적 선교 전략은 풍응경馮應京이 『천주실의』 서문에서 말
하는 ‘중국을 빌어 중국을 변화시키는[以中化中]’ 방식이었다. 다시 말
해 유교와 기독교가 이질적이지 않다는 것을 설득하여 중국인들에게
접근하는 방식이다.

리치는 중국의 고전 속에서 기독교적 원리와 같은 유사한 것이 있
다는 것을 증명하고 기독교 신앙을 효과적으로 신속하게 보급하려
했다. 리치가 처음 중국에 왔을 때는 불교승려의 복장을 하고 있었다.
그러나 그는 광동성廣東省 소주韶州에서 구태소瞿太素를 만나 유교식
이름을 쓰고 유교 복장을 하게 되었다.[6] 중국에 기독교 신앙을 보다
빠르고 효과적으로 전파하려면 중국의 지배계급인 지식인인 선비들
을 개종시켜야 한다는 것을 깨달은 것이었다. 그러나 중국의 지식인,
즉 선비계급과 대화하려면 무엇보다 중국의 고전에 대한 이해가 필
요했다. 어려운 중국 고전들을 습득하면서 리치는 중국인들이 예전
에는 참된 신에 대한 지식을 가졌다는 점을 발견했다. 리치가 볼 때
당대의 성리학자들은 참된 신에 대한 지식을 불행하게도 잊어버리고

---

6) 구태소는 강소성(江蘇省) 사람으로서 그 부친 구경순(瞿景淳)은 관직이 예
   부상서(禮部尙書)까지 지낸 명문대가의 출신이다. 부친별세 후 구태소는 연
   금술을 연구한다고 각성을 방랑하다 마테오 리치와 만나게 되었다.

무신론자가 되어 중국 고전을 잘못 해석하고 있다고 생각했다. 그렇
게 된 원인을 그는 후대에 서방, 즉 인도에서 우상을 숭배하는 불교
가 들어와 유교를 오염시켰기 때문이라고 보았다.[7] 리치는 당대의
중국 사람들이 기독교에서 말하는 신을 모르지만, 항상 높은 도덕심
과 종교성을 가진 것에 대해 의아해 했다. 리치를 포함해 당대 유럽
인들은 기독교 문화 이외의 지역은 야만으로 생각했기 때문이었다.
리치는 중국의 높은 도덕심과 종교성이 어디서 유래하는가를 이해하
고자 노력했다. 그가 도달한 결론은 "자연적 이성의 빛"이라는 개념
이었다. 리치는 1609년에 마카오에서 썼던 한 편지에서 중국적 정신
의 근본원리를 "자연적 이성의 빛[8]"에 따른 것이라고 설명하고 있다.
"자연적 이성의 빛"은 성서를 통한 '계시 이성'이 아니라 '자연이성'을
통해서도 신이 자신을 계시했다고 하는 주장이다. 리치는 자연이 준
이성을 가진 사람이라면 당연히 그 이성을 통해 신의 존재를 추론 내
지 인식 가능하다고 본 것이었다. 리치는 중국 고전이 이러한 '자연
이성'에 기초해 있다고 믿었다. 그는 원시 유교의 경전을 해독하면서
중국에는 이미 자연적 이성에 의해 기독교의 진리가 알려 졌다고 믿
었다. 그는 자신의 중국친구들의 도움을 받아가면서 『주역』, 『예기』,

---

7) 孫尙揚(1992), 『明末天主教與儒學的交流和衝突』, 臺北, 文津出版社, 48-9頁.
8) 리치는 1609년에 마카오에서 썼던 한 편지에서 "자연적 이성의 빛"을 다음과
   같이 설명한다.
   "고대에 있어 중국인들은 우리나라들에 있어서와 같이 자연법칙을 좇았다.
   수천 년이 지나는 동안에도 이 민족은 우상을 섬기거나 이집트, 희랍, 로마와
   같이 비난받을 그런 우상을 만들지 않았다. 확실히 신성은 매우 덕성스러운
   것이며 이러한 것은 그들의 훌륭한 책들에 나타나 있다. 사실 그들은 가장 영
   향력 있고 가장 오래된 경전 속에서 이미 천지와 이 양자의 주인을 섬기고
   있다. 이 책들을 정확하게 탐구하다 보면 우리는 자연적 이성의 빛에 거슬리
   는 어떠한 것도 발견할 수 없을 것이며 그 책들이 많은 점에 있어 자연적 이
   성의 빛에 따르고 있는 것을 볼 것이다." Tacchi Venturi: Opere storiche del P.
   Matteo Ricci, 2 Bd. Macerta, 1911-1913, Bd II. 386쪽 여기서는 Gernet J.(1984),
   Christus kam bis nach China, Zürich u. München, 32쪽에서 재인용.

『상서』등 중국고전 속에서 기독교 교리와 어울려 보이는 몇 가지 개념들을 찾았다. 그런 개념들이 '천주天主', '상제上帝' 등이었다. 이런 개념들에 고무된 리치는 『천주실의』에서는 상제를 하느님과 같다고 단호하게 주장한다.

> 우리[서양]의 천주는 바로 [중국의] 옛 경전에서 말하는 '하느님'[상제]입니다.[9]

리치는 『천주실의』를 통해 중국인들에게 중국 고전 속의 성인들이 말하고자 했던 것이 다름 아닌 기독교 신학자들이 말하고자 했던 것이라는 것을 논증하고자 했다. 그러한 논증의 핵심이 바로 하느님과 상제가 동일한 존재라는 것이었다. 하느님과 상제가 같다는 리치의 이 주장은 이후 리치의 영향을 받은 선교사들에게서도 나타난다. 『중국의 철학자 공자, 중국의 학문』 "Confucius Sinarum Philosophus sive Scientia Sinesis"의 서론에서 선교사들은, 고대 중국인들은 참다운 신, 즉 기독교 신에 대한 지식을 가졌고 그를 경배했을 것이라는 리치의 견해를 그대로 반복하고 있다.[10] 또한 선교사들은 리치의 견해에 따라서 중국어인 상제上帝는 기독교의 신에 상응하고, 귀신鬼神과 천신天神 같은 중국말은 천사와 영혼에 해당할 것이라고 설명을 하고 있다.[11]

그러나 리치 당시의 중국 성리학자들은 상제 개념을 리치와 다르

---

9) 마테오 리치, 송영배 역(1999), 『천주실의』, 서울대학교출판부, 99쪽 이하. 앞으로 이 책은 『천주실의』로 약호하고 쪽 수를 표시한다.

10) Philippus Couplet(栢應理) 등의 신부들이 편집한 책이다. 이 책에는 꾸플레가 루이 14세에게 올리는 글을 비롯해서 유교 경전의 역사와 요지 그리고 중요한 주석서의 소개, 불교나 노장과 유교와의 구별에 대한 약술, 주역의 64卦에 대한 설명이 실려 있었다. 그리고 인토르체타의 공자전기가 실려 있었으며, 인토르체타 등이 번역한 대학, 중용, 논어의 역문과 주석이 실려 있었다.

11) 라이프니츠(2003), 『라이프니츠가 만난 중국』, 이학사, 이 책의 해설 중 마테오 리치에 관련한 179~183쪽 참조.

게 '이理'의 비유 정도로 이해했다.[12] 그들은 리치가 주장하는 질료와 분리된 순수한 정신적 실체로서의 신의 개념을 이해하지 못했다. 중국적 사고에서 나와 세계, 정신과 물체 그리고 신적인 것과 우주적인 것의 대립은 찾아보기 힘들며, 물질과 분리된 순수한 정신적 실체로서의 '이理'와 같은 것은 존재하지 않기 때문이었다. 리치는 이런 성향을 띤 중국의 성리학자들을 '유물론적 무신론자'라고 비판하며, 『천주실의』에서 순수한 정신적 실체의 존재를 입증하는 데 많은 부분을 할애하고 있다. 리치는 정신적 실체의 존재를 입증하고 이에 따라 기독교인으로서, 그리고 참된 유교인으로서 해야 할 윤리적 행위를 설명하고 있다.

리치는 『천주실의』를 1603년 북경에서 출판했다. 리치가 『천주실의』의 집필을 위한 자료를 모은 것은 1595년경으로 보이며, 부분적인 초고가 탈고가 된 것은 1596년 10월경으로 보인다. 중국의 연구자 임동석은 『천주실의』가 1595년 10월부터 부분적으로 쓰였으나, 1603년 8월에 목각 인쇄에 부쳐질 때 비로소 전체가 완성되었다고 고증한다.[13] 그는 『천주실의』가 출판되기 전부터 그 원고가 부분적으로 필사본으로 유통되어 중국인들이 읽고 있었다고 주장한다. 즉 제 7편은 1599년에 그리고 제3편과 제5편은 1601년 5월부터 1603년 8월에 필사본으로 이미 작성되어 유통되고 있었다는 것이다. 이러한 주장에 따르면, 리치는 사전에 중국 유교 지식인들과 토론과 검증을 통해 『천

---

12) 다음과 같은 주희(朱熹)의 말 속에는 천지창조자로서의 인격신적인 개념이 부정되고 있다."저 푸른 하늘은 운행을 계속하고 멈추지 않는 바로 그것이다. 지금 저 하늘에 인격적인 존재가 있어서 죄악을 심판한다고 말한다면 (그것은) 진실로 말이 안 되는 것이다. 그러나 그것을 주재하는 것이 없다고 한다면, 그것 또한 말이 안 되는 것이다."『朱子語類』卷1, "蒼蒼之謂天, 運轉周流不已, 便是那個. 而今設天有個人在那裏比判罪惡, 固不可. 設道全無主之者,又不可."

13) 임동석, 「有關利瑪竇著, 『天主實義』與『畸人十篇』的 幾個問題」, 『대륙잡지』 제56권 제 일기, 39쪽.

주실의』의 원고를 완성했던 것으로 보인다. 다시 말해 리치는 중국 지식인들의 정신적 세계관을 정리하고, 중국 지식인들의 입장에서 천주교에 대해 물어 볼 답변을 중국 지식인들이 가장 잘 이해하고 수용하기 쉬운 방식으로 『천주실의』를 완성한 것으로 보인다. 마테오 리치는 천주의 신의 존재 증명, 인간의 육과 영의 분리, 영혼 불멸설, 사후 심판설 등을 논증한다.

마테오 리치는 『천주실의』 제1편에서 중국 고전을 통해 "신", 즉 "천주"의 개념을 소개하고, 불교와 도교의 "공"과 "무"를 "절대적인 허무"나 "부재"로 간주하여 극단적인 비판을 행한다. 또한 제2편에서는 성리학의 리와 태극 개념이 신과 같은 능동적 자립태가 될 수 있음을 비판한다. 그리고 아리스토텔레스를 따라 만물에는 모두 영혼이 있음을 주장하며, 인간이 영혼이 갖는 이성과 불멸성을 이야기하면서 인간의 영혼은 식물혼, 그리고 동물혼과 다름을 설명한다. 그리고 제4편에서 그는 창조주와 피조물의 차이를 설명하며 만물일체설을 부인한다. 그리고 제5편에서는 불교의 전생설과 윤회설 및 '살생계'를 비판하고 기독교의 '재계'의 참뜻을 죄의 통회, 즉 참회와 연관하여 설명하고 있다. 제6편에서는 의지는 소멸될 수 없고, 아울러 사후에 반드시 천당과 지옥의 상벌로써 세인들이 행한 선악에 응보가 있음을 논증한다. 제7편에서 인간 본성의 본래적 선과 이 선에 기초해 천주교인들이 배워야 할 올바른 학문에 대해 서술한다. 제8편에서는 천주교 신부의 독신생활과 예수 그리스도가 서양에 강생한 이유에 대해 설명한다.

윤리와 관련해 우리가 리치의 『천주실의』에서 주목해 보아야 할 것은 사후에 행하게 될 신의 심판, 즉 상벌 개념이다. 리치는 이 사후의 심판이 현세에서 인간이 행하게 될 윤리적 행위와 관련해 대단히 중요한 역할을 한다고 본다.

우리들이 앞으로 내세에서 받게 될 길흉들도 또한 모두 '현세'에서 [우리들이] 행동한 것이 '옳았느냐', '사특했느냐'에 달려 있다.[14)]

리치는 현세에서 인간이 선악을 선택해 행동하게 되는 까닭은 인간이 초목과 금수와 달리 이성적 영혼을 가진 존재이며 자유의지를 가지고 있기 때문이다. 인간은 이성적 영혼의 존재이기에 인간의 행동에는 이성적 요구가 있으며, 자유로운 의지의 선택에 의하여 선행과 악행을 행할 수 있다, 그러나 인간은 사후에 그런 자유의지에 대한 책임을 져야 한다. 리치는 이런 점에서 '천주'는 인간의 선악을 심판하고 상벌을 부여하기 위해 반드시 존재해야 한다고 주장한다.

3. 『천주실의』에 대한 신후담의 비판

신후담은 리치의 주장을 전통 성리학자의 입장에서 비판하고 반박한다. 그에 따르면 윤리적 행위란, 신의 심판이 두려워서도 또한 사후에 상을 기대하는 이기적 마음에서 행하는 행위도 아니다. 윤리적 행위란 마땅히 해야만 하기에 해야 하는 행위이다. 이런 신후담의 입장은 서양윤리학사로 볼 때는 칸트의 자율적 윤리학의 입장과 가깝다. 칸트는 도덕이라는 것은 행위의 의도나 결과에 상관없이, 다시 말해 선행에 대한 신의 보상이나 징벌에 상관없이 그 자체 선하기 때문에 행해야만 한다는 의무론적 입장에서 자율적 윤리를 내세우기 때문이다. 칸트는 특정한 의도, 목적, 행위, 행위의 결과 욕구의 대상 등은 도덕적 가치와 전혀 무관하다고 주장한다. 설령 합의무적 행위라고 해도 그것이 순수하지 않다면 도덕적 가치를 가지지 않을 수 있다.

---

14) 『천주실의』, 212쪽.

타인에게 최대한의 호의를 베푸는 것은 하나의 의무이다. … 하지만 그러한 사람이 베푸는 호의는 그것이 아무리 합의무적이고 칭찬받을 만해도 참된 도덕적 가치를 갖지 않는다. 왜냐하면 그의 행위는 비록 앞서와 다른 종류의 것이라 할지라도 여전히 성향들과 함께 하기 때문이다. 예컨대 그것이 명예에 대한 성향이라고 해보자. 명예에 대한 성향이 공동체에 유익하고 합의무적이어서 그만한 가치를 가지는 경우라면, 그와 같이 운 좋은 경우라면, 그 성향은 최상의 가치를 갖지 못한다. 왜냐하면 그러한 행위법칙에는 어떤 성향 때문이 아니라 오직 그것이 의무이기 때문에 그것을 행한다는 도덕성의 핵심이 결여되어 있기 때문이다.[15)]

칸트의 도덕에 대한 이러한 요구는 '행위의 결과'와 '신의 심판'에 기초한 중세 목적론적 윤리관에 대해 비판이라 할 수 있다. 신후담은 칸트와 유사하게 유교적 입장에서 행위의 순수성, 즉 '도심'의 입장에서 『천주실의』에 나타난 윤리의 이기적 태도를 비판한다. 이러한 태도는 주자학에 기초한 것이다. 주희는 『논어』의 "일을 먼저하고, 이득은 뒤로 미루는 것이 덕을 숭상하는 것이 아니겠느냐?"[16)]에 대한 주석에서 이렇게 말을 하고 있다.

일반적으로 사람들이 마땅히 해야 할 것을 알아서 이익을 위하는 마음이 없다면, 이러한 생각은 저절로 높고 원대한 것이다.[17)]

신후담은 17세쯤에 『성리대전性理大典』을 정독하고 점차 주자학에 기울기 시작했다. 20세에 사마시司馬試에 합격하여 진사가 되었으나 대과 응시를 단념하고 도학의 오묘한 뜻을 추구하는데 집중했다. 하

---

15) Kant, Grundlegung zur Metaphysik der Sitten, Bd. IV, Akademie Ausgabe,Berlin, 1911, 398쪽.

16) "先事後得. 非崇德與?", 『論語』, 「顔淵」, 21장.

17) "凡人若能知所當爲, 而無爲利之心, 這意思便自高遠."『朱子語類』42:93.

빈 신후담은 1724년에 성호 이익을 방문하고 서학에 관한 이야기를 듣고 나서, 23세의 젊은 나이에 서학을 배척하는 글에 착수했다. 그는 서학에 관한 문헌들을 널리 구하여 연구 검토를 한 끝에 서학이 사학이라는 결론에 도달하고, 그것의 해악을 방지하기 위해 척사론적 입장에서 비판서인『서학변』을 작성하였다.[18)]『서학변』은『영언여작靈言蠡勺』,『천주실의』,『직방외기職方外紀』를 차례대로 조목조목 비판한 것이었다.

그는『서학변』에서 서학에서 가르치는 행위의 원리는 순수하지 않으며, 성리학적으로 말하면, 인간의 욕심, 즉 인심에 기초한 것이다. 다시 말해 그는 기본적으로 서학이 죽음을 싫어하고 삶에 애착을 가지는 사람들의 이기적 마음을 조장해 그릇된 가르침을 전파하는 사설이라고 보고 있다.

> 그러나 이것도 또한 그 삶을 탐내고 죽음을 애석하게 여기는 저 이利를 위하는 마음을 스스로 가리울 수 없다. 뒷날 배우는 사람들은 다만 그 밑뿌리가 이利에서 나왔음을 알고 삶과 죽음 때문에 자기 마음을 흔들리게 하지 않는다면 그 가르침에 끌리어 들지 않게 될 것이다.[19)]

신후담은『서학변』에서『천주실의』를 포함한 서학의 요지를 첫째, 천주를 내세우는 점, 둘째, 영혼이 불멸한다는 점, 셋째, 천당과 지옥이 있으며 넷째, 상제가 화복을 내려 준다고 믿는 점으로 파악한다. 그는 이 요지에 따라 다음과 같이『천주실의』의 주장에 대해 반박을

---

18) 1725년 성호 이익은 신후담의 서학 배척 사실을 알고는 그를 만난 자리에서 '인식이 제한되고, 학문이 위축될 것'을 우려하기도 했다. 참조『둔와서학변(遯窩西學辨)』, 紀聞編, 乙巳秋, 여기서는 차기진(2002),『조선 후기의 서학과 척사론 연구』, 한국교회사연구소, 76~77쪽 재인용

19)『서학변』22쪽(최동희, 204~205쪽).

가한다.

첫째, 상제라는 개념은 원시 유교에도 있지만, 그것은 하늘과 땅을 지어 낸 창조주가 아니라, 하늘과 땅을 다스리는 이치를 말한다.

　　이른바 천주가 비로소 천지만물을 짓고 [제작하고] 다스리며 [주재하며] 안양安養 한다는 것 같은 말은 이 한 편의 으뜸 되는 요지를 잡아냈다고 할 수 있다. 그 그 러나 계속 말하는 속뜻을 보면 우리 유학에서 상제上帝를 밝히는 말에 많이 기대 어 참된 것을 말막음으로 내세우고 거짓을 겉치레하려는 꾀를 부리지만 끝내 스 스로 감출 수 없게 된다. 정자程子가 '주재한다는 쪽으로는 상제라 한다.'고 말하였 으므로 그[이마두]가 천주는 하늘과 땅을 다스린다고 [즉 주재] 말하는 그 말은 옳다. 주자朱子가 '만물이 상제를 따라서 나가고 들어온다.' 고 말했으므로 그[이마두]가 천주는 만물을 안양한다고 말하는 것은 그 뜻이 역시 그럴 듯하다. 그러나 천주가 지어냄으로써 천지가 이루어졌다고 말하는 것은 이치로 보아도 터무니없고, 경서 에도 여기에 맞는 것이 없으므로 다만 함부로 생각해 낸 이론이다.[20]

신후담은 천주는 창조주가 아니며, 또한 마테오 리치가 목수의 예 를 들어 창조주로서의 '상제'를 설명한 것은 인간의 행위를 미루어 천주의 존재를 추론하는 것으로 이치에 맞지 않는다고 비판한다.

　　그[이마두]는 비록 목수가 집을 짓는 것을 끌어 들여 증명하려고 하지만 우리는 천지가 처음으로 생겨난 것이 마치 가옥이 인위에 의해 건축되는 것과 같지 않을 것이라고 믿는다. 저 위대한 상제를 목수에 견줄 수는 없다. 천지가 처음으로 생 긴 [개벽하는] 일은 참으로 말하기 어렵다.[21]

---

20) 『서학변』, 72쪽(최동희, 240쪽).
21) 『서학변』, 72~73쪽(최동희, 240쪽).

신후담은 상제는 천지의 창조주가 아니라, 천지가 형성된 뒤에 그 사이에서 만물을 주재하는 원리로 파악한다. 따라서 천주를 의인화된 인격적 존재로 주장하는 마테오 리치의 견해에 동조하지 않는다.

이른바 상제는 역시 천지가 형성된 뒤에 그 사이에서 만물을 주재한다. 그것은 도와 기를 합쳐서 부르는 이름이다. 마치 사람이 생을 타고 난 뒤에 곧 이 마음이 인신을 주재하지만 사실은 이 마음이 인신을 제작할 수 없는 것과 같다. 상제가 비록 주재는 하지만, 천지를 제작한다고 말할 이치는 있을 수 없다.22)

두 번째로 신후담은 영혼의 불멸성과 관련해 전통적 성리학의 입장에서 비판을 가한다. 그는 『서학변』의 「영언여작」 편에서 영혼불멸설에 대한 비판을 가하고 있는데, 이 비판은 『천주실의』 편에도 그대로 해당한다고 말을 한다. 그에 의하면, 인간의 영혼은 기의 취산에 따라 모였다가 흩어지는 것이기에 서학에서 말하는 영혼의 불멸은 인정하기 어렵다는 것이다.

생각건대 이것은 다음과 같은 것을 말한다. 곧 사람의 영혼은 스스로가 하나의 실체[體]를 이루고 있으며 아예 다른 사물에 기대지 않는다. 그러므로 자립自立의 실체[體]라고 한다는 것이다. 그러나 사람이 태어남에 있어서 먼저 형체를 지니게 된 뒤에 양기陽氣가 와서 달라붙음으로써 혼이 이루어진다. … 주자가 '혼의 기가 하늘로 돌아간다.'고 하는 것은 즉 이 기氣가 흩어지는 것을 말할 뿐이다. 이런 것으로 미루어 보면, 혼은 형체에 기대어 있게 되고, 형체가 이미 없어지면 흩어져 꺼져서 없어지는 [즉, 무無] 것이다. 어떻게 자립의 실체라고 할 수 있을까?23)

---

22) 『서학변』, 73쪽(최동희, 241쪽).
23) 『서학변』, 23~24쪽(최동희, 205~206쪽).

또한 신후담은 예수회에서 언급하는 혼삼품설을 비판하며 일품설을 주장한다. 그는 한 형체에는 하나의 혼만 있을 뿐이며, 인간만이 우수한 기氣를 받았기 때문에 그 혼이 다른 사물에 비해 영묘할 뿐이다. 본래 영혼이 있기 때문에 생혼도 있고 나아가 각혼도 있는 것이지 세 가지가 각각 독립하여 일신상에 병존하는 것은 아니라고 주장한다. 또한 그는 영혼불멸설은 죽은 뒤의 영생을 누리고자 하는 미련에서 온 것으로 현세를 부정하는 결과를 낳게 된다고 비판한다. 중요한 것은 현세를 어떻게 올바로 사느냐 하는 문제이지 내세의 복을 구하려는 이기적 태도가 아니다.

그런데 그들이 가르치고 배우는 바가 오직 천상의 복일뿐이다. 이것을 찾는다면 곧 자식으로서 마땅히 아버지를 섬기려고 하지 않고, 백성으로서 마땅히 임금을 섬기려고 하지 않고 나라를 다스리는 사람으로서 마땅히 나라를 다스리고 제도를 마련하는 데 뜻을 두지 않고, 수신하는 사람으로서 수작酬酢과 언동을 살피지 않게 되어, 일용만사가 모두 폐지되고 말 것이다.[24]

세 번째로 그는 『천주실의』에서 천주를 내세우고, 영혼 불멸을 내세우는 주장은 천당지옥설을 내세우기 위한 것이라고 주장한다.

이 책[천주실의]은 모두 여섯 편인데, 대체로 천주를 존경하여 받드는 일에 대해 말하고 있다. 그러나 돌아 가 닿는 곳을 생각해 본다면 천당과 지옥을 말함으로써 사람들을 으르고 꾀는 데 지나지 않는다. 그리하여 사람이 죽어도 영혼은 꺼지지 않으므로 천주가 그 죽음을 기다려서 상벌을 내린다고 한다.[25]

---

24) 『서학변』, 18쪽(최동희, 203쪽).
25) 『서학변』, 70쪽(최동희, 238쪽).

그에 의하면, 『천주실의』의 요지는 천당과 지옥을 내세워 사람들의 마음을 동요시키고, 사람들로 하여금 천당에 가고자 하는 이기적인 마음을 부추긴 것이다. 따라서 그가 볼 때 천주교에서 내세우는 행위는 진정한 도덕, 즉 '도심'에 근거한 행위가 아니라, 이기적인 마음, 즉 '인심'에 근거한 것이다. 그는 천당지옥설은 영혼이 죽은 뒤에도 살아 윤회한다고 하는 불교의 주장이지 유교의 가르침이 아니라고 주장한다.

> 저 천당과 지옥이 있고 영혼이 꺼지지 않는다는 가르침은 분명히 불교의 가르침이고 일찍이 우리 유학의 책에서는 찾아 볼 수가 없다. 나는 부처와 다르다는 것이 무엇인지 우리 선비와 같다는 것이 무엇인지 알 수 없다.[26]

네 번째 신후담은 『서학변』의 「영언여작」편에서 상제가 하나하나 사람들에게 화복을 내려 주는 것이 아니라고 주장한다. 그는 이理에 따르는 사람은 저절로 복을 받는 것이고, 그렇지 않은 사람은 저절로 화를 만나게 된다고 주장한다.

> 착한 일을 하면 복이 내리고 나쁜 일을 하면 화가 미친다는 말은 우리 유학의 책에도 있다. 이것은 다만 이치理致에 대해서 말할 뿐이다. 곧 이치에 따르는 사람은 저절로 마땅히 복을 얻게 되고 이치를 거스르는 사람은 저절로 마땅히 화를 만나게 된다. 어찌 상제가 그 때마다 늘 사람한테 내려준다고 말하겠는가? 그리고 그 복과 화라는 것은 덕이 있으면 벼슬을 내리고, 죄를 지으면 다스릴[처벌할] 적에 나타날 뿐이다. 또한 어찌 저 이른바 천당과 지옥의 가르침과 같은 것이리오?[27]

---

26) 『서학변』, 70~71쪽(최동희, 239쪽).
27) 『서학변』, 18쪽(최동희, 203쪽).

신후담은 천상의 복, 즉 자신에게 이利가 되는 것을 위해 행위를 하게 된다면, 근본적으로 윤리 질서가 어지럽혀질 것이라고 생각한다. 그가 생각할 때 올바른 행위란 그 행위 결과로서 '이理'가 발생하는가 아닌가를 따져서 하는 것이 아니라, 마땅히 해야 하기 때문에 해야 하는 것이기 때문이다. 부모를 섬기는 것이나 임금을 섬기는 것은 천상의 복을 받거나 어떤 칭찬을 듣기 위해서가 아니라 마땅히 해야 하기 때문에 해야 한다는 입장을 취하고 있다.

> 군자의 도는 일상적인 실천 이외에 있을 수 없다. 가까운 것으로서는 부모를 섬기는 것이나 먼 것으로는 임금을 섬기는 것이나 큰 것으로는 나라를 다스리는 제도를 마련하는 것이나 작은 것으로는 응대나 언동이 모두 도가 아닐 수 없다. 가르치는 사람이 가르치는 까닭과 배우는 사람이 배우는 까닭이 이 도를 위해서다. 그런데 그들이 가르치고 배우는 까닭이 천상의 복을 구하는데 있다면 자식으로서 부모를 마땅히 섬기려고 하지 않고 신하로서 임금을 마땅히 섬기려고 하지 않고 나라를 다스리는 사람이 정치와 제도에 마땅히 뜻을 두지 않고 수신하는 사람이 응대 언동을 마땅히 살피지 않게 되어 모든 일상의 만사가 모두 폐지될 것이다.[28]

이렇게 신후담은 전통적 성리학자의 입장에서 『천주실의』를 포함한 서학서의 핵심적인 입장들을 비판했다. 신후담은 『천주실의』의 요지인 천주를 섬기는 행위가 '복'을 받고 '천국'에 가고자 하는 이利를 위하는 마음에서 비롯한다고 보았다. 이러한 점에서 그는 천주교의 행위 원리가 매우 '이기적'이며 동시에 윤리적이지 않다고 본다. 그래서 신후담은 이렇게 말을 할 수가 있었다.

---

28) 『서학변』, 18쪽(최동희, 203쪽).

뒷날 배우는 사람들이 서학의 본원이 이利에서 나왔음을 알고 삶과 죽음의 문제 때문에 자기 마음을 흔들리게 하지 않는다면 그 학설에 이끌리지 않게 될 것이다.[29)]

신후담의 이런 비판적 입장은 이미 마테오 리치 당시에도 나타났다. 마테오 리치가 쓴 『기인십편』을 보면 공대참[30)]이라는 중국의 문인은 마테오 리치가 주장하는, 인간의 사후에 하느님이 내리는 상벌의 공리론에 거부감을 보이고 있다. 그가 보았을 때 선행과 악행에 대한 사후 보상으로 천당의 행복과 지옥의 형벌을 말하는 도덕 공리론은 너무나 천박했다. 그는 유가의 도덕 수양론을 소개하면서 현세에서 자기 양심, 또는 하늘로부터 주어진 천리에 따라 조심조심하며 선행 하나하나를 쌓아나가야 하는 도덕 실천의 자세를 다음과 같이 강조한다. [31)]

리치 선생께서는 사람이 저지른 행위에 대한 보응을 논하셨습니다. 사람들의 선행과 악행, 고통과 쾌락의 차이는 아주 작아서 서로서로 걸맞을 수가 없습니다. 이런 아주 작은 것 중에는 또한 법률로 따져 물을 수 없는 것이 그런 것이 있습니다. 그러나 다른 사람[의 눈]이나 법률이 미치지 못하는 것도, 우리 작은 가슴 속의 임금인 양심은 옳고 그른 것을 지각하여 철저하게 보응합니다. 보응은 자기 자신에게 하는 것이요 지금 [당장]에 하는 것입니다. 죽은 뒤를 기다리지 않습니다. 덕을 베푸는 사람[仁人]은 천당, 곧 본심을 가지고 있습니다. 그 본심이 평안한 땅이요 낙원입니다. 저절로 마음이 흡족해지고 저절로 기뻐서 보상을 받는 것입니다.

---

29) 『서학변』, 22쪽(최동희, 205쪽).

30) 여기서 대참(大參)은 보좌관을 뜻하며, 공대참은 공도립(龔道立)을 뜻한다. 마테오 리치, 송영배 역(2000), 『교우론·스물다섯마디 잠언·기인십편』, 서울대학교출판부, 255쪽, 주 2) 참조.

31) 송영배(2004), 『동서철학의 교섭과 동서양사유방식의 차이』, 논형, 63~64쪽 참조.

만일 당신이 덕스런 마음을 한 번 베풀었으면 바로 복락 한 개를 더 추가한 셈입니다. 모든 덕을 갖추게 되면 곧 모든 복락을 다 갖춘 것입니다. 따라서 '인'을 이룬 사람은 정신의 즐거움을 크게 이루어내었다고 말합니다. 나쁜 생각이 마음속에 생기면 그 마음이 곧 고해입니다. 죄가 마음속에 생겨나면 수백 수천의 재앙의 기회가 수시로 멋대로 나타납니다. 그렇다면 나쁜 마음은 스스로가 낭패를 당하고, 스스로 벌 받은 셈입니다. 우리가 계명을 한 번 어기면 스스로 재앙 하나를 불러오는 것입니다. 멋대로 하고 법도가 없으면 그것이 지옥의 중벌입니다. 왜냐고요? 내가 일단 천명天命을 어겼으면 곧 내 스스로 수치심이 들어서 나를 고발하고 내 죄를 따져서 정죄하니, 내가 무슨 변명을 할 수 있습니까? 곧 내 스스로 두려워하는 마음이 나를 죄이고 옥에 가두어 두는데, 내가 어찌 도망칠 수가 있겠습니까? 본성의 천리로부터 심판하여 내가 한 짓에 따라서 벌주니 내가 뇌물을 주고 벗어날 수 있겠습니까? 그렇다면 애통과 참회와 참담한 등등 여러 감정들이 사방에서 내 속을 공격하고 재앙과 독기는 [정해진] 방향이 없으니 내 어찌 피할 도리가 있겠습니까? 남의 [눈을] 가린 사람도 자기는 가릴 수 없으며 남의 [눈을] 피한 사람도 자기는 피할 수 없습니다. 때문에 '어려운 환란을 당하면 현자나 못난이나 크게 다를 바 없으니 대개 고생과 즐거움은 다 같은 것이다.'라고 말합니다. 그러니 [사람의] 피부만 보지 말고 그 속을 보십시오. 얼굴만 보지 말고 그 마음속을 보십시오! 군자는 밖의 환난으로 자기의 [수양을 닦는] 즐거움을 바꿔서는 안 되며 소인도 밖의 화려함으로 [군자가 되지 못하는] 자기의 근심을 멈추어서는 안 됩니다. 이렇다면 덕행과 부덕에 대한 보상은 내 몸[의 양심]에 있는 것이요, 몸 밖에서 오는 것이 아닙니다. 어찌 이를 믿지 못하시겠습니까?[32]

송명 이학으로 무장한 공대참과 마찬가지로 신후담도 선행과 악행에 대한 사후의 보상으로 천당의 행복과 지옥의 형벌을 이야기하는 것은 너무 천박한 것으로 생각하는 것 같다. 신후담과 공대참의

---

32) 위의 논문, 275~278쪽 인용. 아울러 마테오 리치, 송영배 역(2000), 『교우론·스물다섯마디 잠언·기인십편』, 서울대학교출판부에서 『기인십편』 8-10장 참조.

입장은 서양윤리학사로 볼 때, 중세 목적론적 윤리관에 대항하는 칸트의 의무론적 윤리학의 입장과 비슷하다고 할 수 있다. 칸트에 따르면, 윤리적 행위란 행동의 결과나 목적에 상관없이 인간이라면 반드시 해야 할 의무이다.[33] 그렇기 때문에 그것은 사후의 상벌과 상관이 없다. 이런 입장에서 신후담은 마테오 리치의 『천주실의』가 강조하는 인격적 의지적 신에 의한 사후 심판설과 이에 따른 상벌, 즉 화복을 '이利'를 위한 마음, 즉 이기적인 마음이라 비판하는 것이다. '이利'를 위하는 마음은 결국 개인의 이익에 따라 움직이기 때문에 그것은 '인심'이고, '도심'이 아니다. 신후담이 생각할 때 도덕적 행위라는 것은 '인심'에 근거한 것이 아니라, 도덕적 원리인 '도심'에 근거한 것이 되어야 하기 때문이다. 천주와 같은 인격적 의지적 상제의 개념을 도입하게 되면, 공대참이나 신후담이 행한 비판에서 크게 벗어날 수 없을 것이다. 왜냐하면 인격적 천인 상제의 감시 하에서 어떤 행동을 하게 되고 그 행위의 결과로서 상벌이 주어진다고 하면, 그러한 행위는 자발적이고도 자율적인 행위가 될 수 없기 때문이다.[34]

4. 다산철학에 대한 『천주실의』의 영향과 수용

신후담과 달리 다산은 인격적이며 의지적인 천주의 존재 개념을

---

33) 칸트의 의무론적 윤리의 입장은 주희의 윤리론과도 상통한다. 주희의 의무론적 입장은 진량과의 의리 왕패 논쟁에서 엿보인다. 주희는 진량과의 논쟁에서 논어의 "일을 먼저하고 이득은 뒤로 미루는 것이 덕을 숭상하는 것"이라는 구절을 해석하면서 당위적 의무감을 내세운다.

34) 콜버그의 도덕발달론의 단계에 따르면, 벌과 복종의 단계 (Obedience and punishment orientation)윤리는 인습이전의 낮은 수준의 낮은 단계를 나타낸다, Heiner Roetz는 콜버그의 도덕발달론을 응용해 유교 윤리가 적어도 인습 수준의 4단계 : 사회체제와 양심보존의 단계 (Authority and social-order maintaining orientation) 이상으로 평가했다(Heiner Roetz: 1992 : 49~58).

적극 수용하고 있다. 물론 다산은 내세와 심판, 천당지옥설 등을 거부하는 입장을 취했다.[35] 그러나 전통적 성리학과 다산 철학의 다른 점은 인격적 존재로서의 '천', '상제' 그리고 '선악을 판별할 수 있는 능력'과 선에 따라 도덕적 실천을 할 수 있는 '자유의지'를 가진 인간에 대한 강조다. 이러한 다산 철학의 새로운 점은 무엇보다 『천주실의』의 영향을 받은 것으로 여러 연구자들에 의해 밝혀지고 있다.[36] 마테오 리치는 『천주실의』에서 무형물질의 창조주와 인간만이 갖는 이성적 영혼과 자유의지를 강조했다. 우선 리치가 『천주실의』에서 소개하는 천주의 개념은 바로 중국의 옛 경전에서 말하는 상제이지만, 만물의 원리인 '이理'가 아니다. 이理는 자립체가 아니라 의뢰체이자 속성이기 때문이다. 천주는 창조주이자 만물의 근원이다.[37] 또한 만물의 주재자이자 유일자이며, 만물을 주재하고 안양한다. 그리고 리치는 유형의 하늘[有形之天]과 무형의 신[無形之神]을 동일시하는 것을 경계하면서, 천주는 물질적인 푸른 하늘을 뜻하는 자연천自然天이 아니라는 점을 강조한다.

---

35) 백민정(2008), 『정약용의 철학』, 이학사, 84쪽 참조.

36) 물론 『천주실의』의 영향도 있으나, 유교 고대 경전에 대한 해석을 통해 원시 유교의 회복이라는 차원에서 전통적 성리학과 다산 철학의 다른 점을 구분할 수도 있다. 그러나 그럴 경우, 다산 철학이 서학으로부터 받았던 충격과 문제의식은 설명하기 어렵게 된다. 이와 관련해 다산이 서학으로부터 받은 충격과 문제의식을 원래 유교 정신에 대한 새로운 해석을 통해 창조적으로 융합시켰다고 보는 편이 옳다. 대표적인 연구로는 다음을 참조, 송영배(2004), 『동서철학과 동서양 사유방식의 차이』, 논형, 백민정(2008), 『정약용의 철학』, 이학사.

37) "천주란 만물의 근원을 말하는 것입니다. 만약 무엇에 말미암아 생겨난 것이라면 천주가 아닙니다. 시작이 있고 끝이 있는 존재는 금수나 초목과 같은 것입니다. 시작은 있으나 끝이 없는 것은 천지나 귀신 및 인간의 영혼을 말합니다. 천주는 시작도 끝도 없으며 만물의 시조요, 만물의 뿌리인 것입니다. 천주가 없으면 만물은 존재할 수 없습니다. 만물은 천주로 말미암아 생겨난 것이며 천주는 말미암아 생겨난 것이 없습니다." 『천주실의』, 56~57쪽.

리치가 『천주실의』에서 언급하는 이러한 인격적 의지적 존재로서의 천주 개념에 대한 영향은 정약용의 상제 이해에서도 발견된다. 이는 정조가 중용에 관한 70조목을 내려 대답을 올리게 하자, 정약용이 이벽과 조목별로 토론을 거쳐 작성한 『중용강의』에서도 엿볼 수 있다. 정약용은 천주교 교리의 새로운 세계관에 영향을 받으면서 『중용』을 새로운 빛으로 조명해 새로운 해석을 가해 정조의 극찬을 받았다.

옛날 사람들은 신실한 마음으로 '하늘'을 섬겼고, 신실한 마음으로 신들을 섬겼다. 한번 움직이고 한 번 멈출 때 마다 생각이 움터나면 혹 '참' 되기도 하고, 혹 '거짓' 되기도 하고 혹 '선'하기도 하고 혹 '악'하기도 하니, 이들을 경계하여 '하느님이 태양같이 이 자리에서 감시하고 계시다.'라고 말하였다. 따라서 그들이 경계하고 조심하고 두려워서 떨며 홀로 있음을 삼가는 것의 절절함이 정말로 참되고 독실하여 '하늘'을 섬기는 덕행에 달통하였다.[38]

정약용은 상제가 우리 눈에 보이는 창창한 푸른 하늘을 지칭하는 것이 아니라, 인격적 의지적인 존재라고 다음과 같이 주장하기 때문이다.

오늘날의 큰 병폐는 전적으로 하늘(천)을 상제上帝라고 이해하는 것에 있으니, 요, 순, 주공, 공자께서는 이와 같이 잘못 이해하지 않으셨다. 그래서 오늘날의 관점으로 고경을 해석할 때 줄곧 오해를 하게 된 것도 모두 이 때문이다. 상제란 무엇인가? 그것은 하늘과 땅과 귀신들과 인간들 밖에 있으면서 하늘과 땅, 귀신과 인간, 만물을 만들고 그들을 다스리며 편안하게 길러주는 자이다. 상제를 가리켜

---

38) "古人實心事天, 實心事神, 一動一靜, 一念之萌 或誠或僞 或善或惡. 戒之日: "日監在玆" 故其戒愼恐懼 愼獨之切 眞切篤實 以達天德", 정약용, 『증보 여유당전서』 II, 서울 경인문화사(이하에서는 『全書』로 약호), 1985, 『中庸講義』 권1, 71쪽 上右.

서 하늘이라고 말하는 것은 왕을 가리켜서 나라라고 말하는 경우와 같으니, 저 창
창한 유형의 하늘을 가리켜서 곧 상제라고 여기는 것은 아니다.[39]

다산은 『맹자요의』에서 더욱 분명하게 천을 푸르고 푸른 하늘[蒼蒼
有形之天]과 영명한 주재자인 천[靈明主宰之天]으로 구분하였다.[40]

저 푸르고 푸른 유형한 하늘[彼蒼有形之天]은 … '이성을 가진 존재[有靈之物]'인
가? 아니면 '지능이 없는 존재[無知之物]'인가? (그것은) 멍하니 텅 비어 있으면서 생
각하지도 따지지도 못하는가? 무릇 온 세상에서 '이성이 없는 존재[無靈之物]'는 (만
사 만물을) 주재할 수가 없다. 따라서 한 집안의 가장이 아둔하고 어리석고 똑똑하
지 못하면 집안의 만사가 다스려지지 않고, 한 고을의 수장이 아둔하고 어리석고
똑똑하지 못하면 고을 안의 만사가 다스려지지 않는 것이다. 하물며 [장재張載처럼]
멍하니 텅 비어있는 '태허太虛'라는 하나의 '도리'가 천지만물을 주재하는 근본으
로 생각하여 천지간의 일을 따져본다면 어찌 그것들이 이루어질 수 있겠는가?[41]

이와 관련하여 다산은 귀신도 인격적인 존재로 파악한다. 이것은
신후담과 같은 전통적 성리학자들이 귀신을 음양의 작용에 의해 일
시적 드러나는 현상으로 간주하는 것과는 매우 다른 태도이다. 다산
은 귀신이 음양의 작용이라면 사람들이 어떻게 귀신의 자취를 두려
워 할 수 있겠나 하는 우려 섞인 질문을 던진다.

---

39) "古今大病 全在乎認天爲帝 而堯舜周孔, 不如是錯認. 故以今眼釋古經, 一往多
　　誤, 凡以是也. 上帝者何? 是於天地神人之外, 造化天地率 庾那萬物之類, 而宰
　　制 安養之者也. 謂帝爲天, 猶謂王爲國, 非以彼蒼蒼有形之天指之爲上帝也.『전
　　서』III,『春秋考徵』권4, 292쪽.
40) 송영배(2004),『동서철학의 교섭과 동서양사유방식의 차이』, 논형, 158~159쪽.
41) "彼蒼蒼有形之天, (…) 是有靈之物乎? 抑無知之物乎? 將空空蕩蕩, 不可思議
　　乎? 凡天下無靈之物, 不能爲主宰. 故一家之長, 昏愚不慧, 則家中萬事不理, 一
　　縣之長, 昏愚不慧, 則 縣中萬事不理, 況以空蕩蕩之太虛一理, 爲天地萬物主宰,
　　根本天地間事, 其有濟乎?"『全書』II,『孟子要義』권2, 144쪽, 下左.

지금 조화의 발자취를 '귀신'이라고 말할 수 있겠는가? 천지란 귀신의 공용이며 조화란 귀신이 남긴 흔적이다. 이제 곧바로 발자취와 공용을 신이라 부를 수가 있겠는가? 이기는 음양으로서 해가 가리면 음이 되고 해가 비추면 양이 된다. 비록 이 음양 두 가지가 오고 가고 가리고 비추는 것으로 낮과 밤을 삼고 추위와 더위를 삼을 수 있지만, 그 됨됨이는 지극히 아득하고 지극히 둔해서 지각이 없으니 금수와 벌레의 족속에도 미치지 못함이 멀다. 어찌 양능이 조화를 관장하고 천하의 사람들로 하여금 몸을 가지런히 하고 복식을 갖추어 제사를 받들도록 할 수 있겠는가?[42]

정약용은 상제 개념뿐만 아니라, 인간의 이해에서도 리치가 『천주실의』에서 주장한 삼품혼[43]과 유사한 주장을 하고 있다.

성에는 3등급이 있다. 초목의 성은 생명은 있되 지각은 없으며, 금수의 성은 생명도 있고, 지각도 있다. 우리 인간의 성은 이미 생명과 지각이 있는 데다 또 영명하고 선하다. 상중하 3등급은 절대로 같지 않다. 그러므로 그들의 본성을 다 발휘하는 방식 역시 매우 다르다. 초목은 단지 그 생명의 성을 다하게 하면 그 성이 다 발휘된 것이다. 금수는 단지 그 새끼를 베고 알을 낳고 날아다니고 뛰어 다니는 성을 이루게 하면 그 성이 다 발휘된 것이다. … 어찌 말·소·양·돼지를 애

---

42) 『全書』II, 『中庸講義補』 권1, 20~21쪽.
43) "저들, 이 세상의 혼에는 세 가지 품격이 있습니다. 하품의 이름은 생혼이니, 곧 초목의 혼입니다. (…) 중품의 이름에는 각혼이니, 곧 동물의 혼입니다. (…) 상품의 이름은 영혼이, 곧 사람의 혼입니다. 이는 생혼과 각혼을 함께 가지고 있습니다. 사람[몸]의 성장과 발육을 돕고, 사람으로 하여금 사물의 실상을 지각하게 하며, 또한 사람들로 하여금 사물들을 추론하게 하여, 이치와 의리를 명백하게 분석할 수 있게 합니다. (…) 추론하고 분명하게 따지는 일과 같은 것은 반드시 몸에 의거하지 않으니, 그 영혼[추리력]은 독자적으로 존재합니다. 몸이 비록 죽고 형체가 비록 흩어진다고 하더라도, 그 영혼은 그대로 다시 작동할 수 있습니다. 그러므로 사람은 동물과 식물과는 같지 아니합니다." 『천주실의』, 124~125쪽.

친하고 경장하도록 하여 각기 사람의 일을 하게 할 수 있겠는가?[44]

다산이 이렇게 삼품혼을 주장하는 것은, 리치가 『천주실의』에서 주장한 것처럼, 인간만이 이성적 영혼을 가지며 이에 따라 선과 악을 판단할 수 있다는 점을 강조하기 위한 것이다. 다산은 인간은 자유의지에 따라 선악을 선택할 수 있다고 주장한다.[45]

하늘은 사람(의 마음)에 자주적 권리를 주어서 그들로 하여금 선을 바라면 선을 행하고, 악을 바라면 악을 행하게 하였다. (사람의 마음은 늘) 유동하여 일정하지 않다. 그러나 그 (마음의 결정)권이 자기에게 있기에 짐승들의 정해진 본능과 같지 않다. 따라서 선을 행하면 실제로 자기의 공로가 되고 악을 행하면 실제로 자기의

---

44) 性有三品, 草木之性, 有生而無覺, 禽獸之性, 既生而又覺, 吾人之性, 既生既覺, 又靈又善. 上中下三級, 截然不同, 故其所以盡之之方, 亦復懸殊, 草木不過使遂其生性, 則 其性斯盡矣. 禽獸不過使遂其胎卵飛走之性, 則其性斯盡矣 (…) 烏能使馬牛羊豕, 愛親敬長, 各做人底事乎? 『中庸講義補』I, 47~48쪽 여기서는 백민정(2008), 『정약용의 철학』, 이학사, 102쪽에서 재인용, 이외에도 다산은 삼품혼에 대해 다음과 같이 언급하고 있다.
"무릇 온 세상에서 태어났다가 죽는 존재들은 다만 3가지 등급이 있다. 1)초목은 생장(生)은 하지만 지각(知)은 못하고, 2) 짐승은 지각(지)은 있으나 추리력(영)이 없고, 3) 사람의 대체(대체, 즉 심)은 '생장'도 하고 '지각'도 하며 '신묘한 이성능력'(영명신묘지용)을 가지고 있다."『논어고금주』, 권9, 338쪽 상좌. 참조. 다산은 천주실의의 삼품혼 이외에도 순자의 4단계 품계론도 인용하여 말한다.『全書』II, 『孟子要義』 권1, 124 上右 참조, 송영배(2004), 『동서철학의 교섭과 동서양사유방식의 차이』, 논형, 142~143쪽 참조

45) "짐승이라면 짐승의 마음과 의지가 있다고 하겠습니다. 그러나 옳은지 그른지를 변별할 수 있는 이성[영심]이 없으니 느낀 바에 따라서 멋대로 즉시 반응하는 것이며 이치를 따져서 자기가 할 바를 절제하지 못합니다. … 이렇기 때문에 세상의 여러 나라에서 제정한 법률에는 짐승의 부덕함에 벌을 주거나 짐승의 덕행에 상을 주는 일은 없습니다. 오직 사람만이 그와 같지 않아서 밖으로 일을 거행하고 안으로는 마음을 다스려서 [하는 일이] 옳은지[시], 그른지 [비] 합당한지 [당] 아니한지 [부]를 지각할 수도 있고 [그에 따라서 그 일을] 할 수도 그만둘수도 있습니다."(『천주실의』, 282~283쪽).

죄가 된다. … 호랑이가 동물을 해치지 않을 수 없으나 법관들이 법을 끌어내어 그들을 벌주지 않는 것은 그것을 '본능'으로 여긴 것이다. 사람들이라면 그들과 다르다. 선을 행할 수도 있고 악을 행할 수도 있는 주재가 '자기로 말미암기' 때문에 행동은 '결정된 것이 아니다.' 따라서 선은 이렇게 (자기의) '공'이 되고 악은 이렇게 (자기의) 죄가 되는 것이다.[46)]

이처럼 정약용은 인간이 이성적 영혼을 가진 존재로서 선과 악을 판단하며 그에 기초해 행위할 수 있다는 점을 강조하고 있다. 그러나 이러한 인간 존재는 선도 행할 수 있고, 악도 행할 수 있다. 여기서 중요한 것은 천, 즉 상제의 역할이다. 천은 우리를 감시하고, 선으로 나아가게 하며, 동시에 선을 실천하게끔 하는 존재이다. 정약용은 이런 점에서 다음과 같이 천의 역할을 강조한다.

천天의 신령스런 의식은 우리의 정신과 마음을 꿰뚫어 볼 수 있다. 볼 수 없는 것은 아무 것도 없다. 천이 모를 것이라고 우리가 행동하거나 생각할 수 있는 것은 아무 것도 없다. 가장 용감한 사람조차도 이것을 깨달을 때 긴장하지 않을 수 없다.[47)]

그러나 천, 즉 상제가 만물을 주재하고 인간을 감시하고 선으로 나아가게 하는 역할을 한다고 해서 인간은 자유의지가 없는 꼭두각시 같은 존재가 아니다. 앞에서 언급한 것처럼 다산은 하늘이 인간에게 자주권을 주어 선악의 선택과 그에 따른 행동을 하게하고, 인간을 감시하고 끊임없이 선을 행하도록 하지만, 선악에 대한 선택과 책임

---

46) "今論人性 人恒有二志 相反而並發者, 有己而將非義也, 則欲 <受>而兼欲<不受>焉. 有患而將成仁也, 則欲<避>而兼欲<不避>焉. 『全書』II, 『孟子要義』, 권1, 111쪽 下左-112쪽 上右 참조.

47) 『全書』II, 『中庸自箴』, 권3, 5b.

은 인간에 달려 있다고 본다. 이점에서 정약용은 인간이 선을 행할
수도 있고 혹 악을 행할 수도 있는 인간 마음의 역량을 '권형權衡'이
라는 말을 쓴다.[48] 권형은 뜻 그대로 저울과 저울추의 역할을 하는
것이다. 권형은 선악의 선택에서 인간의 마음이 "악"으로 흐르지 않
고 "선"으로 기울게 하는 저울추 역할을 하는 것으로 이해된다.[49] 이
'권형' 역시 상제로부터 부여된 것이다. 이렇게 다산은 『천주실의』의
영향을 통해 인격적 의지적 '상제'를 발견하고 그것을 윤리적 행위의
중요한 근거로 삼고 있다.

5. 다산의 경세학에 나타난 『천주실의』의 영향

'천'을 인격적 의지적 신으로 해석하고, 또한 그러한 신을 감독자
로서 인간의 행위와 연관시킨다는 것은 '원시 종교적'일 수 있고, 또
한 '상벌' 수준의 낮은 윤리적 차원이라고 비판받을 수 있다. 신후담
이 주장하는 것처럼, 전통 성리학에서 경천敬天이나 외천畏天은 서교
에서 가르치는 바와 같은 구복이나 외화에 있는 것이 아니라 천이 사
람에게 부여한 인성을 확충하고 인륜을 다하자는 데 있는 것으로 보
기 때문이다. 그러나 정약용은 신후담과 달리 인격적 의지적 천, 즉
상제의 개념을 도입한 까닭은 인간을 끊임없이 감시하고 인간으로
하여금 실천을 촉구하는 상제의 역할 때문이었다고 본다. 다산은 『천

---

48) "故權在于衡則物之多少可準, 權施于事則義之輕重不差." 『論語古今註』 4권, 25쪽.
49) 권형에 대해 백민정은 "자유의지'로 해석하고 있으나, 사실 저울과 저울추의
    역할로서의 권형은 선과 악을 선택할 수 있는 자유의지 개념하고는 맞지 않
    는다. 항상 우리가 악으로 흐르려고 할 때 선으로 가게 균형을 잡아 주는 역할
    을 하는 것으로 보아야 한다. 이 점에 대해서는 김우형(2012), 「다산윤리학의
    실천적 특성과 이론적 한계」, 『다산학』 제20호, 다산학술문화재단, 241~242쪽
    참조.

주실의』에서 인격적 의지적 '상제'의 존재를 새롭게 발견한 것뿐만 아니라, 그러한 '존재'를 근거로 삼아 현실에서의 부단한 도덕적 실천 원리도 발견한 것 같다. 다산은 '인仁'을 해석하면서 성리학에서처럼 '동기'를 강조하지 않고, 그 인의 실천 결과를 강조한다. 이 점이 신후 담과 다산이 다른 점이라고 할 수 있다. 다산은 도덕의 실천 없이 그 자체로 선험적으로 주어진 '인'은 있을 수 없다고 생각한다.

> 인의예지라는 이름은 그것을 행사한 뒤에 이루어진다. 따라서 남을 사랑한 뒤 에 그것을 인이라 할 수 있다. 남을 사랑하기 전에는 '인'의 이름이 성립되지 않는 다. 자기 자신을 선하게 만든 다음에 의를 말할 수 있다.[50]

또한 다산은 이렇게 말한다.

> 부모를 섬기는 것이 '인仁'이라는 것을 안다면, (추우면 부모를) 따뜻하게 해주고, (더우면 부모를) 시원하게 해주고, (식사를 잘 소화시키지 못하면) 죽을 쑤어서 올리고 아침저녁으로 힘껏 보살펴야 한다.[51]

다산의 이러한 '인'에 대한 해석은 전통적인 성리학의 입장과는 다른 것이다. 그것은 『천주실의』에서 리치가 행한 "인"의 해석과 상 당히 유사한 점이 있다. 리치는 『천주실의』에서 유교의 "인"을 구체 적인 사랑의 실천으로 해석하고 있다.

> 그러나 천주를 사랑하는 공효에는 사람을 사랑하는 것보다 더 진실된 것이 없 습니다. 이른바 인仁이란 '사람을 사랑하는 것'이라고 했습니다. 사람을 사랑하지 않으면서 어떻게 진실 되게 하느님[上帝]을 섬긴다고 증명할 수 있겠습니까? 사람

---

50) 『全書』II, 『孟子要義』 권1, 105쪽 下左.
51) 『全書』II, 『孟子要義』 권2, 137쪽 上右.

을 사랑하는 것은 공허한 사랑이 아닙니다. 누가 배고파하면 먹여 주고, 갈증을
느끼면 물을 마시게 해 주고, 옷이 없으면 입혀 주고, 집이 없으면 재워주고, 우환
이 있으면 동정하고 위로해 주고, 어리석으면 가르쳐 주고, 죄를 지으려 하면 올
바른 말로 말리고, 우리를 모욕해도 용서해 주고, 죽으면 장사지내 주고, 그를 위
해 대신 하느님[上帝]께 기도해 주며, 또한 살아서나 죽어서나 하느님(상제)를 잊어
서는 안 되는 것입니다.[52]

리치는 '인'을 실현하는 것은 남을 구체적으로 사랑하는 행위이기
때문에 그것은 의에 위배되지 않는 한, 이득을 넓히는 행위로 나타난
다고 본다.

인을 실현하는 방도는, (『논어』에) '자기가 갖고자 하지 않는 것을 남에게 하지
말라!'는 데 있다고 말했습니다. 자기를 위해서 이득을 바라는 것은 옳은 일이 아
니라 해도, 이득을 넓혀서 다른 사람을 위하는 것이 오히려 꼭 합당한 것이 아니
겠습니까! 이득을 말해서는 안 된다는 것은 바로 그 이득이 거짓되었고, 그것이
의義에 위배되었기 때문입니다.[53]

이러한 리치의 공리적 주장은 "천주를 사랑하듯이 사람을 사랑하
라."는 기독교 윤리의 구체적인 모습이다. 그러나 공리에 대한 리치
의 강조는 행위의 순수한 '동기'를 중요시하고 이득을 따지지 않는
성리학자들에게는 매우 천박한 것으로 보였을 것이다. 그러나 리치
와 다산의 '인'에 대한 새로운 해석, 즉 공리적 해석은 도덕적 실천은
조금도 하지 않고, 조용히 앉아서 '거경궁리'에만 몰두하고 있는 그
당대 성리학자들의 명상적 태도를 심각하게 비판한 것으로 볼 수 있

---

52) 『천주실의』, 369쪽.
53) 『천주실의』, 18~22쪽.

다. 젊은 시절 다산이 썼던 경세학적 저술은 이러한 '인'에 대한 구체적인 실천 방안에서 나온 것이라 볼 수 있다.[54] 젊은 시절 다산이 작성했던 경세학적 저술들 속에서 앞서 언급한 천주교의 실천 윤리의 영향도 많이 감지된다. 원동연은 「다산 여전제의 사회사상적 배경에 관한 일고찰」이라는 논문에서 <전론>에 나타난 다산에 대한 『천주실의』의 영향을 분석했다. 그에 의하면, <전론>에는 원시 유학적 측면뿐만 아니라 서학의 영향을 받은 다산의 독창적인 면모가 드러나는 요소들도 있다. 원재연은 다산이 1797년 <자명소>를 써서 천주교 신앙에서 벗어났다고 선언하고 있다고 해도, 1799년 <전론>을 쓸 때까지 서학의 기술과 제도 등을 부인하지 않고 그 영향에서 완전히 벗어나지 않은 것으로 본다. 원재연에 따르면, <전론>에서 원시 유교에 속하는 것으로는 <주례>에서 여閭개념을 차용한 것, 상농억말정책에 입각한 강력한 통제정책, 왕토사상王土思想 등을 들 수 있고, 『천주실의』의 영향을 받은 것으로는 만민개로론萬民皆勞論, 공산설, 협동농장론, 기술부국론 등을 들 수 있다.[55] 원재연에 의하면, 다산은 <전론>보다 몇 개월 앞에 쓴 <응지론농정소應旨論農政疏>에서도 만민개로와 경자유전의 원칙을 이미 밝히고 있다. 특히 다산이 주장한 만민개로의 사상은 엄격한 신분제를 바탕으로 하는 유교 어느 경전에서도 찾기 어려운 것이다. 따라서 이것은 다산이 『천주실의』에서 영향을 받았을 개연성이 크다.[56] 리치는 『천주실의』에서 다음과 같이 언급하

---

54) 다산의 경세학에서는 다산이 젊은 시절 수용했던 서학적 요소가 구체적인 부분에까지 영향을 미쳤을 가능성도 이미 학계에서 꾸준하게 제기되어 왔기 때문이다. 박동옥 『목민심서』에 나타난 다산의 서학관속에서 『천주실의』의 영향에 대해 분석한 바가 있다. 박동옥(1993), 『다산 정약용의 서학사상』, 다섯수레 참조.

55) 원재연(2003), 『조선왕조의 법과 그리스도교』, 한들출판사, 96~97쪽 참조.

56) '만민개로론'은 다산만이 주장한 것이 아니라 담헌 홍대용도 주장했다. 그러나 이 사상은 원시 유교에서 발견되지 않는다는 점에서 담헌 역시 서교의 영향을 받은 것이 아닌가 추측된다.

고 있기 때문이다.

> 장년이 되어서는 각자가 해야 할 일이 있으니, 괴롭고 힘들지 않은 것이 없습
> 니다. 농부는 사시사철 이랑에서 흙을 뒤적입니다. 장사꾼[客商]은 해를 넘기며 산
> 이든 바다든 [모든 곳을] 두루 지나 다닙니다. 수많은 장인들은 팔다리를 부지런히
> 놀립니다. 지식인[士]시 밤낮으로 정신을 다그치고 생각을 다해야 합니다. 이른바
> '군자는 마음을 수고롭게 하고, 소인은 몸을 수고롭게 한다.'는 것입니다.[57]

하느님의 심판에 대비해 끊임없이 선을 실천하고, 맡은 바 소임을
다하라는 것이 『천주실의』에서 말하는 실천윤리이다. 그러기에 모든
사람은 일을 해야 한다. 다산은 이러한 『천주실의』의 만민개로설에
영향을 입은 듯, <전론>에서 선비가 노는 것을 비난하고 선비도 일을
해야 함을 역설했다.

> 대체 선비란 어떤 사람인가? 선비는 어찌하여 손발을 놀리면서 남의 토지를
> 빼앗아 차지하고 남의 힘으로 먹고 사는가? 노는 선비가 있기 때문에 지리地利가
> 다 개척되지 못하니, 놀고서는 곡식을 얻을 수 없음을 안다면 장차 직업을 바꾸어
> 농사를 짓게 될 것이다.[58]

이처럼 인간의 실천을 강조하는 다산의 저작들 속에는 『천주실의』
의 영향력이 감지가 된다. 인간의 도덕적 실천과 관련해서 『천주실의』
에서 리치가 주장하는 신의 개념을 받아들인다면, 신을 의식하는 인
간은 더 이상 나태할 수가 없고, 신이 우리에게 부여한 일, 즉 노동을

---

57) 『天主實義』, 113쪽.
58) "夫士也 何人? 士何爲遊手遊足, 呑人之土 , 食人力哉. 夫其有士之遊也, 故地利
不盡闢也. 知遊之不可以得穀也, 則 亦將轉而綠南畝矣" <田論> 五(정약용, 『정
본 여유당 전서』 2, 다산학술문화재단, 2012, 272~273쪽).

열심히 할 수밖에 없을 것이다. 다산은 사후에 일어나는 기독교적 신의 심판에 대해 언급하지 않았지만, 인간의 실천행위를 강제하려면 인간을 끊임없이 감시하는 그러한 존재가 필요하다고 생각했다. 그가 볼 때 성리학은 상제를 '이치'나 '원리'로 상정하기에 전혀 인간의 실천적 행위를 강제하거나 구속할 수 없다. 그러기에 다산은 『천주실의』를 통해 그러한 인격적 의지적 신 개념을 적극 수용했을 것이고, 그는 그러한 신 개념을 원시 유교의 경전 속에서 새롭게 해석해 냈을 것이다. 그렇게 해서 그는 기존 성리학의 비실천적이며 명상적 태도를 윤리적으로 돌파하고자 했을 것이다.

6. 맺음말

신후담이 전통 성리학의 입장에서 『천주실의』의 윤리적 입장을 비판했다면, 정약용은 『천주실의』의 영향을 받아 인간의 도덕적 실천 원리로서 신의 개념을 적극적으로 받아들였다. 물론 다산은 『천주실의』에 나타난 사후 심판설 등은 받아들이지 않았다. 정약용이 『천주실의』를 수용했을 때에는 전통 성리학의 교리와는 다른 계기를 그 속에서 보았을 것으로 추론된다. 그러한 것들 중 하나가 인격적 의지적 천, 즉 상제의 존재 개념이었을 것이다. 정약용은 인격적 천주 개념이 원시 유교에서 말하는 상제의 개념과 충돌하지 않는다고 보았기에 유학자로서 천주 개념을 수용하는 것에 커다란 반발을 느끼지 않았을 것이다. 젊은 시절 다산에 대한 서학의 영향이 컸다면, 말년으로 갈수록 다산은 원시유가사상의 근본정신을 회복하려는 경향을 보인다. 그가 원시 유학 즉 육경사서를 주석함에 있어서 공맹 주사학과의 연계를 따지고 있는 사실에서도 그러한 점을 알 수 있다.[59]

그러나 정약용이 서학의 영향이든 말년에 원시 유학에 경도되었든

지 간에 인격적 의지적 존재로서의 상제 개념을 수용해 그의 실천철
학의 기초로 삼았다는 점은 크게 바뀌지 않는다. 다산에게서 천, 또는
상제는 양심의 근거이자 도덕을 촉진시키는 엄한 감시자이다. 동서양
윤리학사의 흐름으로 보면 다산은 '신' 개념에 기초한 윤리적 입장은
고대 윤리관으로 후퇴한 것처럼 보인다. 그러나 다산이 인격적 의지
적 존재로서의 천 또는 신 개념인 상제를 적극 수용한 것은 그러한 개
념이 공허한 성리학적 도덕 원리보다 자기 수양과 구체적 현실의 실
천으로 나아가는 데 훨씬 유용하다고 판단한 것처럼 보인다.

다산은 성리학이 불교의 이론에 영향을 받아 실천과 떨어진 공리
공담에 빠져 현실 인식과 대응에 실패했고 실천으로 나아가지 못했
다고 보고 젊은 시절부터 성리학을 극복할 새로운 이론적 근거를 모
색했다.[60] 이러한 실천적 모색이 젊은 시절 다산으로 하여금 서학에
관심을 갖게 하고 그것으로부터 커다란 충격을 받게 한 이유일 수 있
다. 정약용은 『천주실의』를 통해 기존 성리학에서 볼 수 없었던 점,
다시 말해 인격적 의지적 존재로서의 천의 개념과 그러한 존재의 감
시 하에 선악을 판단할 수 있는 '이성'을 가진 인간이 부단히 도덕적
실천으로 나아갈 수밖에 없다는 점에 커다란 충격을 받았을 것으로
보인다. 도덕적 실천과 연관해서 다산은 만민개로설 등에 영향을 받
았을 것이고, 리치가 『천주실의』에서 주장한 것처럼 '사랑의 실천' 즉
'인의 실천'의 구체적 결과에 대해 고민했을 것이다. 다산이 신후담이
나 공대참처럼 전통 성리학자의 입장에서 보면 '천박'하거나 도덕적

---

59) 장승희(2005), 『다산 윤리사상 연구』, 경인문화사, 58~59쪽 참조.
60) "대체로 송나라 여러 선생들은 초년에 대부분 선학에 빠졌었는데, 마음을 돌
이킨 뒤로는 오히려 성리설을 모두 그대로 따랐다. 그러므로 늘 '불교는 이
치에 더욱 가까우나 크게 진리를 어지럽힌다.'라고 하였다. 이미 이치에 더
욱 가깝다고 하였으니, 그 중에서 오히려 취한 것이 있음을 알 수 있다. (…)
오직 마음을 명상의 상태에 두어 적연부동함을 다시없는 묘법으로 삼고 있
으니, 이것이 어찌 주사의 옛 견해이겠는가?" 『全書』II, 『孟子要義』, 38쪽.

으로 미발달한 '낮은 수준'으로 보일 수 있는 인격적 의지적 상제 개념을 『천주실의』를 통해 수용한 까닭은 도덕적 실천 행위의 근거를 확보하고자 했기 때문이었을 것이다.

참고문헌

1. 1차 자료

다산학술문화재단(2012), 정약용, 『정본 여유당 전서』, 1-37권, 서울.

경인문화사(1985), 정약용, 『증보 여유당전서』, 서울.

아름 출판사(1995), 정약용, 『여유당전서』.

박석무 역(1985), 정약용, 『다산산문선』, 창작과 비평사.

이지형 역(2002), 정약용, 『역주매씨서평』, 문학과 지성사.

민족문화추진위원회(1982), 정약용, 『경세유표』.

전주대출판부(1986), 정약용, 『여유당전서』 경집 I 『대학』, 『중용』.

이지형 역(1994), 『역주 맹자요의』, 현대실학사.

아세아문화사(2006), 신후담, 『하빈선생전집』 권7.

利瑪竇, 『天主實義』 杭州 重刊本, 1607(1967, 臺灣 國防硏究院出版社 影印本),
　　　(송영배 역(1998), 『천주실의』, 서울대학교출판부).

利瑪竇, 『交友論·二十五言·畸人十篇』, 李之藻 편(1965), 『天學初函』, 臺灣學
　　　生書局 影印本(송영배 역(2000), 『교우론·스물다섯마디 잠언·기인십편』,
　　　서울대학교출판부).

2. 국내 논저

강재언(1990), 『조선의 서학사』, 민음사.

＿＿＿(1990), 『다산학의 탐구』, 민음사.

＿＿＿(1999), 『서양과 조선』, 학고재금장태(2002), 『한국유학의 심설』, 서울대
　　　학교출판부.

금장태(2005), 『다산 정약용』, 살림.

김우형(2012), 「다산윤리학의 실천적 특성과 이론적 한계」, 『다산학』 제20호, 다산학술문화재단.

돈 베이커(2009), 「실천윤리학과 실학: 도덕수양에 대한 다산의 접근」, 『한국실학연구』 18호, 한국실학학회.

박동옥(1993), 『다산 정약용의 서학사상』, 다섯수레.

백민정(2008), 『정약용의 철학』, 이학사.

_____(2009), 「다산의 중용강의(보) 대조 내용분석」, 『동방학지』 제147집.

송영배(2004), 『동서철학의 교섭과 동서양사유방식의 차이』, 논형.

원재연(2003), 『조선왕조의 법과 그리스도교』, 한들출판사.

이광호(2005), 「『중용강의보』와 『중용자잠』을 통하여 본 다산의 誠의 철학」, 『다산학』 제7호, 다산학술문화재단.

이동희(2002), 「라이프니츠에 있어서 중국철학수용과정에 대한 연구」, 『철학연구』 제28집.

장승희(2005), 『다산 윤리사상 연구』, 경인문화사.

차기진(2002), 『조선 후기의 서학과 척사론 연구』, 한국교회사연구소.

최동희(1988), 『서학에 대한 한국실학의 반응』, 고려대학교 민족문화연구소.

프란체스코 삼비아시, 김철범·신창식 옮김(2007), 『영언여작』, 일조각.

홍덕기(2001), 『다산 정약용의 토지개혁사상』, 전남대학교 출판부.

3. 해외

孫尙揚(1992), 『明末天主教與儒學的交流和衝突』, 臺北, 文津出版社.

라이프니츠, 이동희 편역(2003), 『라이프니츠가 만난 중국』, 이학사.

Gernet, J(1984)., Christus kam bis nach China, Zürich u. München.

Heiner Roetz(1992), Die chinesische Ethik der Achsenzeit, Frankfurt/M.

Francesco Sambiasi, 김철범·신창석 역(2007), 『영언여작』, 일조각.

L. Kohlberg, C. Levine, A. Hewer(1983), Moral stages : a current formulation and a response to critics. Basel, NY: Karger(문용린 역(2000), 『콜버그의 도덕성발달이론』, 아카넷).

현존재로서의 인간과 자유의지

- 정다산과 칼 야스퍼스의 사상에 나타난 인간관의 비교

김 신 자 ㅣ 전 비엔나대학교 교수

1. 머리말

현존재로서의 인간(Mensch)과 그의 고유한 특권으로서 자유의지(Willens-freiheit)에 대한 이론은 동서양의 철학에서 다양하게 전개되었다. 다산은 그의 인간관에서 그리고 야스퍼스Jaspers는 실존철학에서 현존재인 인간과 자유의지에 대하여 구체적으로 논구하였다. 정다산(1762~1836)과 칼 야스퍼스Karl Jaspers(1883~1969)는 1세기를 넘는 시대적인 차이를 가지며, 전혀 다른 전통과 역사 그리고 문화적인 배경 가운데서 생존했다. 이 배경을 근거로 한 그들 철학의 내용과 이론은 외적으로 상이함을 보여준다. 그러나 인간에의 탐구와 그의 정신적인 주축이 되는 자유의지에 대한 내용은 놀랍게도 유사함을 지니고 있다. 여기에서 우리는 그들의 생애를 짧게 살펴보고, 두 철학자의 인간에 대한 내용과 자유의지에 대한 이론을 고찰하고자 한다.

정다산은 1762년에 태어났고 1836년에 서거하였다. 다산은 23세 때 이벽을 통하여 천주교를 접하게 되었고, 몇 년 동안 열심히 천주교도로서 활약을 하였다. 정조의 승하와 나이어린 순조의 즉위, 정순대비의 수렴청정으로 인하여 천주교에 대한 정부의 정책은 극변하였고, 이로 인하여 천주교는 박해를 당하게 되었다. 다산은 배교를 했지만, 반대파의 끈질긴 모함으로 처음에는 경상도 장기로 유배되었다가, 후에는 전라도 강진으로 이배되어 18년의 귀양살이를 했다. 그는 이 암울한 시기에도 용기를 잃지 않고 연구와 저술에 전념하였다. 232권의 경집과 260여 권의 문집 등은 이 시기에 이루어진 그의 학문적인 결실들이다. 1817년 그는 해배되어 고향으로 돌아왔고, 계속해서 학문적인 일에 전념하다가 타계하였다.

칼 야스퍼스Karl Jaspers는 1883년 독일의 올덴부르크에서 태어났다. 처음에는 법학을, 후에는 의학을 공부하였고, 1909년 하이델베르그 대학에서 박사학위를 취득하였다. 1916년에 하이델베르크Heidelberg 대학의 심리학 교수가 되었고, 1921년에는 철학 교수가 되었다. 1937년에는 나치스 정권에의 반대로 인하여 교수직에서 추방되었으나, 1945년 이후 2차 대전의 종결과 더불어 다시 교수직으로 돌아왔다. 1948년~1961년까지 스위스의 바젤Basel대학의 철학 교수를 역임하였고, 1969년 그곳에서 서거하였다. 그의 학문의 영역은 철학에만 국한되지 않고, 심리학, 신학을 비롯하여 정치, 사회와 대학의 문제 등 다방면에 걸쳐 있으며, 수많은 저서들과 논문들이 있다. 1932년에 출판된 3권의 대표적인 저서들(Erstes Buch : Philosophische Welt-orientierung, Zweites Buch : Existenzerhellung, Drittes Buch : Meta-physik)을 비롯하여 30여 권이 넘는 저서가 있으며, 이들은 여러 나라 말로 번역되었다. 한계상황, 좌절, 실존의 해명과 초월성의 암호 등의 개념 등에 중심을 두는 야스퍼스Jaspers의 사상은 일본의 현대철학에 영향을 끼쳤다.[1]

정다산은 심心·성性의 분석을 통하여 인간의 본질과 그의 내면을 형성하는 정신세계를 고찰함으로서 인간 탐구에 있어 독자적인 이론을 전개하였다. 정치, 사회, 문화에서 연유하는 모든 문제는 인간에 의해서 성립되고, 인간을 통해 구현되는 것이므로 인간에의 탐구는 다산 철학의 중심이 되었다. 다산에 의하면 자주지권自主之權은 인간에게만 주어진 특권으로서, 인간만이 가지고 있는 고유한 권리이다. 선과 덕을 즐겨하고 악을 싫어하는 경향을 지닌 인간은 자기 의지에 따라서 선·악을 선택할 수 있으며, 이 선택에 의하여 개인적인 삶의 방향은 결정된다. 환언하면 인간은 그의 의식과 사고, 자유의지에 따라 선악에의 결단을 내리게 된다. 이 결단적인 행위를 통해서

---

1) Johann Mader(1992), Von der Romantik zur Postmoderne Wien, p.110.

그는 자기 자신의 삶을 이끌어 가고, 그의 삶에 대한 책임을 지는 존재이다.

야스퍼스Jaspers는 인간을 독자적인 본질에 의해서 자기의 다양성을 확신하는 개별적인 존재로 정의하였으며, 이에 의하여 실존적인 의미에서 인간을 파악하였다. 인간은 자유의 실존으로서 선과 악의 가운데서 하나를 선택해야 한다. 인간은 자유의지를 통해서 선택을 위한 결단에 이르며, 이 선택의 자유 가운데서 오직 자기에 대한 책임을 진다. 자유에 의한 결단과 책임으로 인간은 선과 악의 길을 그가 원하는 대로 선택할 수 있다. 이러한 의미에 있어서 자유로운 결단은 자기 존재에 대한 확인이며 절대성이다. 다산과 야스퍼스K. Jaspers의 사상에 나타난 인간관을 비교하기 위하여, 두 철학자들의 인간론과 자유의지에 대한 이론을 고찰하고, 이에 의거하여 그들 사상의 유사성을 비교해 보기로 한다.

2. 칼 야스퍼스 : 실존적 인간과 자유의지

1) 인간에의 탐구

야스퍼스Jaspers에 의하면 인간은 독자적인 존재로서 하나의 실존實存 이다. 이 실존적인 인간은 구체적인 육체와 추상적인 정신으로 형성된 이원적인 존재(dualistisches Wesen)이다. 육체는 인간 자신에 속한 전유물 이다. 다른 생물과 달리 그것은 독특한 형태를 지니고 있으며, 아름다움과 고귀함 그리고 개성을 지니고 있다. 이러한 외양과 달리 인간의 육체는 질병과 사고, 노쇠 현상에서 오는 고통으로 인한 곤경에 처하게 되며, 마지막에는 죽음에 이른다. 그러므로 의학과 생리학은 인간의 육체로부터 파생되는 문제의 해결을 위해 끊임없이 연구를 하며, 획기적인 성과를 가져오고 있다. 이 육체에 비해서 인간의 내면을 형성하는 추상적인 정신은 개개인의 독자적인 세계를 형성하며, 인간 존재의 중요한 구심점이 된다. 이 정신세계의 탐구를 위해 심리학은 인간의 의식과 무의식에 근거하여 정신적인 삶의 형태와 현상들을 연구하고 분석한다. 그리고 사회학은 사회의 본질적인 모습과 문화적인 표현 가운데 나타나고 있는 인간 존재와 사회와의 관계에 대한 의미를 구체적으로 연구 논의한다.

생리학이나 의학, 심리학 사회학 등의 연구는 인간의 외적이고 내적인 면을 분석하고 설명할 뿐이다. 다방면에 걸친 인간 연구는 지식의 다양함으로 나타났지만, 그것은 전체적인 인간에 대한 지식은 아니다.[2] 야스퍼스Jaspers는 인간 존재를 세 가지의 방향에서 본질적으로 규명하였다.

(1) 자연의 특성을 가진 존재

우리는 인간이 자연적인 특성을 지닌 존재로서 인식한다. 즉 인간이 지닌 자연성(natuerliche Eigenschaft)을 다른 생물이 지니고 있는 자연적인 특성과 같은 것으로 인식한다. 인간은 자연에 속하는 생물 즉 동물의 일종으로서 육체라는 구체적인 물질로 형성되어 있으며, 끊임없이 활동하는 존재이다. 다른 동물에 비해서 인간은 활동의 근원이 되는 정신과 이성(Vernunft)을 지니고 있다. 다른 동물들이 자동적, 기계적으로 본능과 감각에 따라 반응을 하는데 비해서 인간은 의식(Bewusstsein)과 이성에 의해서 구별을 하며 반응을 한다. 니체Nietzsche는 인간을 확정지을 수 없는 동물(nicht festgestelltes Tier)로 표현 하였다. 다른 동물은 주어진 환경과 조건에 순응하여 동일한 삶을 반복하므로 그들에게는 발전이 없다. 그러나 인간은 이전의 삶과 동일한 선위에 머무르지 않고,

---

2) Karl Jaspers(1983), Einfuehrung in die Philosophie, Muenchen, p.50.

계속적인 변화와 발전을 추구한다. 인간은 자신을 독립적인 개인으로
서 끊임없이 의식한다. 그리고 이러한 자기의식(Selbstbewusstsein)을 통해
서 새로운 가능성을 추구하며, 이를 성취하고자 한다. 이러한 의미에
서 인간과 동물은 자연에 속한다는 유사성에도 불구하고 확연히 구별
된다.

(2) 역사를 인식하는 존재

야스퍼스Jaspers는 인간을 생각하고 행동하는 창조적인 존재로서 역
사에 속한다고 하였다. 인간은 의식과 사고를 통해서 국가와 사회,
정치, 경제, 문화의 형태들을 탐구하고 비판하며, 그에 대한 것을 기
록으로 남긴다. 역사는 이러한 탐구와 비판의 성립 가운데서 창조 되
어지고 세대를 통하여 이어진다. 따라서 역사 가운데는 시간과 공간
속에서 일어난 모든 중요한 일의 내용과 발전 과정이 포함된다. 그러
므로 역사는 행위들과 전승들(Ueberlieferungen) 그리고 의식적인 기억들
(bewusste Erinnerungen)의 맥락 가운데 존재한다.3) 어떠한 실재성도 인간
의 자기확인(Selbstgewisserung)을 위해 역사보다 더 본질적인 것은 없다.
역사는 우리에게 인류의 가장 넓은 지평(Horizont)을 열어준다. 또한 그
것은 삶의 근거가 되는 전승의 내용을 우리에게 구체적으로 전해준
다. 우리는 전승에 대한 비판적인 순화(kritische Reinigung)를 통하여 역사
가 포함하는 종합적인 의미를 인식한다. 역사는 그것을 인식하는 존
재인 인간들에게 현실적인 삶에 대한 규범을 제시한다. 그리고 우리
가 처한 시대의 무의식적인 속박(unbewusste Gebundenheit)으로 부터 벗어
나게 해준다. 그것은 가장 높은 가능성(hoechste Moeglichkeit) 가운데서, 그
의 불멸의 창조성을 통하여 사회와 인간 그리고 인간에게 관계된 모
든 것을 보도록 우리에게 가르쳐 준다.4)

---

3) K. Jaspers, Kleine Schule des philosophischen Denkens, p.56, 34.

(3) 포괄적인 존재

야스퍼스Jaspers에 의하면 인간은 포괄자(Umgreifende)이다. 인간은 물질로서의 자연(Natur)과 정신으로서의 역사(Geschichte)를 그 자신 가운데 동시에 포함하고 있는 포괄적인 존재이다. 인간은 외적으로 볼 때 신체라는 구체적인 형상(Gestaltung)을 지니고 있으므로 다른 동물들처럼 자연의 일부에 속하는 존재이다. 그러나 인간은 다른 동물들과 달리 내적인 의식세계(Bewusstseinswelt)를 가지고 있다. 그는 이 의식세계를 통하여 정신적인 활동을 하며 끊임없는 변화를 추구하고 이룩한다. 또한 창조적인 능력을 발휘하며, 그에 의하여 예술과 문화를 창조한다. 자연과 역사의 현상 가운데 존재하고 있음에도 불구하고, 인간은 마치 자연과 역사 이외의 다른 것으로부터 유래하고, 거기에 우리의 근원과 목표가 있는 것처럼 생각한다.[5] 의식을 통해서 사유하는 인간은 고유한 특성을 가지고 있다. 현존재로서 그의 사유는 주관, 객관, 분열이라는 세 가지의 형태에서 유래한다. 주관(Subjekt)은 사유하는 자아로서 모든 객관의 전제가 된다. 객관(Objekt)은 사유의 대상이 되는 타자를 의미한다. 우리가 깨어있고 의식하고 있는 동안에 우리는 언제나 주관과 객관 사이의 분열 가운데 있다. 존재는 전체로서 주관도 객관도 아니고 포괄자이다. 이 포괄자는 분열 가운데서 나타난다. 그것은 대상을 통해서만 명백하게 되고, 또한 대상이 보다 의식적이고 명백해질수록 더욱 명백하게 된다.

포괄자가 우리 자신인 것으로 생각될 때는 현 존재, 의식일반, 정신 그리고 실존이라고 불린다. 이들은 우리 가운데 서로 깊은 연관을 가지고 있으며 서로 도와주고 투쟁하면서 공존한다.

---

4) K. Jaspers, Einfuehrung in die Philosophie, p.75, 50.
5) K. Jaspers, Kleine Schule des philosophischen Denkens, p.56.

2) 인간의 실존적 해명

야스퍼스Jaspers는 인간의 실존을 해명하기 위해서 '나'라는 관점 (Ichaspekt)에서 고찰을 시작하였다. 나(Ich)는 무엇이며, 나는 누구인가? 우리는 보통 우리가 속하는 존재(Sein)의 장르로서 인간을 생각 하면 서, 내 자신에 대하여 관심을 가지며 알고 싶어 한다. 야스퍼스Jaspers 는 이러한 일반적이고 총체적인 나에 대해서 논하지 않고, 고유한 존 재로서 나 자신(Ichselbst)이라는 관점에서 논하였다. 나(Ich)는 스스로 자 신을 파악하는 존재이다. 나 자신을 알고자 하는 노력에도 불구하고, 우리는 오직 부분적인 나를 볼 수 있을 뿐이다. 따라서 우리는 나의 한편만을 보고, 그들과 실존적인 내 존재를 동일시한다. 외적인 대상 으로 나타나는 것은 현실에서 구현된 나의 모습이므로 그들의 형상 을 다음의 몇 가지로 특징지을 수 있다.

(1) 객관적인 현존재로서의 나(Ich)

야스퍼스Jaspers는 객관적인 대상으로 나타나는 것들을 통해서 현존 재로서의 나를 분석하였다.

육체 : '나'라는 존재는 외적으로 육체에 의해서 나타나며, 이 육체 는 주어진 공간속에 현존한다. 육체는 상황과 변화 즉 강·약과 삶의 기쁨과 불화 등 그의 생동력에 따라서 또는 외적인 힘에 의해서 변화 된다. 그러나 육체를 통해서 나타나는 것은 실존적인 내 존재가 아니 다. 어떤 다른 삶의 조건에 처한다 하더라도 실존적인 내 존재는 본 래적으로 머무른다. 육체는 계속 변화되는 신진대사로 인하여 물질 적인 면은 바뀌어 지지만, 나는 동일하게 머문다. 환언하면 '나'라는 존재는 육체의 중요한 기능을 통해 현존하지만, 그러나 실존적인 내 존재는 이 기능에 의해서 존재하지는 않는다.[6] 인간은 그가 정신적

인 내면성에 의하여 처리하고, 실에서 행동하며 이루는 결단(Entschluss)
과 밀접한 연관을 갖는다.

사회적인 삶(Soziales Leben)**과 나** : 나의 존재는 사회적인 삶에 의해
서 가치가 발휘된다. 직장에서의 지위나 권리, 의무와 책임 등은 나
의 존재를 나타나게 하며, 이 사회적인 나는 우리를 지배한다. 그것
은 마치 한 사람이 사회적인 상황에 따라 그의 본질에 변화를 가져올
수 있는 것으로 보이게도 한다. 그러나 이 사회적인 나는 실존적인
내 자신은 아니다. 모든 순간에 사회적인 나 의 가운데 있다 해도 실
존적인 내존재는 사회적인 나와 함께 없어지지는 않는다.7)

사회(Gesellschaft)**에서의 영향력** : 사회에서의 나는 일의 수행으로
영향력을 가지며, 그것은 나라는 존재의 반영(Spiegel)이 된다. 내가 일
을 통해 성공을 하던 실패를 하던, 나 자신은 일과의 관계에 있어서
는 대상적으로 된다. 환언하면 일을 수행하는 자신 가운데서 수행자
라는 의식과 함께 본래의 실존적인 나는 붕괴될 수 있다. 나는 일을
수행하며, 그로 인해서 실존적인 나 자신은 존재하지 않는다. 그 일
들이 본래의 나를 빼앗는 것으로 보이면 보일수록 그리고 내가 가능
성과 미래를 느끼고, 확신을 통하여 나의 현존을 계획하면 할수록 실
존적인 내 존재와는 멀어진다.

존재의 기반으로서 과거 : 나는 오직 과거를 통해서 내가 존재한
다는 것을 안다. 과거에 의해서 나는 자신을 성찰하며, 과거는 내가
현재 존재하고 있고 또 존재했었던 나에의 반영이다. 사실상 나는 과
거라는 기반 없이는 더 이상 존재하지 않는다. 그럼에도 나 자신은
현재에 존재하고 있으며 또 미래를 생각한다. 내가 과거에 지니고 있
었던 생각들과 나를 동일시한다면, 그 때문에 나는 나를 잃어버릴 것

---

6) K. Jaspers(1973), Philosophie II. Existenzerhell ung, 4판, Berlin, Heidelberg, New
   York, p.28.
7) K. Jaspers, 위의 책, p.30.

이다. 나는 과거를 바탕으로 하여 현재와 미래를 구상하며 그것을 통해서 과거를 무가치한 것으로 생각할 수도 있다.

　　우리의 기억력에는 연속성이 있고, 그것에 의해서 나의 본질적인 실체는 명백하게 된다. 그러나 기억력은 그의 작용과 변화 가운데 있기 때문에 그것은 고정적인 객관으로서의 나는 아니다. 모든 순간은 현존하는 삶의 결단에 의해서 그의 의식과 의미가 전개될 수도 있고, 위축될 수도 있다. 또한 독자적인 엄정함을 통해서 의식 가운데서 변화 할 수도 있는 것이다.[8]

(2) 주관적인 현존재로서의 나(Ich)

　　현실성에 의해서 객관화되고 대상화된 나를 통해서 실존적인 내 존재는 거부되었다. 그러면 주관적인 현 존재로서의 고유한 나는 무엇인가? 나 자신 가운데 깊이 자리하고 있는 고유한 나를 탐구하기 위하여 야스퍼스Jaspers는 스스로 자신에 대한 성찰, 즉 자기성찰(Selbstbetrachtung)에서 시작하였다. 주관은 자기 자신의 행동에 의해서 구현되는 인간의 자기의식(Selbstbewusstsein)이다. 이 자기의식을 통해서 이루어지는 자기성찰은 바로 자신만이 알고 있는 실존적인 나 자신(Ichselbst)에 대한 관찰이다. 이것은 나 자신과의 끊임없는 대결과 통찰에 의해서 이루어진다. 이로 인하여 나는 누구인가 하는 자신에 대한 물음은 자기성찰에 의해서 새로운 방법으로 제기된다. 나의 존재에 대한 본래적인 근원은 바로 자기성찰 가운데서 밝혀질 수 있다. "너 자신을 인식하라" 는 것은 내가 무엇인가 하는 것을 알게 하기 위한 것이 아니다. 그것은 내가 누구인가를 알기 위하여 수행해야 하는 나의 관찰에 대한 촉구이다. 나는 세계 안에 있는 사물을 통해서 자신에게로 향하게 하는 모든 것과 나의 행위와 동기, 규범에 의

---

8) K. Jaspers, 위의 책, p.32.

해 작용하는 감정 등을 시험한다. 그것들은 내 자체인가 그리고 나
는 그것 자체이기를 원하는가. 나는 그들로부터 나 자신을 인식하고
있는가, 그리고 정신적으로 진정한 평화를 얻고 있는가. 혹은 그들
가운데서 나의 순수함(Reinheit)은 보전되고 있는가. 그들은 내가 도덕
적인 이성으로서 인식하는 것과 일치 하는가. 나는 그들 가운데서
진실했는가. 내적으로 향하는 이들 현상들에 대해서, 혹시 무엇인가
숨겨져 있지 않은가 하고 나는 끊임없이 자신에게 묻는다. 나의 감
정이 나의 의식적인 목적 뒤에 있는 다른 목표를 무의식적으로 감추
는 것은 가능하기 때문이다. 또는 만족하기를 원하므로 나 자신을
속일 수도 있는 것이다.9)

자기성찰은 나 자신에서 오는 근원적인 동기를 가지고 있다. 이
동기는 자기연구(Selbststudium)를 위한 것이 아니라 자기대화(Selbst-
kommunikation)를 위한 것이다. 그리고 인식으로서 자신을 실현하지 않
고 자기 창조(Selbstschoepfung)로서 자기 자신을 실현한다. 자기 성찰을
통한 자기에의 확신으로 나 자신은 확실한 자기 의식과 더불어 권리
의 성취 가운데서 나를 찾을 수 있다.10)

3) 의지와 자유의 실존으로서 인간

인간은 독자성에 의하여 생각하고 선택하고 결단을 내림으로서
자기 삶을 구상하고 이끌어 간다. 환언하면 그는 자신의 의지(Wille)에
따라 생각하고 선택하며 자유에 의하여 결단을 내린다. 의지는 인간
의 정신세계를 이끄는 구심점이며, 오직 인간에게만 주어진 특권이
다. 그것은 오직 앞을 향해서 진취적으로 나아가는 것만을 의미하지

---

9) K. Jaspers, 위의 책, p.38.
10) K. Jaspers, 위의 책, p.40.

않는다. 의지는 인간이 자신의 생각에 의해서 모든 것을 선택하고자 하는 그 만의 자유를 의미 한다. 즉 의지는 자유 가운데 그의 근거를 갖는다. 이 자유는 때때로 그 자신을 동요 속으로 몰아넣기도 하고, 또한 그 동요에 의한 자유를 통해서 결단에 이르게도 한다. 자유로움에 의거하는 의지는 어떠한 것에 대한 소망을 갖는 존재의 능동적인 확실성이다. 이것은 바로 자기 자신과의 관련 속에 존재하는 자기의식이다. 인간은 자기의식 가운데서 자기를 관찰하는 눈으로 보지 않고, 능동적으로 자신을 위해 행동하는 자기를 본다. 의지가 명백한 목적의식을 가지고 어떤 것을 원할 때, 인간은 그것을 위하여 행동에 앞서서 판단을 하고 결단을 내려야 한다. 이를 위해서 의지는 사유 능력을 통하여 구별을 하며, 합리적인 의식에 의해 선택이 이루어진다. 선택을 위해서는 여러 가지의 동기들이 있으며, 이들 가운데서 가장 중요한 것이 선택되어진다. 선택을 위해 필요한 목적과 수단은 사고(Denken)의 대상이 된다. 즉 수단은 목적에 적합한가. 목적은 진실하고, 그것은 내가 현실적으로 원하는 것인가. 나는 동기의 내용과 종류의 선택에서 자유로운가. 이러한 물음의 제기를 통해서 선택을 위한 동기와 목표는 실제적으로 행해져야 한다. 선택은 자유에 의거하며, 사려깊은 결정에 의해서 원하는 것에 대한 선택의 자유는 이루어진다. 이 선택은 바로 내 자신이 현존재로서 행할 수 있는 결단을 의미하는 것이다.11) 의지에 의한 결단을 실현하기 위해서 자유는 인간에게 필수적인 것이며, 이러한 의미에서 야스퍼스Jaspers는 인간을 자유의 실존이라고 하였다. 인간의 본질은 의지와 무한한 자유 가운데 있으며, 자유의지의 실현으로서 인간은 현존재로서 가능성을 갖는다. 야스퍼스Jaspers에 의하면 인간은 자유 가운데 선과 악에 대한 의지를 갖는다. 의지는 선의지로서는 자유롭고 악의지로서는 자신을

11) K. Jaspers, 위의 책, p.151.

구속한다. 선의 선택으로 의지는 무한한 발전과 공명정대함으로 자유로워지고, 악의 선택으로 그것은 자유의 상실과 모든 존재 및 자신의 부정에 빠지게 된다. 선의 의지는 현 존재 가운데서 자기 존재의 향상을 가져오는 자유의 길이다. 그러나 악의 의지는 자기 존재와 현 존재의 혼동 가운데서 자기를 구속하는 길이다.12) 그의 견해에 의하면 도덕적인 요구와 현 존재의 관심에 의한 투쟁에서 나에 대한 관심이 커질수록 나는 부지불식간에 부끄러운 행위를 감행한다.13)

야스퍼스Jaspers는 인간이 그의 행위에 대한 결단을 내려야 할 때 자신 옳다고 생각하는 것을 선택한다고 하였다. 언제나 선과 악의 가운데서 인간은 하나를 선택해야 하며, 또 그에 대한 결단을 내려야 한다. 즉 자유의지를 통해서 인간은 선택에의 결단에 이른다. 만약 인간이 자유의지에 의한 선택에의 결단을 회피하는 경우에 그것은 바로 자기 자신에 대한 책임의 회피가 된다. 인간은 진실로 자기가 원하는 것을 통해서 본래적인 자기를 만나게 되며, 결단 가운데서 자유를 경험한다. 그리고 이 결단은 구체적인 선택을 통해서 나타난다.

자유를 통해서 인간은 자기 자신에 관한 것을 결정한다. 또한 이 자유 가운데서 선택과 자기 자신의 분리는 불가능 하다. 왜냐하면 자기 자신은 바로 선택의 자유를 소유하고 있기 때문이다. 또한 이 선택의 자유 가운데서 인간은 오직 자기에 대한 책임을 진다. 환언하면 결단을 통해서 실존적인 인간은 그의 의지로서 결정하고 행할 수 있는 희망과 자유와 또한 자율성을 갖는다. 이를 통해서 인간은 완전한 독립성을 갖게 되며, 이 독립성은 이 세상에 존재하는 자로서 그의 자유의 목표이기도 하다.14) 자유에 의한 결단과 책임으로 인간은 선과 악의 길을 원하는 대로 선택할 수 있다. 이러한 의미에 있어서 결

---

12) K. Jaspers, 위의 책, p.171.
13) K. Jaspers, Einfuehrung in die Philosophie, p.47.
14) K. Jaspers, Existenzphilosophie II, p.167.

단은 자기 존재에 대한 확인이고 절대성을 가지며, 의지와 자유의 실존으로서 인간의 의미는 변함없이 유지된다.

3. 정다산 : 도덕적 인간과 자주지권

1) 심·성과 인간의 본성

다산은 인간을 외적인 면에서의 육체와 내면적인 정신의 결합체로서 파악하였다.

> 인간은 육체와 정신이 분리되어 있는 이원론적인 존재가 아니다. 인간은 신神과 형形이 오묘하게 결합된 하나의 혼연한 덩어리이다.[15]

이러한 육체와 정신의 결합체로서 인간은 고유한 특성과 독자적인 성품을 지니고 있다. 다산은 독특한 존재로서의 인간이 지니고 있는 심心과 성性을 분석하고 그에 의거하여 인간의 본성을 탐구 하였다. 그에 의하면 심心은 인간의 내면을 형성하는 정신세계로서 이는 우리가 구체적으로 파악할 수 없는 것이다. 이러한 내면성에 유의하면서 그는 심心을 세 가지로 분석하면서 논하였다. 첫 번째 의심은 구체적으로 우리가 볼 수 있고 파악할 수 있는 것으로서 인간의 가장 중요한 기관인 심장을 의미한다. 이 가시적인 것은 우리의 육체와 관계를 가지며, 우리는 심의 활동에 의하여 삶과 죽음을 확인한다. 두 번째 의심은 인간의 지성을 의미하는 것으로서 인간의 내면 즉 정신과 관련된 것이다. 이것은 무형적이고 추상적이며, 정신세계의 활동

---

15) 『與猶堂全書』2 권1, 29ab 大學公議.

과 그에 의한 작용을 포함하며 인간을 다른 사물과 구별되게 하는 중요하고 근본적인 요소가 된다. 이 정신의 활동에 의하여 인간의 세계는 다양하고 특이한 모습으로 발전한다. 이러한 인간의 정신세계의 다양성(Mannigfaltigkeit)은 새로운 세계의 지향을 위한 원천이 된다.16)

　　　이 심心은 영명하며 모든 사물에 신비스럽게 대응한다.17)

　　다산에 의하면 심心은 실재성에 의하여 모든 것을 내적으로 함축하면서 외적으로 운용되어 지는 것이다. 지성으로서의 심을 그는 인간이 소유하고 있는 고유하고 생동적인 본질로 파악하였다. 심心 즉 정신이 지知적이고 밝다는 것은 그것이 육체처럼 구체적인 형태로서 한정되어 있지 않고, 극히 무한하고 자유로운 존재라는 것이다. 이러한 존재로서의 심이 잘 발전될 때, 인간의 고유성은 발휘될 수 있으며, 그것을 통해서 인간은 존재자로서의 의미를 갖는다.

　　세 번째의 심은 그것의 작용 가운데서 발현되는 심의 현상을 말하는 것으로서 그것은 선심이나 악심과 같은 다양한 형상으로 나타난다. 측은이나 나쁜 행위를 한 다음에 오는 수오羞惡와 같은 특성으로서의 선심도 나타나고 악의, 과실과 같은 악심도 있다. 이 능동적인 심心은 여러 가지의 형태 가운데 나타나지만, 그러나 그의 본체는 단 하나인, 일심一心 즉 영명지심이다.18) 다산은 본체로서 지知적인 심의 근거와 현실에서 구체화 되는 심의 전개를 합침으로서 심의 단일성을 명백하게 하였다. 그러므로 이러한 심의 작용 가운데서 도심道心과 인심人心이 나타난다.

---

16) Shin-Ja Kim, 2006, Das philosophische Denken von Tasan Chong, Frankfurt am Main. p.203.
17) 『與猶堂全書』1, 권19, 31.
18) 『與猶堂全書』1, 권19, 32, 答李汝弘.

다산은 추상적이고 지적인 심心에 비하여 성性은 인간이 태어날 때 지니고 있는 품성 즉 본성本性이라고 정의하였다. 그에 의하면 성은 하늘이 인간에게 부여한 천성적인 것이다. 그는 성의 개념을 심의 기호嗜好라고 하여 인간 심체의 본질적인 속성으로 이해하였다.[19) 다산 성론性論의 특징은 성기호설性嗜好說이다. 이 기호로서의 성性은 두 가지의 다른 면을 갖는다. 하나는 꿩이 산을 좋아하는 데서 볼 수 있는 바와 같이 쾌락을 추구하는 감성적인 면이다. 그리고 다른 하나는 벼가 물을 좋아하는 바와 같이 생존을 위해서 필요한 것을 추구하는 고유한 기능으로서 본성이다.[20)

다산에 의하면 인간의 본성은 선을 좋아하고 악을 싫어한다. 따라서 인간의 본성은 선을 지향하며, 그의 본질은 도덕적인 지향성 이다. 인간의 심과 성은 근본적으로 선하다고 표현할 수 있는데, 여기에서 선하다는 것은 바로 선을 좋아하고 악을 싫어하는 인간의 특성을 말하는 것이다.

> 심心의 발용은 선善할 수도 있고 악惡할 수도 있다.[21)

인간의 성性에 선과 악이 존재하는 이유는 인심人心에 부여된 의지의 자유 때문이다. 즉 인간은 자율적인 능력에 의하여 선뿐만 아니라 악도 행할 수 있는 가능성을 가지고 있다. 이 자율성 때문에 인심은 고정되어 있지 않고 유동적이다. 그러므로 자의에 따라서 선과 악을 행할 수 있는 결정권은 자기 자신의 결단과 실천 의지에 달려있다. 이것이 하늘에 의해서 인간에게 부여된 자주지권自主之權이다. 따라서 인간에게는 심心의 자주권自主權이 있으므로 선을 행하면 자신의 공功

19) 『與猶堂全書』2, 권6, 2, 39, 같은 책 2권, 15 孟子要義.
20) 『與猶堂全書』2, 권3, 26, 心經密驗.
21) 『與猶堂全書』2, 권2, 37, 心經密驗.

이 되고 악을 행한 것은 자신의 죄가 된다. 이것은 성품에 의한 것이 아니라 인심의 권능에 의한 것이다.[22]

다산은 인간의 마음이 선을 즐기는 성향을 지니고 있으며 동시에 선이나 악을 행할 수 있는 의지를 갖는다고 인식 하였다. 그것을 통하여 인간 마음의 자주지권 곧 스스로 주장하는 권능을 제시하고 있다. 인간의 마음은 본능에 의해서 결정되어 있는 것이 아니라 스스로에 의한 판단과 그에 의한 실행의 주체이다. 다산이 인식한 인간의 마음은 자율적인 의지의 판단에 따라 선 악을 실현하는 도덕적 주체이다.[23]

2) 도덕적 인간과 자주지권

> 본성은 단지 하나의 기호일 뿐이다. 그러나 신체의 기호嗜好가 있고, 영지의 기호가 있다. 우리는 이것을 모두 본성本性이라고 한다. … 귀, 눈, 입, 몸의 기호를 본성이라고 하며, 이것들은 모두 신체의 기호다. 천명天命의 성性, 성性과 천도天道 등의 본성들은 영지의 기호이다.[24]

인간의 신체와 정신은 성향에 따라 다른 기호를 가지고 있으며, 다산은 그것을 신체의 기호와 영지의 기호로 나누었다. 신체의 기호는 감성적이고 구체적이며 현상적인데 비해서 영지의 기호는 추상적인 것으로서 순수한 인간의 정신세계를 의미한다. 다산은 신체와 영지의 두 기호가 도의의 성과 기질의 성의 근거가 된다고 하였다. 환언하면 인간은 내적으로 도의의 성과 기질의 성을 겸하고 있다. 선善을 즐기고 악을 싫어하는 것은 인간의 본성에서 유래하는 도의의 성

---

22) 『與猶堂全書』2, 권5, 34~35, 孟子要義.
23) 금장태(2001), 『다산 실학의 탐구』, p.108~109.
24) 『與猶堂全書』1, 권16, 自撰墓誌銘 16.

에 근원을 두고 있다. 그러나 인간은 외적으로 신체를 지니고 있으며 그와 더불어 감성적인 면을 소유하고 있다. 기질의 성은 이 감성적인 성에서 유래하는 것이다. 다산에 의하면 인간은 바로 이 도의의 성과 기질의 성이 혼연 합일된 존재이다. 인간은 이 도의의 성에 의해서 사고와 의지를 옳은 방향으로 이끌어 갈 수 있다. 그리고 이상적인 삶의 목표를 설정하며 그것의 실현을 위해 노력을 하는데서 기쁨과 보람을 느낀다. 그러므로 이 도의의 성은 인간을 성실하고 높은 수준 에로 이끌어 가는 삶의 목표가 되며 인간만이 지닌 삶의 지향성이라 고 할 수 있다. 이 도의의 성이 박탈되고 억제 되거나 올바르게 운용 되지 못할 때, 인간에게는 오직 감성적인 기질의 성性만이 남게 되며 그로 인하여 감각과 본능적인 삶이 영위된다. 인간 자신이 기질의 성 을 억제하고 도의의 성을 따를 때, 그에게는 성인이나 군자가 될 수 있는 가능성이 있다. 그러나 그와는 반대로 기질의 성만을 따르게 될 때, 그는 소인이나 우매한 사람으로 머무르게 된다. 다산은 이러한 의미에서 인간의 도덕과 수양을 중요시 하였다. 즉 도덕과 수양에 의 한 끊임없는 노력에 의해서 우둔한 인간도 성인이 될 수 있고, 총명 한 인간도 악인이 될 수 있는 것이다. 도의의 성의 구현에 의해서 인 간은 짐승과 구별되는 인간으로서의 존엄성을 지킬 수 있으며, 유일 무이한 인간의 실존적인 존재 가치를 고양시킬 수 있는 것이다. 그러 나 인간성의 구조와 특성을 고찰해 볼 때, 인간에게도 짐승과 같은 감각적이고 본능적인 면이 있다. 그러나 인간은 이러한 면을 극복하 고 보다 높은 이상을 향하여 자신의 의미를 전개하고 향상시키려는 사고와 의지를 가지고 있다. 정신세계에의 부단한 추구와 그의 전개, 그것을 실현하고자 하는 의지와 노력은 인간만이 지니고 있는 고유 성固有性이다. 그것은 바로 도의의 성이 현실적으로 다양하게 구체화 되는 과정을 보여주는 것이다. 공자는 말하기를 "사람은 살기 위해서 사는 것이 아니라 사람노릇 하기 위하여 산다."고 하였다.25) 맹자도

"인간은 의義를 위하여 생명도 버릴 수 있다."고 하였다.[26) 이것은 바로 인간이 추구하는 삶의 내용과 의미, 그리고 목적이 무엇인가를 명료하게 표현한 것이라고 생각할 수 있다.

영지의 성의 기호에 의한 도의의 성과 신체의 성의 기호에 의한 기질의 성은 인간의 정신세계를 구성하는 것이다. 이 도의의 성과 기질의 성에 의하여 인간에게 내재하는 도심道心과 인심人心이 성립된다.

> 도심道心은 도의가 발현한 것이고 인심人心은 기질이 발현한 것이다.[27)

도심은 선을 좋아하고 악을 싫어하는 도의의 성에 근거하는 인간의 본심이다. 이에 비하여 인심은 마음에서 신체적인 기질이 나타난 것이다.

> 성性에 따르는 것을 도道라고 한다. 따라서 성性이 일어나는 곳을 도심道心이라고 한다. 도심은 항상 선善을 실현하고자 하고 선을 고를 수가 있다. 도심의 원하는 바를 듣는 것. 이를 성에 따르는 것이라고 한다. 성에 따르는 것은 천명天命에 따르는 것이다.[28)

도심은 도의의 성에 근거하며 인심은 기질의 성에 근거한다.

도심이 도의의 성으로 부터 연유하는 인의예지를 추구하는 데 비하여 인심은 선에도 향하고 악에도 향한다. 우리가 인심 자체를 선하거나 악하다고 말할 수 없지만, 변하기 쉬운 인심의 속성은 악에 빠질 수 있는 위험을 포함하고 있다.

---

25) 『論語』, 衛靈公.
26) 『孟子』告子 上.
27) 『與猶堂全書』2, 권6, 20, 孟子要義.
28) 『與猶堂全書』2, 권3, 5, 中庸自箴 권1.

도심은 도덕적 지향으로 나타나는 인간의 마음을 의미한다. 그것
은 바로 천명과 인성人性의 근원적이고 절대적인 관계에서 이루어지
며, 천명 즉 도심은 인간의 마음 가운데서 직접적인 깨달음을 통해서
나타난다.

> 도심과 천명은 두 가지로 나누어 볼 수 없다. 하늘이 경고함은 우뢰나 바람으로
> 하는 것이 아니라 친밀하게 자기 마음으로 부터 간곡히 고하여 경계하는 것이다.
> … 하늘의 경고는 형체가 있는 귀와 눈으로 말미암지 않고, 언제나 형체가 없
> 이 신묘하게 작용하는 도심을 따라 이끌어 주고 가르친다.[29]

그러므로 도심의 발현은 인간의 가장 고귀하고 인간적인 존엄성
의 구현이다. 이러한 도심의 존속에 의하여 인간의 고귀함과 성실성
은 그 빛을 발할 수도 있고 정신세계의 고유성이 나타날 수도 있다
그러나 도심의 부재에 의하여 인간의 고귀한 내적인 세계는 빛을 잃
을 수도 있다. 그러나 천명의 구현인 도심 곁에는 언제나 반대적인
지향으로서 인심이 함께 나타난다.

> 사람에게는 항상 두 가지 의지가 상반되면서 일시에 같이 발현하는 것이 있으
> 니, 이것이 곧 인人과 혼鬼가 갈라지는 관문이요, 선善과 악惡이 갈라지는 기미이
> 며, 인심人心과 도심道心이 교전함이요, 의義가 이기느냐 욕欲이 이기느냐가 판결되
> 는 것이다. 사람이 이에 맹렬히 성찰하여 힘써 이겨내면 도道에 가깝게 된다. 하지
> 않아야 함과 하고자 하지 말아야 함은 도심에서 발현하니 이것이 천리요, 하지 않
> 아야 할 것을 하고 하고자 하지 말아야 할 것을 하고자 하는 것은 인심에서 발현
> 하니 이것이 사욕이다.[30]

---

29) 『與猶堂全書』2, 권3, 5, 中庸自箴.
30) 『與猶堂全書』2, 권6, 41~42, 孟子要義.

도심과 인심은 선과 악의 갈림길에 서 있는 인간으로 하여금 도심의 지시를 따르면 선행을 하게 하고 악을 멀리하게 한다. 이에 반하여 인심의 유혹에 끌리면 악에 빠지게 한다. 인성人性의 형성 요인이며 그것의 중요한 기본 바탕이 되는 "도심과 인심은 자기 내에 함께 존재 하면서 상전相戰, 상극相極을 쉬지 않는다."[31] 인간에게 있어서는 이 도심과 인심 사이의 끝없는 투쟁과 갈등, 승리와 패배의 싸움이 무한하고 연속적으로 이루어진다.

> 그 끝없는 투쟁 가운데서 도심道心이 인심人心을 이기고, 도심에 의한 자기 극복과 예禮의 행함이 이루어 질 때 구현되는 것이 인仁이다.[32]

이런 의미에 있어서 인은 도심이 구체적으로 나타난 것이다. 도심과 인심의 싸움은 천명을 받아드리며 그에 따르려는 도덕적인 나와, 인심에 따라 본능적으로 살고자 하는 인간적인 나와의 투쟁이다. 이 대결과 투쟁에서 도심의 주된 이끌음이 승리할 때, 인간은 천명을 듣게 되며 자기 극복을 통하여 보다 높은 세계를 체험하고 성취감에 도달할 수 있으며, 본래의 순수한 자기를 찾을 수 있다. 그러나 인심에 끌려갈 때, 즉 인심이 승리할 때 인간은 본능적인 자기를 벗어나지 못한다. 인간에게는 도심과 인심뿐만 아니라 형체가 없는 정신으로서의, 영명한 "대체大體"와 형체가 있는 육체로서의 "소체小體"가 있다.

> 인간이 천명天命을 기꺼이 받아들이며 그를 따르고 알게 되면 대체大體의 도심을 기르게 된다. 그리고 자기를 극복하고 예禮에 따라 살면 소체小體의 인심은 억눌리게 된다.[33]

---

31) 『與猶堂全書』2, 권6, 41, 孟子要義.
32) 『與猶堂全書』2 , 권12, 1, 論語古今註.
33) 『與猶堂全書』2 , 권6, 29, 孟子要義.

인간에게는 도심과 인심 가운데서 마음대로 선택 할 수 있는 자유가 주어져 있다. 다산에 의하면 인간은 하늘로 부터 부여받은 자주지권 즉 자율성을 통해서 그의 독자적인 삶을 이끌어 가는 존재이다. 그리고 이 자율성에 의해서 선과 악에 대한 선택과 그에 대한 과감한 결단을 내리게 된다. 환언하면 하늘은 인간에게 선과 악의 선택에 대한 자율성, 즉 자유의지를 부여했다. 그래서 인간은 그의 자유의지에 따라서 도심에 의한 선善이나 인심에 의한 악을 선택 할 수 있다. 그러므로 선과 악은 바로 자기 자신의 의지에 의해서 자유롭게 선택되고 실현된 결과이다. 인간은 자율적인 의지의 판단에 의해서 선과 악을 선택하고 그에 대한 결단을 내릴 수 있다. 그리고 선과 악을 판단하고 과감하게 그것을 실행할 수 있는 주체성을 지닌 존재이다.

> 인간은 자기 자신에 대해서 책임을 지는 존재이다. 따라서 인간이 선을 향하거나 악을 취하는 것은 자기 자신이 선택할 수 있는 것이다. 이 선택의 자유는 어디까지나 개인의 의식과 사고, 자율성 그리고 윤리성에 근거한다. 그러므로 인간은 선과 악의 취함에 대한 결단과 그 행위에 대한 책임을 타인에게 전가 할 수 없는 것이다.[34]

도덕성과 자주지권을 소유하고 있는 인간은 이들을 통해서 자기 삶의 분기점을 이루는 선과 악에 대하여 스스로의 책임과 판단하에 결단을 내리게 된다. 즉 도심의 구현으로서의 선과 인심에서 근원하는 악은 이 자주지권自主之權에 의해서 결단되고 선택되어지는 것이다.

---

34) 『與猶堂全書』2, 권15, 論語古今註.

4. 정다산과 칼 야스퍼스의 사상에 나타난 인간관의 비교

1) 인간의 본질에 대한 정의

야스퍼스Jaspers에 의하면 인간은 독자성을 지니고 있으며, 그에 의해서 독특한 다양성을 스스로 확신하고, 전개하는 개별적인 현존재 (Dasein)이다. 인간은 생각하고 느끼며, 자기의 이상을 구체화시키기 위해서 창조적인 능력을 발휘한다. 인간은 주어진 존재 자체로서 머물지 않고, 그가 존재하고 있다는 사실을 인식하는 본체(entity)이다. 따라서 그는 자신의 강한 의식에 근거하여 자기의 세계를 탐구하며, 그것을 설계하고 다르게 변화시킨다.[35] 이러한 인간 존재의 내용을 구현할 수 있게 하는 것은 인간에게만 뛰어난 사고력과 그 자체의 의식이 있기 때문이다. 그러므로 인간은 비록 그가 제한된 조건 가운데 처해 있다 하더라도 끊임없는 변화를 추구하며 그 가운데서 고유한 세계를 창조한다. 그것을 통해서 인간은 존재 자체로서만 머물지 않고 타인과 의사소통을 하며(Kommunikation) 주어지는 상태의 변화 가운데서 존재의 의미를 찾고자 한다. 이러한 인간의 본질에 의거하여 야스퍼스Jaspers는 실존적인 의미에서 인간을 파악 하였다.

야스퍼스Jaspers는 본질의 규명에 있어서 인간을 자연과 역사에 속하는 존재로서 그리고 포괄성을 지닌 존재로서 파악하였다. 첫째, 인간은 물질 즉 신체를 지니고 있으며, 생동적이고 끊임없이 활동하는 생물이다. 그러한 의미에 있어서 그는 동물의 일종으로서 자연에 속하는 존재이다. 이러한 외적인 현상으로 인한 유사성에도 불구하고 인간은 자신에 대한 확실성을 가지고, 독립된 개인으로서 자신을 의

---

35) Karl Jasper s, Die geistige Situation der Zeit, p.7.

식하며 전개시킨다는 점에서 다른 동물과 구별된다.

둘째, 인간은 생각을 하고 그에 따라 행동하며, 창조적인 존재로서 역사에 속한다. 그들은 역사적인 동기와 그의 상황, 그리고 자연적인 실재성에의 해명을 통하여 과거의 역사에 대한 인식과 이해를 한다. 인간은 주어진 현실 속에서 사고하고 행동하며 창조적인 능력을 발휘하여 문화적이고 역사적인 삶의 세계를 발전시킨다. 우리는 역사를 통해서 우리가 처한 시대의 무의식적인 속박으로 부터 벗어나는 방법을 배운다. 그리고 가장 높은 가능성 가운데서 역사를 통하여 사회와 인간 그리고 인간에게 관계된 모든 것들을 비판적으로 수용하게 된다. 셋째, 인간은 포괄적인 존재이며, 그의 포괄성은 물질로서의 자연과 정신으로서의 역사를 동시에 포함한다. 그는 신체적인 면에서는 형상적인 구체성을 통하여 자연의 일부에 속한다. 그러나 인간은 의식 세계의 전개를 통하여 창조성을 발휘하며, 정신적인 존재로서 끊임없는 변화와 발전을 이룩하여 탁월한 역사적 존재가 된다. 우리 자신으로서 포괄자는 우리의 내재성을 포함하며 현존재, 의식일반, 정신, 그리고 실존이라고 불린다.[36]

인간은 다양한 세계와의 교류 가운데서 자기 가능성의 실현을 위해 노력하며 독자적인 삶의 세계를 이룩한다. 그는 내적인 힘 즉 정신에 의하여 존재의 가치를 지니며, 고유한 자신과 그의 세계를 갖는다. 그것을 통하여 인간은 자신을 세계안의 존재로서 고양시킨다. 인간은 현존재로서 존재하며, 사유의식에 의한 이성의 힘으로 자신을 완성하고자 노력한다. 그는 자유롭고 순수한 정신의 구현 가운데 있는, 살아있는 현존재의 한 형태이며 그 자체로서 삶의 형상화이다. 그러나 인간은 단지 현존재로서만이 아니고 실제로는 무한한 자유로움 가운데서 무한한 가능성을 갖는 정신을 통해서 존재한다. 그 정신

---

36) K. Jaspers, Existenzphilosophie, p.15~16.

가운데서 의식에 의하여 사고되어진 모든 이상적인 것들은 현존재로
서, 실재로서 채택될 수가 있다.

　야스퍼스Jaspers는 인간을 실존적인 의미에서 파악하였다. 그에 의
하면 실존(Existenz)은 자기존재(Selbstsein)를 의미한다. 이것은 자기 자신
에 대해서 그리고 초월자에 대하여 생각하며, 초월자(Transzendenz)를 통
해서 자신이 주어졌다는 것과 자신이 초월자에서 근거한다는 것을
아는 것이다. 인간은 끊임없이 자기 자신을 생각하고 탐구하는 존재
이다. 단지 인간만이 사고를 통해 자기 자신에 대한 의식을 갖는다.
의식이 없이 인간은 인간 자신일 수가 없으며, 그 가운데서 인간은
그의 세계와 꿈을 갖는다. 그리고 의식을 통해서 인간은 그에게 고유
한 과거, 현재, 미래의 세계를 가지며, 그의 과거를 통해 현재와 미래
를 구성하기도 하고 과거로서 미래와 현재를 무가치하게 생각하기도
한다.[37] 인간의 본질은 고정된 이상 가운데 놓여 있지 않고 그의 무
한한 사명 가운데 있다. 인간은 그 사명의 수행을 통해서 그가 온 근
원에로 다시 이를 수 있고, 그 자신을 그것에로 되돌릴 수도 있다.[38]
인간은 살아있는 본질로서 자의식을 통해 자신을 보다 높은 세계에
로 고양시키는 의지를 가지고 있다. 그리고 자신을 포함하는 시공의
세계를 초월하여 존재하는 모든 것을 이성의 힘에 따라 자기 인식의
대상으로 만들 수 있다. 이렇게 함으로서 인간은 살아있는 존재로서
세계를 초월하는 존재이다.[39]

　야스퍼스Jaspers가 인간을 실존적인 존재로서의 분석과 해명을 통해
서 파악한 데 대하여 정다산은 인간의 본성(Nature)에 대한 탐구를 통해
서 인간을 논하였다. 다산에 의하면 인간은 정신과 육체의 신비스러
운 결합체로서, 이 결합을 통해서 인간은 고유한 특성과 성품을 갖는

---

37) K. Jaspers, Existenzphilosophi eII, p.32.
38) K. Jaspers, Existenzphilosophie, p.23.
39) M. Scheler, 2005, Die Stellung des menschen im Kosmos 16판, p.52.

다. 이러한 인간의 특성을 근거로 하여 다산은 인간이 소유하고 있는 심과 성을 분석, 고찰하였다. 여기에서 심은 인간의 내면을 형성하는 것으로서 무형적이고 추상적이며, 정신세계의 활동과 그의 작용 전체를 포함한다. 이 정신의 활동에 의하여 인간의 세계는 다양하고 특이한 모습으로 발전한다. 인간의 정신세계의 다양성(Mannigfaltigkeit)은 새로운 세계를 지향하는 원천이 된다.[40)]

　다산은 추상적인 심에 비하여 성품은 인간이 태어날 때부터 가지고 있는 본성 즉 하늘이 준 천성적인 것이라고 정의하였다. 다산에 의하면 이러한 사람의 본성은 악을 싫어하고 선을 즐긴다. 그는 심이 즐기는 것과 몸이 즐기는 것을 구별하였다. 몸이 즐기는 것은 오관을 통한 것으로서 구체적이고 현상적이며, 심이 즐기는 것은 옳은 것, 착한 것, 참된 것으로서 인간의 본성이다. 선을 즐기고 악을 싫어하는 인간의 본성은 선에의 지향성이며, 그의 본질은 도덕적인 지향성이다. 인간만이 지니고 있는 특성 가운데서 가장 중요한 것이 선을 즐기며 악을 싫어하고 수양과 도덕을 지향하는 것이다. 그는 구체적인 실체(Substanz)로서의 육체와 추상적인 정신은 각기 다른 기호(Inclination)를 갖는다고 하였으며, 그것을 신체의 기호와 영지의 기호로서 나누었다. 귀, 눈, 입을 통하여 형성되는 신체의 기호는 감성적이고 구체적이며 현상적이다. 이에 비하여 영지의 기호는 추상적인 것으로서 인간의 자유롭고 순수한 정신세계를 의미한다. 영지와 신체의 기호는 도의의 성과 기질의 성의 근거가 되는 것으로서 다산은 도의의 성과 기질의 성이 혼연 합일된 존재가 인간이라고 하였다. 이 도의의 성에 의하여 인간은 자기의 생각과 의사를 옳은 방향으로 이끌어 갈수 있고, 이상적인 삶에의 목표를 설정하며 그것을 위하여 노력한다. 이것은 인간을 진실된 인간으로 인도하며, 인간만이 지닌 정신적인 태도라고 할

---

40) Shin-Ja Kim, Das philosophische Denken von Tasan Chong, p.203.

수 있다. 이 도의의 성이 억제되거나 올바르게 운용되지 못할 때, 인간에게는 오직 기질의 성만이 남게 된다. 도의의 성과 기질의 성은 인간에게 내재하는 도심道心과 인심人心의 근원이 된다. 도심은 선을 즐기고 악을 싫어하는 도의의 성에 근거하는 인간의 본심이다. 이에 비하여 인심은 마음에서 신체적인 기질이 발현한 것이다.[41] 도심은 도의의 성의 내용에서 근원하며 그것은 인의예지의 길을 추구하는데 비하여 인심은 마음의 방향에 따라 선에도 악에도 향할 수 있다. 도심은 도덕적 지향으로서 나타나는 인간의 마음을 의미한다. 인간의 고귀함과 성실성은 도심의 존속에 의하여 빛을 발할 수도 있고 도심의 부재에 의하여 빛을 잃을 수도 있다. 이러한 도심의 곁에는 언제나 그의 반대적인 지향으로서 인심이 있다. 도심과 인심은 선과 악의 분기점에 서있는 인간으로 하여금 도심의 지시를 따르면 선행을 하게 되고 악을 멀리 하게 한다. 반면 인심의 유혹에 끌리면 악에 빠지게 한다. 다산에 의하면 인간은 성선적인 취향에 의한 도덕적 분별심을 가지고 있으므로 선행을 하면 마음이 유쾌하고, 악을 저지르면 마음이 불안하고 언짢아한다.

야스퍼스Jaspers는 선과 악에 대해서 도덕적, 윤리적, 형이상학적인 관점에서 논하였다. 이중에서도 도덕적인 관점에서의 논구는 다산과 유사함을 보여주고 있다. 야스퍼스Jaspers에 의하면 악惡은 감각적인 성향과 충동 그리고 이 세상의 쾌락과 행복들에게 현 존재가 직접적이고 무제한 적으로 자신을 내어 맡기며, 일정한 제한 속에서 머물고 있는 인간의 삶을 의미한다. 따라서 이것은 인간이 변동에 의한 불안 가운데서 성공하기도 하고 실패하기도 하는 결단되지 아니한 삶이다. 그와 반대로 선한 삶은 현 존재로서 인간의 삶을 도덕적인 타당성의 제약 아래에다 두는 것이다. 이들 선과 악 사이의 결단에서 인

---

41) 『與猶堂全書』2, 권6, 20, 孟子要義.

간은 선으로서 이해되는 것을 택한다. 이때 도덕적인 타당성은 도덕
적으로 올바른 행동의 보편적 법칙으로서 이해되는 것이다.[42]

　도덕적인 면에 있어서 선과 악의 관계는 윤리적 법칙에 순종하는
의지의 직접적인 동기에 근거한다.

2) 인간과 자유 의지

　인간은 보다 높은 이상을 추구하며 그것을 위해서 끊임없이 노력
하는 사고와 의지를 가지고 있다. 즉 인간은 보다 높은 세계를 향한
의지의 실현 가운데 삶의 목적과 의미를 갖는 존재이다. 야스퍼스
Jaspers는 실존적인 의미에서 인간만이 지닌 의지와 선택의 자유 그리
고 그에 의한 결단에 대해서 논하였다. 자유의 실존으로서 인간은
의지를 가지며, 그것을 통해서 자기의 삶을 다양하게 이끌어 간다.
의지는 자유 가운데 그의 근거를 갖는다. 자유는 인간 자신을 미해결
가운데로 인도하기도 하고, 그 미해결로부터의 동일한 자유에 의해
서 결단을 내리게 하기도 한다.[43] 의지는 자아에 대한 의식이다. 이
자의식 가운데서 인간은 자신을 관찰하는 눈으로 보지 않고, 그 가운
데서 인간 자신은 능동적으로 자신을 위해 행동한다.[44] 명백한 목적
의식을 가지고 의지가 어떠한 것을 원할 때, 인간은 행동에 앞서서
그것에 대한 자신의 판단력과 결단을 확고히 해야 한다. 인간은 그의
확고부동한 목적을 구현하기 위한 의지를 지니고 있으며, 이 의지를
실현하기 위해서 자유는 인간에게 필수적인 것이다. 이러한 의미에
있어서 야스퍼스Jaspers는 인간을 자유의 실존이라고 하였다. 인간의
본질은 고정된 외형 가운데 있는 것이 아니라 무제한의 의지와 자유

---

42) K. Jaspers, Einfuehrung in die Philosophie, p.47.
43) K. Jaspers, Existenzphilosophie II, p.149.
44) K. Jaspers, Existenzphilosophie II, p.151.

가운데 있다. 자유의지의 실현을 통해서 인간은 오직 현존재로서 가
능성을 유지한다.

다산은 인간을 자율적인 존재로 파악하였으며, 이 자율성은 하늘
이 인간에게 부여한 것이라고 하였다. 도심과 인심 사이의 끝없는 투
쟁과 갈등, 승리와 패배의 연속적인 교체가 끊임없이 계속되는 인간
에게는 자기 의지에 따라 도심과 인심 가운데서 마음대로 선택할 수
있는 자유가 있다. 즉 인간이 도심에 따라 살게 되면 선을 숭상하게
되고 그에 힘쓰게 된다. 그러나 인심에 기울어지게 되면 인간은 물질
을 탐하고 인간적인 욕심과 오류에 빠지게 된다. 따라서 인간은 각자
의 선택에 따라서 개인의 삶의 방향을 결정짓게 된다.[45]

야스퍼스Jaspers에 의하면 인간은 자유 가운데 선과 악에 대한 의지
를 갖는다. 의지는 선의지로서는 자신을 자유롭게 하고 악의지로서
는 자신을 구속한다. 그러므로 선의 선택에 의해서 의지는 무한한 발
전과 공명정대함으로 자유로워진다. 악의 선택 가운데서 의지는 자
유를 상실하고 모든 존재나 자기 자신의 부정 가운데 빠지게 된다.
선의 의지는 오직 현존재 가운데서 자기 존재의 향상을 가져오는 자
유의 길이다. 그러나 악의 의지는 자기 존재와 현존재의 혼동 가운데
에서 자기를 구속하는 길이다.[46] 선악善惡에 대한 논의에서 야스퍼스
Jaspers는 다산의 도심 인심의 관계에 상응하는 표현을 하고 있다. 그에
의하면 도덕적인 요구와 현존재의 관심에 대한 투쟁에서 나에 대한
관심이 커지면 커질수록 부지불식간에 나는 부끄러운 행위를 감행한
다.[47]

다산에 의하면 인간은 하늘로부터 부여받은 자주지권 즉 자유 의
지를 통해서 그의 독자적인 삶을 영위한다. 이 자유 의지에 의해서

---

45) Shin-Ja Kim, 앞의 책, p.216.
46) K. Jaspers, Existenzphilosophie II, p.171.
47) Shin-Ja Kim(1983), Einfuehrung in die Philosophie, Muenchen, p.47.

인간은 다른 동물과 뚜렷한 구별을 갖게 된다.

　인간은 선을 즐기는 본성과 동시에 선과 악을 실현할 수 있는 의지를 소유하고 있으며, 인간의 자율성은 그에 대한 과감한 결단을 내리게 한다. 인간 자체는 선을 지향하는 도심과 인간적인 욕구에 매인 인심사이의 대결 장소라고 표현할 수 있다. 여기에서 도심이 이기면 인간은 보다 높은 세계를 체험하며 그에 도달할 수 있고, 인심의 유혹에 빠지면 야스퍼스Jaspers의 표현대로 "부끄러운 행위를 감행"하는 악의 영향력에게 종속된다.

　하늘은 인간에게 선과 악의 선택의 자율성 즉 자유 의지를 부여했다. 그래서 인간은 그의 자유의지에 따라서 도심에 의한 선이나 인심에 의한 악을 선택할 수 있다. 그렇기 때문에 선과 악은 바로 자기 자신의 의지에 의해서 자유롭게 선택되고 실현된 결과이다. 인간은 자율적인 의지의 판단에 의해서 선과 악을 선택하고 그에 대한 결단을 내릴 수 있으며, 선과 악에 일치되는 것을 실행할 수 있는 주체성을 지닌 존재이다. 또한 인간은 자기 자신에 대해서 책임을 지는 존재이다. 따라서 인간이 선을 향하거나 악을 취하는 것은 자기 자신이 선택할 수 있는 것이다. 이 선택의 자유는 어디까지나 개인의 의식과 사고, 자율성 그리고 윤리성에 근거한다. 그러므로 인간은 선과 악의 결단과 그 행위에 대한 책임을 타인에게 전가할 수 없는 것이다.[48] 자주지권을 가지고 있는 인간은 이 자율성을 통해서 선과 악의 결단을 스스로의 책임과 판단하에 결정하는 것이다. 즉 선과 악은 이 자율성에 의해서 결단되고 선택되어진 것이다.

　야스퍼스Jaspers에 의하면 인간은 그의 행위에 대한 결단을 내려야 할 때 자신이 옳다고 생각하는 것을 선택한다. 인간은 언제나 선과 악의 가운데서 하나를 선택해야 하며 또 그에 대한 결단을 내려야 한

---

48) 『與猶堂全書』2-15. 論語古今註.

다. 인간은 자유 의지를 통해서 선택을 위한 결단에 이른다. 만약 인간이 자유 의지에 의한 선택에의 결단을 회피하게 되는 경우에 그것은 자기 자신에 대한 책임의 회피가 된다. 선택의 자유는 자기가 원하는 것에 대해서 신중한 결단을 내리는 곳에 있다. 인간은 그가 원하는 것을 의식적인 실현 가능성에 의해서 방해받지 않고 자유롭게 선택할 수 있다.49) 인간은 자기가 진실로 원하는 것을 통해서 본래적인 자신을 만나게 되며, 결단 가운데서 자유를 경험한다. 그리고 이 결단은 구체적인 선택을 통해서 나타난다. 자유를 통해서 인간은 자기 자신에 관한 것을 결정한다. 또한 이 자유 가운데서 선택과 자기 자신의 분리는 불가능하다. 왜냐하면 자기 자신은 바로 선택의 자유를 소유하고 있기 때문이다. 또한 이 선택의 자유 가운데서 인간 자신은 오직 자기에 대한 책임을 진다. 환언하면 결단을 통해서 실존적인 인간은 그의 의지로서 결정하고 행할 수 있는 희망과 자유와 또한 자율성을 갖는다. 이를 통해서 인간은 완전한 독립성을 갖게 되며 이 독립성은 이 세상에 존재하는 그의 자유 의지의 목표이기도 하다.50) 자유에 의한 결단과 책임으로 인간은 선과 악의 길을 그가 원하는 대로 선택할 수 있다. 이러한 의미에 있어서 결단은 자기 존재에 대한 확인이며 절대성이다. 이로 인하여 의지와 자유의 실존으로서 인간의 의미는 변함없이 유지된다.

다산과 야스퍼스Jaspers에 의해서 논구된 자유의지는 오직 인간만이 소유하고 있는 자연스러운 권리이며, 이것은 오직 인간에게만 한정된 것이다. 인간은 이 권리를 통해서 그의 창조적인 활동을 전개하며, 다양한 문화를 발전시키고 보다 나은 사회를 건설할 수 있는 것이다.

또한 자유의지는 인간의 정신을 보다 높은 경지에로 승화시킬 수

---

49) K. Jaspers, Existenzphilosophie II, p.65.
50) K. Jaspers, Existenzphilosophie II, p.167.

있는 원동력이다. 인간은 이 자유 의지의 활동에 따라 욕구의 힘을 변화시키고 정신적인 추구 가운데서 자신을 승화 시킬 수 있다.

참고문헌

1. 1차 자료

『與猶堂全書』
『論語古今註』
『孟子要義』
『心經密驗』
『中庸自箴』
『大學公議』

2. 단행본

이을호(1981), 『다산 경학사상 연구』.

금장태(2001), 『다산 실학의 탐구』.

Shin-Ja Kim(2006), Das philosophische Denken von Tasan Chong, Frankfurt am Main.

Karl Jaspers(1938), Existenzphilosophie, Berlin und Leipzig.

_____(1973), Existenzphilosophie II, Berlin und New York.

_____(1974), Kleine Schule des Denkens, Muechen.

_____(1983), Einfuehrung in die Philosophie, Muenchen.

_____, Die geistige Situation der Zeit.

Johann Mader(1992), Von der Romantik zur Post-Moderne, Wien.

Max Scheler(2005), Die Stellung des Menschen im Kosmos, Bonn.

찾아보기

필자소개(집필순)

송영배 | 서울대학교 명예교수
이향만 | 가톨릭대 생명윤리연구소 수석연구원
김선희 | 이화여자대학교 인문과학원 HK연구교수
이동희 | 한국학중앙연구원 책임연구원
김신자 | 전 비엔나대학교 교수

다산 사상과 서학   값 18,000원

초판 인쇄	2013년 11월 22일
초판 발행	2013년 11월 29일
엮 은 이	경기문화재단 실학박물관
	472-871 경기도 남양주시 조안면 다산로 747길 16
펴 낸 이	한정희
펴 낸 곳	경인문화사
편 집	신학태 송인선 김지선 문영주 조연경
주 소	서울특별시 마포구 마포동 324-3
전 화	02)718 - 4831~2
팩 스	02)703 - 9711
홈페이지	http://kyungin.mkstudy.com
E-mail	kyunginp@chol.com
등록번호	제10-18호(1973. 11. 8)

ISBN : 978-89-499-0997-4 (93910)
ⓒ 2013, Kyung-in Publishing Co, Printed in Korea